公共文化资源服务效能体系构建与应用

邢军 张宁 刁婧宇 窦建爽 邵连合 著

学苑出版社

图书在版编目（CIP）数据

公共文化资源服务效能体系构建与应用 / 邢军等著 . —北京：学苑出版社，2023.8

ISBN 978-7-5077-6716-2

Ⅰ.①公… Ⅱ.①邢… Ⅲ.①公共管理-文化工作-资源管理-研究-中国 Ⅳ.① G123

中国国家版本馆 CIP 数据核字 (2023) 第 133470 号

责任编辑：战葆红
出版发行：学苑出版社
社　　址：北京市丰台区南方庄 2 号院 1 号楼
邮政编码：100079
网　　址：www.book001.com
电子邮箱：xueyuanpress@163.com
联系电话：010-67601101（营销部） 010-67603091（总编室）
印　刷　厂：北京建宏印刷有限公司
开本尺寸：710 mm×1000 mm　1/16
印　　张：17.25
字　　数：250 千字
版　　次：2023 年 8 月北京第 1 版
印　　次：2023 年 8 月北京第 1 次印刷
定　　价：100.00 元

致　谢

　　本书是2019年国家重点研发计划"公共文化资源智能共建共享与管理平台关键技术研究"项目(项目编号:2019YFC1521400)子课题"公共文化资源服务效能评估及大数据智能分析平台构建研究"的阶段性研究成果,主要由国家图书馆邢军、张宁、刁婧宇撰写完成。

　　感谢本项目各个参与单位和参与人员,尤其感谢项目牵头单位中国艺术科技研究所及项目负责人文化和旅游部全国公共文化发展中心的罗云川对本课题各项工作的全力支持,感谢子课题承担单位西安工程大学的邵连合老师在课题应用示范工作中的辛勤付出,感谢邢台学院的窦建爽老师对本书背景的认真研究。

前言

文化是民族的精神命脉，文化自信是更基础、更广泛、更深厚的自信，是一个国家、一个民族发展中最基本、最深沉、最持久的力量。文化建设是培根铸魂、凝神聚力的重要事业。以习近平同志为核心的党中央高度重视文化工作，党的二十大报告指出"繁荣发展文化事业和文化产业，坚持以人民为中心的创作导向，推出更多增强人民精神力量的优秀作品，健全现代公共文化服务体系，实施重大文化产业项目带动战略""着力解决好人民群众急难愁盼问题，健全基本公共服务体系，提高公共服务水平，增强均衡性和可及性，扎实推进共同富裕"等重要指示。2022年5月，中共中央办公厅、国务院办公厅印发了《关于推进实施国家文化数字化战略的意见》，强调各地要把推进实施国家文化数字化战略列入重要议事日程，因地制宜制订具体实施方案，相关部门要细化政策措施。各地区各有关部门要加强对《关于推进实施国家文化数字化战略的意见》实施情况的跟踪分析和协调指导，注重效果评估。如何健全文化机构的服务水平，客观评估其公共文化资源服务效能也成为我国公共文化服务机构重点关注的问题之一。

开展公共文化资源服务效能评估的相关研究，目的是通过评估结果，多维度了解文化机构服务的状况，为机构文化政策和投资决策提供参考依据，帮助文化机构了解自身的服务状况，发现问题并加以改进，更有质量地服务广大人民群众，进而促进我国公共文化资源服务的可持续发展。提高服务质量，为社会公众提供更好的文化资源服务。

本书以现有公共文化资源建设成果及现状为基础，以丰富公共文化资源供给、发掘公共文化资源价值、改进服务能力水平为方向。在智能技术支撑下，研究公共文化资源服务效能评估共性关键技术、制定评估指标体系、构建多维度分析模型、提出多层级分析方法等，在此基础上构建大数据智能分析与挖掘系统，并开展研究成果在不同场景的应用示范工作，以期为进一步增强公共文化服务效能提供辅助决策支持，达到公共文化资源合理调配、按需化和精准化的服务效果。

编者

2023 年 5 月

目 录

第一章 公共文化服务概述 ... 1
- 第一节 文化与公共文化 ... 1
- 第二节 公共文化服务 ... 7
- 第三节 公共文化机构与资源 ... 23
- 第四节 公共文化资源服务效能 ... 27

第二章 公共文化资源服务评估研究综述 ... 32
- 第一节 国外研究现状 ... 32
- 第二节 国内研究现状 ... 46

第三章 公共文化资源服务与数据情况调研 ... 64
- 第一节 公共文化机构情况调研 ... 64
- 第二节 数据调研情况 ... 65
- 第三节 调研情况分析 ... 66

第四章 数据处理体系 ... 69
- 第一节 处理内容概述 ... 69
- 第二节 数据采集 ... 70
- 第三节 数据处理算法概述 ... 71
- 第四节 数据预处理 ... 76
- 第五节 数据质量处理 ... 79
- 第六节 数据适用性处理 ... 81
- 第七节 数据展示性处理 ... 83

第五章 服务效能指标体系构建 ... 85
- 第一节 服务效能的理论研究概述 ... 85
- 第二节 服务效能评估准则研究 ... 87

第三节　服务效能评估指标研究 …………………………………… 91
　　第四节　设定评估指标权重 …………………………………………… 105

第六章　多维度分析模型的构建 ……………………………………… 119
　　第一节　模型构建基本算法概述 …………………………………… 119
　　第二节　分析方法概述 ………………………………………………… 126
　　第三节　服务效能评估模型 …………………………………………… 131
　　第四节　场馆热度分析模型构建 …………………………………… 145
　　第五节　主题热度分析模型构建 …………………………………… 151
　　第六节　基于人群维度的热度分析 ………………………………… 155

第七章　基于研究成果构建大数据智能分析与挖掘系统 ……… 157
　　第一节　系统建设意义 ………………………………………………… 157
　　第二节　系统设计 ……………………………………………………… 158
　　第三节　系统实现 ……………………………………………………… 173

第八章　应用示范 ……………………………………………………………… 176
　　第一节　示范范围与内容 ……………………………………………… 176
　　第二节　示范点数据情况 ……………………………………………… 176
　　第三节　示范方案设计 ………………………………………………… 177
　　第四节　示范方法及技术路径 ………………………………………… 178
　　第五节　服务效能评估指标优化 ……………………………………… 180
　　第六节　应用示范成果 ………………………………………………… 188
　　第七节　应用示范展示 ………………………………………………… 189
　　第八节　应用示范结论 ………………………………………………… 192
　　第九节　应用示范意义 ………………………………………………… 193

第九章　结语 …………………………………………………………………… 195
附　　录 …………………………………………………………………………… 197
　　参考文献 ………………………………………………………………… 197
　　公共图书馆文化资源服务效能评估指标 ………………………… 208
　　群众文化资源服务效能评估指标 ………………………………… 232

第一章　公共文化服务概述

第一节　文化与公共文化

文化既是凝聚力量的精神纽带、推动发展的重要支撑,又直接关系民生福祉、关系人的全面发展。文化兴国运兴,文化强民族强。文化是血液里流淌着的精神基因,融合在社会发展的各个层面。在党的二十大报告中,反复提到"文化"一词。推进马克思主义中国化时代化,必须要同中华优秀传统文化相结合;全面推进乡村振兴,也要推动文化振兴;建设法治社会,要传承中华优秀传统法律文化;加强军队党的建设,要繁荣发展强军文化;全面从严治党,要加强新时代廉洁文化建设。全面建设社会主义现代化国家,更是要发展社会主义先进文化,弘扬革命文化,传承中华优秀传统文化。党的二十大报告特别指出:"全面建设社会主义现代化国家,必须坚持中国特色社会主义文化发展道路,增强文化自信,围绕举旗帜、聚民心、育新人、兴文化、展形象建设社会主义文化强国,发展面向现代化、面向世界、面向未来的,民族的科学的大众的社会主义文化,激发全民族文化创新创造活力,增强实现中华民族伟大复兴的精神力量。"①

一、文化的内涵与特征

（一）文化的内涵

"文化"一词,我国最早出自《易经·贲卦·彖传》:"观乎天文,以察时变,观乎

---

① 习近平.高举中国特色社会主义伟大旗帜　为全面建设社会主义现代化国家而团结奋斗——在中国共产党第二十次全国代表大会上的报告[M].北京:人民出版社,2022:42-43.

人文,以化成天下。"在这里"文"与"化"分别是两个语素。《说文解字》称:"文,错画也,象交文。"其本义就是指各色交错的纹理。后又演化出若干引申义,包括语言文字在内的各种形象符号,以及具象化的文物典籍、礼乐制度;精神化的人为修养、道德之义等。"化"的文字最早始见于商代金文,左为正立人形,右为倒立人形,一正一倒是为变化。《说文解字》中:"化",教行也。从(huà)从人,本义为变化,特别指发生本质的改变,作用于精神层面就引申为通过教育使风俗、人心发生改变,即教化。西汉刘向将"文"与"化"二字联为一词,《说苑·指武》中写道:"圣人之治天下也,先文德而后武力。凡武之兴,为不服也。文化不改,然后加诛。""文化"一词本意就是"以文教化",后逐步成为一个内涵丰富的多维概念。

我们现在对"文化"一词作表述时,更多的是引用西方的概念,英文"culture"一词源自拉丁文的动词"colere",本意为耕作土地。农民除了耕种以外,也会饲养家禽家畜之类,于是便衍生出了养殖、培养的意思,后用农耕的发展隐喻人类摆脱野蛮,衍生出对人的培养和教化的意思。

人们一直尝试对"文化"一词进行概念界定,从1871年英国文化人类学家泰勒在《原始文化》(*Primitiv Culture*)中对文化的定义,到20世纪50年代美国人类学家克虏伯和克拉克洪在《文化:概念和定义批判分析》(*Culture:A Critical Review of Concepts and Definitions*)中从6个维度对文化进行了定义,到20世纪70年代文化唯物主义的创始人雷蒙·威廉斯在《关键词:文化与社会的词汇》(*Keywords:A vocabulary of culture and society*)中对"文化""文明"进行了简述,再到20世纪加拿大学者 D. 保罗·谢弗按历史顺序梳理了文化的九种基本概念。2001年联合国教科文组织第三十一届会议通过的《世界文化多样性宣言》,认为文化是"某个社会或某个社会群体特有的精神与物质,智力与情感方面的不同特点之总和;除了文学和艺术外,文化还包括生活方式、共处的方式、价值观体系,传统和信仰"。

《辞海》中对文化[①]的解释是:(1)广义指人类在社会实践过程中所获得的物质、精神的生产能力和创造的物质、精神财富的总和。狭义指精神生产能力和精神产品,包括一切社会意识形式:自然科学、技术科学、社会意识形态。有时又专指教育、科学、文学、艺术、卫生、体育等方面的知识与设施。(2)泛指一般知识。(3)中国古代封建王朝所施的文治和教化的总称。在牛津大学出版的《现代高级英汉双

---

① 辞海编辑委员会.辞海[M].上海:上海辞书出版社,1999:4365.

解词典》中，Culture 的词义更为广泛：(1)人类能力的高度发展；借训练与经验而促成的身心的发展；(身体的)锻炼；(心性与精神的)修养；(2)人类社会智力发展的证据；文明；文化(指艺术、科学等)；(3)一个民族的智力发展状况；某一特定形式的文化；(4)培养；种植；栽培；(蜂、蚕等的)饲养；(5)细菌的培养。

关于"文化"的定义众说纷纭、庞杂纷繁，越来越多的学科对文化研究逐步深入，民族学、社会学、历史学、哲学、心理学、宗教学、考古学、经济学、语言学等不同的学科角度对文化有着不同的理解，且随着人类社会历史发展过程不断地发展变化。从广义来说，文化是人类在社会历史发展过程中所创造的物质财富和精神财富的总和，包括物质文化、精神文化(亦作心理文化)和制度文化。从狭义来说，则是指人们普遍的社会习惯，如衣食住行、风俗习惯、生活方式、行为规范等。

（二）文化的特征

文化是在人类社会发展中衍生或创造出来的，是人类智慧和创造力的体现。文化是一个国家或民族的历史、地理、风土人情、传统习俗，包括衣食住行在内的生活方式、文学艺术、行为规范、思维方式、价值观念等。其特征主要表现在以下四点：

1. 由人创造

自然存在的物质不能称之为文化，但附加了人的意识之后，就成为文化。如：马本身不是文化，但赛马这项活动就可以称为文化；树木本身不是文化，但被描绘下来成为绘画作品就是文化。

2. 共识性

如果不能被社会大众所理解或接受的就不能称之为文化。文化是一个社会或群体在社会发展过程中，逐步形成能够被全体成员共同理解、接受或遵循的认识，是人类的共同创造，反映了人们的共同认同。

3. 传承性

文化本来就是人们后天创造或习得的，包括语言文字、风俗习惯、知识技能等多方面，都可以通过后天学习而获得，人们可以通过后天学习使文化得以一代又一代地积累传承下去，有着历史的继承性。同时，文化不是一成不变的，人们也会对继承来的文化进行改造或摒弃，形成新的文化继续传承。文化传承就是这么一个不断积累与扬弃，迭代发展的过程。

4. 地域性

文化是人们在自然环境中创造出来的一种社会现象,不同的地理环境、社会风貌造就了不同的文化风俗。不同民族、不同地域造就了不同的文化,使得文化变得更加丰富多样。我们现在经常遇到的南北方"咸甜之争",就是因为地域文化不同所引起的。

(三) 文化的作用

文化起源于社会发展过程中人类对自然界的认识和改造,在人类社会发展过程中起着重要的作用。

1. 文化塑造人

人既是文化的创造者,也是文化的塑造对象。文化对人的影响是无形的、潜移默化的,是人生观、世界观、价值观形成的重要影响因素,是一种内在精神力量,对人的思维方式和成长发展有着持久深远的影响。优秀的文化可以丰富人的精神世界,形成良好的行为习惯,引导正确的人生观、世界观、价值观,促进人的全面健康发展。

2. 文化是社会发展的内在引擎

文化是人类社会实践过程中不断积淀、传承、发展、创造而来的物质和精神的综合体,它体现了一个社会的价值观及创造力。管仲曾云:"仓廪实则知礼节,衣食足则知荣辱。"文化不仅是一种精神力量,在推动社会发展的过程中也可以转化成物质力量。先进、开放、包容、有创造力的文化有助于推动社会快速发展,社会的良性发展也反作用于文化的创造、发扬和传承。

3. 文化是国家综合国力的重要标志

文化是一个国家和民族的灵魂,是体现国家综合实力的重要组成部分。习近平总书记曾强调:"一个国家综合实力最核心的还是文化软实力,这事关精气神的凝聚。"我们要更加坚定文化自信,增强中华文化的认同感和自豪感,充分展现中国优秀传统文化的魅力,把中华民族的文化思想和理念传播出去。党的二十大报告中也提出,要增强中华文明的传播力和影响力,讲好中国故事、传播好中国声音,展现可信、可爱、可敬的中国形象。让中华文化更加深入人心、走向世界,加快形成同我国综合国力和国际地位相匹配的国际话语权。

二、公共文化的概念与特征

(一)公共文化的概念

学术界对公共文化的探讨最早是从公共管理学的公共领域(public sphere)即空间层面开始的。阿伦特①认为,凡是能够被每个人看见或者听见的公共场合的东西,都具有最广泛的公开性。并且认为"公共的"一词指的就是世界本身。根据德国社会学家 J. 哈贝马斯②的观点:公共性本身表现为一个独立的领域,即公共领域,它和私人领域相对立。市民社会的形成和发展促成了市民社会内部文化生活和经济生活的分离,而文化生活相对应地成为市民社会的公共领域。阿伦特和哈贝马斯对于公共领域的描述都包含着公共文化的内涵,但还没有形成专门的学术概念。北京大学的高丙中③认为,公共文化(public culture)成为专门的学术概念是由创刊于 1988 年的英语学术杂志《公共文化》(*Public Culture*)所奠定,该杂志主办者曾解释公共文化的提出与全球化、多元文化并存的状态相关,与精英文化和大众文化的对话相关,也与民族国家的各种政治议题相关。

公共文化虽然是一个现代术语,但就其实质而言,公共文化一直都存在并延续着,只是在不同历史阶段它呈现出的状态不一样。先秦时期的礼制、民间的庙会等都是公共文化的不同历史发展形态。荣跃明④认为,公共文化始建构于早期资本主义的民主化进程形成的公共领域,后分化为政治公共领域和文化公共领域,经由体制化最终发展成为现代社会的公共文化。随着我国经济发展和改革开放,公共文化的内涵和外延不断深化扩大。现在的公共文化已经不仅仅是指公共空间领域或者物质层面的社会公益文化设施,我们当前所谈论的公共文化是在公共文化服务的基础上提出的,指由政府主导、社会参与形成的普及文化知识、传播先进文化、提供精神食粮,满足人民群众文化需求,保障人民群众基本文化权益的各种公益性文化机构和服务的总和。

---

① 阿伦特.文化与公共性[M].刘锋译.北京:生活·读书·新知三联书店,1998:70.
② 哈贝马斯.公共领域的结构转型[M].曹卫东等译.上海:学林出版社,1999.
③ 高丙中.公共文化的概念及服务体系建设的双元主体问题[J].广西民族大学学报(哲学社会科学版),2016,38(06):74-80.
④ 荣跃明.公共文化的概念、形态和特征[J].毛泽东邓小平理论研究,2011(03):38-45,84.

（二）公共文化的特征

荣跃明①从公共文化的功能角度，认为公共文化具有共享性、仪式性、差异性和建构性四个特征。陈亮②更多的是从文化的角度，认为公共文化具有文化性、公益性、社会性、民族性、地域性五个特征。公共文化本身具有文化的所有特征，而与其他文化的不同之处就在于"公共"二字，为了更好地探究公共文化区别于其他文化的特征，我们分别从中西词义起源上对"公共"进行追溯。

在汉语中"公"一字的本义是对祖先的尊称，后由平分之义引申出"公共""共同"的意思，与"私"相对。在《说文》中是这样解释的："公，平分也。"由此可见，"公"在这里含有"公平"之义。"共"本义为供奉，但多用于共同具有或一起做之义，强调的是"共同""共用"之义。在英语中，"公共"（public）源自希腊语 pubes 或 maturity，是指一个人在身体、情感或智力上已经成熟，它的引申义是成熟的人摆脱了只关心自我利益而发展到能够理解他人的状态。另一个相近的词汇"共同"（common），源自希腊语 koinon，意思是"关心"。美国学者弗雷德里克森③在对"公共行政"进行研究时，认为"公共"即 public 包含了 common 和 care with、maturity 的含义叠加，意味着一个人不仅能与他人合作共享，而且能够为他人着想。

综合以上，公共文化的特性主要有以下四点。

1. 公平性

即"公"，公平之义，也就是非竞争性。把公共文化作为一种具有公共属性的产品来说，公共文化不会因为使用而减少，每个人享受到的公共文化是无差别化的，人与人之间对于文化的享有利益不存在冲突，其享受文化的利益不会受损。所以从文化的享有权利上来说大家是公平的，是社会公平正义的体现。

2. 共享性

即"共"，共同之义，也就是非排他性。公共文化是大家共有的，所有人都可以享有公共文化。这里主要强调的是公共文化的受众范围，即不排除任何一个人对

---

① 荣跃明. 公共文化的概念、形态和特征[J]. 毛泽东邓小平理论研究，2011(03)：38-45，84.

② 陈亮. 论公共文化的基本特性[J]. 山东行政学院山东省经济管理干部学院学报，2005(12)：120-122.

③ 乔治·弗雷德里克森. 公共行政的精神[M]. 张成福等译. 北京：中国人民大学出版社，2013：14-15.

它的享有权,公众又可以共同享有。

3. 社会性

即与"私"相对之义,也就是非私有性。一方面是指文化从私人属性转变为社会属性,私人专属的文化不能称为公共文化,能够公开被社会共同享用的才是公共文化。另一方面是指公共文化的内容上要能够被社会大众所认可,符合大众的审美和要求,契合社会的主流意识。

4. 公益性

也就是非营利性。公共文化的目的就是为了普及文化知识,让更多的人受益,即公共文化的提供不以营利为目的。这也是公共文化与产业文化最本质的区别。

第二节 公共文化服务

随着我国改革开放与经济的飞速发展,文化的重要性日益凸显。早期描述满足人民群众文化需求的文化活动多以"文化事业""文化公益事业""公益性文化事业"等词语出现,在2004年国家发改委发布的《关于2004年经济体制改革的意见》中,首次提到"建立健全公共文化服务体系",正式提出"公共文化服务"一词。

一、公共文化服务的概念与特征

(一)公共文化服务的概念

在学术界,公共文化服务最早是作为政府"公共管理"中的一项内容进行研究的,学者们从不同角度对公共文化服务这一概念进行定义或概括。其中最具有代表性的就是陈威[1],他从实施主体和目标对公共文化进行概述,认为"公共文化服务是由公共部门或准公共部门共同生产或提供的,以满足社会成员的基本文化需求为目的,着眼于全体公众的文化素质和文化生活水平"。还有周晓丽和毛寿龙[2],从公共文化服务的性质出发,认为"公共文化服务就是基于社会效益,不以营利为目的,为社会提供非竞争性、非排他性的公共文化产品的资源配置活动"。

---

[1] 陈威. 公共文化服务体系研究[M]. 深圳:深圳报业集团出版社,2006.
[2] 周晓丽,毛寿龙. 论我国公共文化服务及其模式选择[J]. 江苏社会科学,2008(01):90-95.

2012年中共中央办公厅、国务院办公厅印发的《国家"十二五"时期文化改革发展规划纲要》①中对公共文化服务首次作了简要的概括性描述："以公共财政为支撑,以公益性文化单位为骨干,以全体人民为服务对象,以保障人民群众看电视、听广播、读书看报、进行公共文化鉴赏、参与公共文化活动等基本文化权益为主要内容。"这一描述明确了公共文化服务由政府提供财政保障,实施主体以公益性文化单位为主,受众为全体人民,并对具体的文化权益内容也进行了概括。

2016年出台的《中华人民共和国公共文化服务保障法》(以下简称《公共文化服务保障法》)对公共文化服务进行了明确的定义："公共文化服务,是指由政府主导、社会力量参与,以满足公民基本文化需求为主要目的而提供的公共文化设施、文化产品、文化活动以及其他相关服务。"这一定义更加明确了公共文化服务中政府的角色和定位;目标定位更加精准,强调了公民的基本文化需求;服务内容也更加丰富,不仅包括文化活动,还包括文化设施、文化产品等。

(二)公共文化服务的特征

从上述公共文化服务的概念可以看出,公共文化服务具有以下三个特征。

1. 公益性

公共文化服务是为了满足公民的基本文化需求,不是以营利为目的,且社会效益显著。

在2016年颁布的《公共文化服务保障法》第一条中就指出,此法的制定是为了丰富人民群众精神文化生活,传承中华优秀传统文化,弘扬社会主义核心价值观,增强文化自信,促进中国特色社会主义文化繁荣发展,提高全民族文明素质。《公共文化服务保障法》中还明确了政府的主导地位和职责,在资金、人员、监督管理等各方面制定了一整套的保障措施,以确保公共文化服务的公益属性。

2. 基本性

公共文化服务满足的是公民的基本文化需求,实质上这是一种基本公共服务,强调的是基本保障。

国务院印发的《国家基本公共服务体系"十二五"规划》中明确指出,基本公共服务是指建立在一定社会共识基础上,由政府主导提供的,与经济社会发展水平和

---

① 中共中央办公厅,国务院办公厅. 国家"十二五"时期文化改革发展规划纲要[M]. 北京:人民出版社,2012:18.

阶段相适应,旨在保障全体公民生存和发展基本需求的公共服务。简而言之就是政府为了满足公众最基本的公共需求而提供的产品和服务。满足公民的基本文化需求,保障和满足公民生存和发展所需的基本文化服务,正是这样一种基本公共服务。基本公共文化服务仅覆盖了公共文化中最基础的范围和标准,是一种底线型服务。超出基本需求范围和标准的公共文化服务就需要依靠文化产业市场来提供了。

从党的十六届六中全会基本公共服务的提出到《国家基本公共服务体系"十二五"规划》,都明确把公共文化服务纳入基本公共服务的保障范围,在《国家基本公共服务标准(2021年版)》中还进一步明确了目前阶段我国基本公共文化服务的主要范围,即公共文化设施免费开放、送戏曲下乡、收听广播、观看电视、观赏电影、读书看报、少数民族文化服务和残疾人文化体育服务八个方面。

3. 均等性

公共文化服务的均等性其实是继承了公共服务的特征,不仅是公共文化服务内容和标准上的均等,彰显的更是机会的均等,每位公民都能公平地享受到均等的公共文化服务。

公共文化服务的均等化标准和要求随着经济社会的发展而动态变化。当前,我国地域间文化发展存在差异,特别是革命老区、少数民族地区、边疆地区及贫困地区是基本公共文化服务保障的短板,也是当前推行公共文化服务均等化的重点。为了保障所有群众都能够享受到公共文化服务,国家特别重视老少边穷地区的公共文化建设与发展,通过加强专项政策和资金扶持,确保我国公共文化服务的均等化发展。

《公共文化服务保障法》同时强调,国家要重点增加农村地区的公共文化产品供给,促进城乡公共文化服务均等化。通过公共文化服务不断提升全体公民精神文化素质的整体水平,公共文化服务的范围和内容也会随之扩大和提升,形成良性的文化循环提升,促进社会共同发展。

二、公共文化服务的重要性

一个国家、一个民族的兴盛,总是以文化兴盛为重要标志。文化是影响人民幸福指数的重要因素,也是衡量社会发展水平的重要尺度。提供更多优质的公共文化产品和服务,是为了满足人民精神文化生活的需要,也承载着人民对美好生活的向往。

文化事业是党和人民的重要事业,发展公共文化服务,是保障人民文化权益、改善人民生活品质、补齐文化发展短板的重要途径;是弘扬中华优秀传统文化、提升社会文明程度的重要推手;是增强文化自信、提升国家软实力的重要方式。公共文化服务要以社会主义核心价值观为引领,以传承和弘扬中华优秀传统文化为重要任务,增强文化自信,讲好中国故事、传播好中国声音,推动中华文化走向世界,提升中国的话语权。

(一)个人层面:保障个人基本文化权益,促进人的全面发展

公共文化服务从个人层面来说,就是满足每个人的基本文化需求,保障其基本文化权益,从而提升其综合素质,促进人的全面发展。

人们不仅需要物质生活,还需要丰富的精神文化生活,公共文化服务能够有效保障人民群众最基本的文化权益,确保每一个人都能享受到基本的文化权利,满足其最基本的文化需求,有助于消除人与人之间的差异和鸿沟。保障公民的基本文化权益就是要实现好、维护好、发展好人民文化权益,不仅是促进公民文化权利公平的重要体现,也是我国社会主义文化繁荣发展的出发点和落脚点。

公共文化服务有着文以化人的作用,可以提升人民群众的文化知识水平,提高文化素养,陶冶情操,提高文化获得感和满足感,个人综合素质不断提升,有利于促进人的全面发展。

(二)社会层面:传承中华优秀传统文化,提升社会文明程度

公共文化服务从社会层面来说,就是要传承中华优秀传统文化,提升整个社会的文明程度。

中华优秀传统文化是我们世代传承的文化根脉和基因,是中华民族赖以生存发展的精神源泉,一直滋养着中华儿女的精神世界,对"三观"的构建有着巨大的影响。中华优秀传统文化承载着中华文明发展的脉络,传承和弘扬中华优秀传统文化就是传承和延续中华的历史文脉。公共文化服务必然承担起传承和弘扬中华优秀传统文化的重任,通过积极推动文化共享,更广泛地、有效地、直接地把中华优秀传统文化输送到基层大众每个人身边,真正融入人们的日常生活、人们的思维方式和行为方式之中。

博大精深的中华优秀传统文化为公共文化服务提供了源源不断的资源和素材,公共文化服务也肩负着传承和弘扬中华优秀传统文化的责任。通过对中华优

秀传统文化的传承和弘扬,增强文化自信,也潜移默化地提升社会的文明程度,为社会发展提供强大的精神源泉和动力。

(三)国家层面:塑造文化认同,提升国家软实力

公共文化服务从国家层面来说,就是要塑造共同的文化认同,即以社会主义核心价值观为引领,以文化涵养构筑中华民族共有精神家园。

文化是国家和民族凝聚力、创新力和发展力的基础,文化兴则国运兴,文化强则民族强。强大的文化认同可以把广大群众紧紧凝聚在一起,促使中华民族凝聚力不断增强,也是中华民族长久不衰的精神法宝。公共文化服务正是以社会主义核心价值观为引领,鼓励和倡导广大群众养成先进、文明的文化新风尚,形成新的具有中国特色社会主义的文化认同感。

此外,公共文化服务还有助于积极开展对外文化交流,传播优秀中华文化,让中国文化走向世界,提升文化自信,增强文化外交的话语权,提升国家的文化软实力,对我国的综合实力和影响力的提升有着积极的推动作用。

三、我国公共文化服务发展概况

近年来,国家对文化发展的重视程度日益加深,在党中央及各级政府的正确领导和大力支持下,坚持以人民群众不断增长的精神文化需求为导向,公共文化服务发展呈现出蓬勃发展的态势。现代公共文化服务体系逐步健全,各项文化惠民工程启动实施,全民阅读活动深入人心,城乡公共文化服务体系一体化建设成效显著,群众性文化活动广泛开展,人民群众的文化获得感和幸福感不断攀升。

(一)我国公共文化服务发展历程

改革开放以来,随着我国经济的快速发展,人民的物质生活水平不断提高,精神文化生活需求也日益增长,公共文化服务不断创新发展,形成日益健全的公共文化服务体系。政府作为公共文化服务的主导者,国家政策的支持和关注程度决定了公共文化服务的发展方向和进程。根据我国有关公共文化服务的重要文件精神及政策,公共文化服务的内容及发展速度,可将我国公共文化服务发展历程分为五个阶段。

1. 公共文化服务早期阶段(2004 年及之前)

早期,我国的公共文化服务主要针对"文化事业"或"公益性文化事业",并且当时公共文化设施相对单一,主要是以公共图书馆和文化馆(站)为主。1953 年中

华人民共和国文化部(以下简称"文化部")发布的《关于整顿和加强文化馆、站工作的指示》,首次明确了文化馆的性质,确定了以识字教育、政治宣传、文艺活动以及普及科学知识为主要职能。1982年,文化部颁发《关于省(自治区、市)图书馆工作条例》,规定了公共图书馆的性质和主要任务。1981—1985年的国民经济和社会发展计划即"六五"计划中提出"县县有图书馆、文化馆,乡乡有文化站"的目标,1992年颁布了《群众艺术馆、文化馆管理办法》,加强了各地对于群艺馆和文化馆的设立,扩大精神文化建设的阵地。之后文化部又陆续出台了《关于进一步加强农村文化建设的意见》(1998年11月)、与国家民委联合下发了《关于进一步加强少数民族文化工作的意见》(2000年2月)、《关于实施西部大开发战略,加强西部文化建设的意见》(2000年5月)等文件,提出要在西部地区实施创建文化先进县、万里边疆文化长廊建设、少儿文艺"蒲公英计划"和知识工程这四大重点文化工程。

这都是早期公共文化服务发展的雏形,并且已经开始有意识地向农村、少数民族及西部偏远地区倾斜。

2. 公共文化服务探索阶段(2001—2004年)

2001年,国家计委与文化部印发了《关于"十五"期间加强基层公共文化设施建设的通知》及关于文化建设的若干意见等文件;2002年,文化部与财政部印发了《关于实施全国文化信息资源共享工程的通知》;2003年,国务院办公厅公布了《公共文化体育设施条例》。

此时,国家把文化建设作为精神文明建设的重要部分,关于公共文化服务的发文部门已经不仅仅是文化部,国家计划委员会及财政部、教育部等其他部门共同参与到公共文化服务建设中来。公益性文化事业改革及基础设施建设作为当时公共文化服务的重点工作。

2004年,国家发改委颁布《关于2004年经济体制改革的意见》,其中对文化体制改革提到,要"建立健全公共文化服务体系",这是我国在文件中第一次提到"公共文化服务体系",为后面我国公共文化服务体系的建立正式拉开了帷幕。同年,文化部成立全国文化信息资源建设管理中心,主要负责全国文化信息资源共享工程的建设和管理工作。

3. 公共文化服务快速发展阶段(2005—2012年)

经过前期的充分探索,2005年党的十六届五中全会明确提出要"加大政府对文化事业的投入,逐步形成覆盖全社会的比较完备的公共文化服务体系"。此后,我国公共文化服务进入了快速发展期。

2006年,《中华人民共和国国民经济和社会发展第十一个五年计划纲要》中,对文化建设提出了具体的措施和要求,把村村通广播电视、农村电影放映、乡镇综合文化站建设、文化信息资源共享、重大文化自然遗产保护、"西新工程"及重大文化设施建设等公共文化建设重点工程提上了日程。随后,国务院办公厅又出台了我国第一个关于文化建设的中长期规划《国家"十一五"时期文化发展规划纲要》,明确提出要将公共文化服务作为下一步文化建设的重要组成部分,并提出建立健全公共文化机构评估系统和绩效考评机制。2007年8月,中办、国办印发了《关于加强公共文化服务体系建设的若干意见》,首次对加强公共文化服务体系建设进行了系统深刻的阐述,明确了公共文化服务体系建设的指导思想和目标任务。2011年,党的十七届六中全会通过了《关于深化文化体制改革推动社会主义文化大发展大繁荣若干重大问题的决定》,提出了公共文化服务体系建设的目标,明确要制定公共文化服务的绩效评估指标体系与考核办法,标志着我国的公共文化服务体系建设更加规范化。2012年7月,国务院印发的《国家基本公共服务体系"十二五"规划》中,首次建立公共文化服务制度,保障人民群众看电视、听广播、读书看报、进行公共文化鉴赏、参加大众文化活动和体育健身等权益。

此外,全国图书馆标准化技术委员会发布了《公共图书馆服务规范》,提出全国美术馆、公共图书馆、文化馆(站)应该免费向公众开放,提出建设全国文化信息资源共享工程。文化部还发布了《关于鼓励和引导民间资本进入文化领域的实施意见》,明确提出文化领域全面向民间资本开放。原全国文化信息资源建设管理中心更名为全国公共文化发展中心,增加了开展公共文化服务体系建设政策理论研究、群众文化活动指导、组织及相关人员培训等工作。我国公共文化服务得到了快速的发展。

2012年,党的十八大报告中提道:"公共文化服务体系建设取得重大进展,公共文化服务体系基本建成。"还指出"要提升公共文化服务效能",这就意味着公共文化服务体系的建设以及绩效考核的着眼点开始转向服务效能的提高,也标志着公共文化服务评价机制正在往更纵深的层面发展。

4. 公共文化服务的深入发展阶段(2013—2018年)

2013年,党的十八届三中全会通过了《中共中央关于全面深化改革若干重大问题的决定》,提出构建现代公共文化服务体系的战略构想,意味着我国公共文化服务体系建设迈入了深入发展的新阶段。

2015年开始,我国围绕着现代公共文化服务体系建设的政策性文件一项接着一项发布。年初首次发布《国家基本公共文化服务指导标准(2015—2020年)》,提出3大类14项22条基本公共文化服务国家标准。随后又发布了《文化部"十二五"时期公共文化服务体系建设实施纲要》《关于加快构建现代公共文化服务体系的意见》《关于推进基层综合性文化服务中心建设的指导意见》等政策性文件,明确了在新形势下构建现代公共文化服务体系的重要意义及具体任务举措。同年,党的十八届五中全会在《关于制定国民经济和社会发展第十三个五年规划的建议》中提出"要完善公共文化服务体系,创新公共文化服务方式"。这表明我国的公共文化服务不断向深入发展迈进。

在政策的指引和推动下,我国公共文化服务进入了更加深层次的发展阶段。《公共文化服务保障法》《公共图书馆法》等一系列法律法规的建立健全,为公共文化服务建设提供了坚实的法律保障,对公共文化立法具有里程碑式的重要意义,初步形成了现代公共文化服务体系的制度框架。为加快构建现代公共文化服务体系,更好地保障人民群众基本文化权益,文化部根据《中华人民共和国公共文化服务保障法》《国家"十三五"时期文化发展改革规划纲要》《文化部"十三五"时期文化发展改革规划》有关精神,又制定了"十三五"时期全国公共图书馆事业、公共数字文化建设、古籍保护等工作规划,不断完善公共文化服务体系。

党的十九大报告提出要"完善公共文化服务体系,深入实施文化惠民工程"。党的十九届四中全会中提出:"要完善城乡公共文化服务体系,推动基层文化惠民工程扩大覆盖面、增强实效性。"这意味着我国公共文化服务更加深化,最终形成城乡一体的公共文化服务体系。2018年,在习近平新时代中国特色社会主义思想和党的十九大精神指引下,按照中央要求和部署,中华人民共和国文化和旅游部(以下简称"文化和旅游部")及各地文化和旅游厅局相继挂牌成立,文化和旅游融合发展扬帆起航。

5. 公共文化服务创新性发展阶段(2019年至今)

2019年,文化和旅游部印发《公共数字文化工程融合创新发展实施方案》,推动我国公共数字文化工程进入融合创新发展阶段。2021年,我国发布《国家基本公共服务标准(2021年版)》,明确了服务对象、服务内容、标准及责任单位,以标准化推动基本公共服务均等化。

党的十九届五中全会通过《中共中央关于制定国民经济和社会发展第十四个五年规划和二〇三五年远景目标的建议》,提出"推进城乡公共文化服务体系一体建设,创新实施文化惠民工程,广泛开展群众性文化活动,推动公共文化数字化建设"。在党的二十大报告中再次强调"实施国家文化数字化战略,健全现代公共文化服务体系,创新实施文化惠民工程",对公共文化数字化提出了更高的要求,各项文化惠民工程已经不再仅仅关注覆盖广度,而是更加关注公共文化服务的创新性深度发展。

(二)我国公共文化服务发展的主要成果

近年来,我国公共文化服务建设呈现出蓬勃发展的良好态势。特别是党的十八大以来,党和国家高度重视公共文化建设,各级党委、政府及文化机构也采取诸多有效措施,有重点、分阶段地开展公共文化服务体系建设,并取得了一定的成果。

1. 顶层设计不断完善,人民文化权益得到有效保障

我国高度重视公共文化建设,先后出台了一系列重要的政策文件及法律法规,全面推进依法治国,加快文化立法。文化法律法规是中国特色社会主义法律体系不可或缺的重要内容,在文化建设中具有基础性和全局性的作用。2017年,我国文化领域的第一部基本法《公共文化服务保障法》正式实施,在这部法律的框架下,基本公共文化服务成了政府的法定责任。公民的基本文化权益和需求将进入标准化、均等化和专业化的轨道。在此之后,我国陆续颁布《中华人民共和国公共图书馆法》《博物馆条例》《国家基本公共文化服务指导标准》《国家基本公共服务标准(2021年版)》,不断建立健全文化立法,为人民群众的基本文化权益提供了有力的法律保障。此外,各地也相继出台了地方实施标准和服务目录,初步构建了我国上下相互衔接一体的现代公共文化服务的制度框架。《关于加快构建现代公共文化服务体系的意见》《关于推动公共文化服务高质量发展的意见》《"十四五"公共文化服务体系建设规划》等重要政策文件的出台,为公共文化服务新阶段高质量创新发展明确了具体方向。

在资金方面,我国公共文化资金投入不断增大,公共文化服务的覆盖面和实效性也不断扩大增强。在"十二五"和"十三五"期间,以扩大公共文化服务广覆盖为主要目标的公共文化基础设施建设取得显著成效,覆盖城乡的公共文化设施网络逐步健全。为了深入探索公共文化服务体系可持续发展的长效保障机制,为同类地区提供借鉴和示范,文化部和财政部还设立了国家公共文化服务体系示范区,自

2011年5月文化部、财政部公示第一批31个单位获得创建国家公共文化服务体系示范区创建资格,到2020年全国已陆续推进4批次,共有117个国家级公共文化服务示范区。

2. 实现基本公共文化服务均等化,推进城乡公共文化服务一体化发展

党的十八届三中全会提出"促进基本公共文化服务标准化、均等化",《国家基本公共文化服务指导标准(2015—2020年)》及《国家基本公共服务标准(2021年版)》对我国基本公共文化服务实施标准作出了明确规定,为推进基本公共文化服务标准化和均等化起到了重要的引导作用。"十三五"期间,全国31个省(区、市)根据当地情况分别制定了具体的实施标准,333个地市、2846个县出台了基本公共文化服务目录,大大提升了基层公共文化服务水平。党的十九届五中全会提出要"推进城乡公共文化服务体系一体建设",全面推进基层综合性文化服务中心建设。

我国已经初步建成覆盖城乡的公共文化设施网络。根据2022年2月国家统计局发布的《中华人民共和国2021年国民经济和社会发展统计公报》①及2022年6月文化和旅游部发布的《中华人民共和国文化和旅游部2021年文化和旅游发展统计公报》②发布的数据,全国文化和旅游事业费1132.88亿元,比2012年增长了两倍多。截至2021年年末,全国共有公共图书馆3215个,总流通量72898万人次,全年共为读者举办各种活动20.2568万次;文化馆3316个、乡镇(街道)文化站4.02万个、村级综合性文化服务中心57.54万个,组织开展各类文化活动252.17万场次。全国共2672个县(市、区)建成文化馆总分馆制,2642个县(市、区)建成图书馆总分馆制。我国覆盖城乡的国家、省、市、县、乡、村(社区)六级公共文化服务网络已经基本建成。

通过公共文化服务标准化建设及各项文化惠民工程,让公共文化服务资源从城市逐步延伸到乡村,实现公共文化服务的全覆盖,提升城乡公共文化服务均等化发展。加大农村及贫困地区公共文化服务资源的投入,使老、少、边、穷地区等基层公共文化服务建设得到跨越式发展。通过广播电视村村通工程、全国文化信息资

---

① 国家统计局. 中华人民共和国2021年国民经济和社会发展统计公报. [EB/OL]. (2022-11-26). http://www.gov.cn/shuju/2022-02/28/content_5676015.htm.

② 财务司. 中华人民共和国文化和旅游部2021年文化和旅游发展统计公报[N]. 中国文化报,2022-06-30(004).

源共享工程、农村电影放映工程、农家书屋工程、西部开发助学工程、电视进万家工程、春雨工程、阳光工程、圆梦工程、送书下乡、戏曲进乡村、建立国家公共文化服务体系示范区等国家重点文化惠民项目,补齐短板,兜住底线,打通公共文化服务的"最后一公里",更好地保障基层群众的公共文化权益,实现社会的公平正义,缩小城乡文化差异,推进城乡公共文化服务一体化发展。

3. 推进公共文化服务社会化发展,提升公共文化服务活力

过去公共文化服务模式较为固定,资源和服务相对单一,不能完全满足人们日益增长的精神文化需求。国家提出鼓励和引导社会力量参与公共文化服务,可以最大限度地发挥社会力量的积极性,可以有效增加公共文化服务资金的投入,激活公共文化服务的活力和创新力,使得公共文化产品更加丰富、服务供给更加高效优质,能够有效满足人民群众多样化、多层次的普惠性非基本公共文化服务需求。

早在2010年,国家发布的《国务院关于鼓励和引导民间投资健康发展的若干意见》中,就提到"鼓励和引导民间资本进入文化领域"。社会力量参与公共文化服务,是指政府机构和财政补助事业单位以外的企业、社会组织和个人,不以营利为目的,面向公众免费或优惠提供公共文化设施、文化产品、文化活动以及其他相关服务。[①] 推动公共文化服务社会化发展,充分调动各种社会力量和市场主体的积极性,现代化的公共文化服务建设中政府主要处于顶层设计、政策指导的角色,越来越多的社会力量通过独立兴办文化实体、与政府等组织联合举办活动、资助文化项目或产品、政府购买社会服务等多种方式参与到公共文化服务的建设中来,逐步形成以政府为主导、社会参与、多元投入、协力共赢发展,构建多元化、多层次、多样性的现代公共文化服务体系,更好地保障人民群众合法公共文化权益,实现公共文化服务的高质量发展。

党的十八届三中全会通过的《中共中央关于全面深化改革若干重大问题的决定》中明确提出要"推动公共文化服务社会发展,鼓励社会力量、社会资本参与公共文化服务体系建设"。通过社会捐赠或赞助,文化部门与企事业单位共同举办、承办各类大中小型文化活动,实现了"企业搭台,文化唱戏",是目前各地实施最为广泛的一种社会参与方式。各级政府向社会组织购买文化服务,是当前社会参与公共文化服务最有力的抓手,2015年文化部出台了《关于做好政府向社会力量购

---

① 吴理财.社会力量参与公共文化服务概论[M].北京:北京师范大学出版社,2021.

买公共文化服务工作意见》,提出要探索服务多元化供给模式,建立"自下而上、以需定供"的互动式、菜单式、目录式的服务方式,推动公共文化服务的精准化和有效化。根据全国政府和社会资本合作(public-private partnership,PPP)综合信息平台数据①,截至2022年年底,文化和旅游领域已实施PPP项目469个,投资额达5289亿元。公共文化设施的社会化运营,如无锡新区图书馆是全国首个政府招标、社会化运营的图书馆,艾迪讯公司负责无锡新区图书馆的运营。2022年7月,北京市东城区出台了《公共文化设施社会化运营全过程管理办法》,构建了"1+6"公共文化设施社会化运营制度体系。还有即将出台的《广州市公共文化设施社会化管理运营指导意见(试行)》,都使得社会力量参与公共文化服务更加规范化、制度化。

4. 公共文化服务数字化、网络化、智慧化,推动公共文化服务高质量发展

在"互联网+"和云计算等数字信息技术的加持下,人民群众的精神文化生活习惯也发生了翻天覆地的变化,截至2021年12月,我国网民规模达10.32亿。群众对于公共文化服务的数字化需求提出了更高的要求,公共文化服务打破空间和时间的限制,借助移动互联的东风逐步发展到了云端,把公共文化服务送到人们的指间。

从2002年的"文化共享工程",到2011年的"公共文化数字建设",2017年"国家公共文化云"建设,再到2022年5月中共中央办公厅、国务院办公厅印发的《关于推进实施国家文化数字化战略的意见》②,我国公共文化服务数字化建设已开展二十余年。《关于推进实施国家文化数字化战略的意见》明确把"提升公共文化服务数字化水平"作为国家文化数字化战略的重要任务,并对公共文化服务数字化建设作出了总体部署和战略安排。公共文化服务数字化逐步拓展到文化数字化基础设施建设、文化数字化内容供给及场景体验等领域和方向,使得公共文化服务数字化建设更加系统化和智慧化。

20世纪90年代以来,我国组织实施了国家数字图书馆工程、全国文化信息资

---

① 全国PPP综合信息平台项目管理库[EB/OL].(2022-12-23)[2022-12-24]. https://www.cpppc.org:8082/inforpublic/homepage.html#/projectPublic.
② 中共中央办公厅、国务院办公厅.关于推进实施国家文化数字化战略的意见[J].国家图书馆学刊,2022,31(04):49.

源共享工程、数字图书馆推广工程等数字化建设项目。截至2021年年底,全国县以上公共图书馆自建数字资源总量达2.5万TB,通过国家数字图书馆"文津"搜索系统整合共享馆藏元数据超过3.8亿条,400余家公共图书馆设立移动阅读服务平台,38家省级图书馆全部开通了微信公众平台,越来越多的图书馆通过"两微一端"嵌入移动互联网服务平台,覆盖全媒体、多终端,广泛惠及全民的国家数字图书馆服务网络基本健全。[①]

文化和旅游部以全国文化信息资源共享工程已建的六级服务网络和国家公共文化数字支撑平台为基础,统筹整合全国文化信息资源共享工程、数字图书馆推广工程、公共电子阅览室建设计划三大惠民工程推出了"国家公共文化云",旨在面向基层提高公共文化供给效率,打通公共数字文化服务的"最后一公里",提升公共文化服务效能。截至2022年5月,国家公共文化云累计数字文化资源超1000TB,完成与157家地方云平台的融合对接,开设地方专区175个,注册公共文化机构3319家,平台访问量超9.96亿人次,网络录直播2176场次。[②] 该平台内容涵盖广,资源类型多样,并且推出了云上广场舞、云上春晚、大家唱、百姓大舞台等一批全国性群众文化活动品牌,为进一步推动我国文化数字化战略奠定了坚实的基础。

目前,我国公共文化服务智慧化程度显著提高,借助各类公共数字文化产品和互联网服务,丰富了人民群众的精神文化生活,推动公共文化服务高质量创新性发展。

5. 公共文化服务实现融合性创新发展

2018年,文化和旅游部及各地文化和旅游厅局相继挂牌成立,新时代文化和旅游融合发展踏上新征程。为了更好推动公共文化服务高质量创新性发展,2021年,文化和旅游部、国家发展改革委、财政部联合印发《关于推动公共文化服务高质量发展的意见》,提出促进公共文化服务与科技、旅游相融合,文化事业、产业相融合,建立协同共进的文化发展新格局。做好"公共文化服务+"的加法命题,实现

---

① 熊远明.围绕国家文化数字化战略积极推进全国智慧图书馆体系建设[J].中国图书馆学报,2022,48(04):5-9.
② 白雪华.依托公共文化云落实国家文化数字化战略[J].中国图书馆学报,2022,48(04):10-14.

双向倍增效应。

公共文化服务与旅游相融合,推动公共文化服务资源合理利用,"以文塑旅,以旅彰文"。深挖地方文化旅游特色资源,打造不同主题游,如:利用红色资源开展红色教育游;依托当地老街道、具有历史意义的新老城市地标打造怀旧文化游;结合当地非遗文化、民俗等地方文化特色,主打文化体验游。各地还积极推进新兴公共文化空间建设,打造新的文化景点。文化和旅游部发布的《"十四五"文化和旅游发展规划》,明确指出要将新型公共文化空间建设作为重要任务,提出创新打造一批"小而美"的城市书房、文化驿站、文化礼堂、文化广场。

公共文化服务与科技相融合,依托VR(虚拟现实)技术,通过视觉、听觉等全方位立体化运用,打造沉浸式、可互动的文化体验。2017年,故宫推出了《故宫VR体验馆》项目,随后几年,各地相继推出了云游平台,实现了"足不出户,游遍全国"。新冠疫情防控期间,各级各类文化机构充分利用互联网及各种科技手段,采取了一系列线上全新的服务模式。国家图书馆推出"读联体"移动阅读平台,覆盖全国1000余家图书馆;湖北省图书馆开通"方舱数字文化之窗",上线不到一个月总访问量突破120万次;上海图书馆联合湖北、江苏、浙江、安徽及其他地区338家图书馆共同举办的2020"我的战疫"阅读马拉松线上快闪赛,获得15545位读者的热情参与。

公共文化服务具有高度融合性,可以嵌入各个行业和领域,甚至可以联合多个领域进行多元融合。根据不同行业领域的特点和规律,要做到"宜融则融,能融尽融",拓宽公共文化服务的覆盖面和服务方式,有效增加推动公共文化服务建设的着力点,建立协同增效的公共文化融合创新发展格局。

(三)我国公共文化服务发展存在的问题

公共文化服务体系建设是满足人民群众基本精神文化需求的主要途径,是建设社会主义文化强国的基础工程,是全面建成小康社会的重要内容。随着我国经济的快速发展,我国公共文化服务建设也取得了显著的成绩。同时也要清醒地认识到,我国现代公共文化服务体系还有较大提升空间,与人民群众日益增长的精神文化需求之间还存在一定的差距。

1. 公共文化服务发展不均衡

近年来,随着改革开放各地经济得到飞速发展,国家对公共文化服务建设的投入也不断加大,基础设施建设持续改善。公共文化服务的发展不仅受到当地经济社会发展水平的影响,还受到当地群众整体的文化思想意识水平及地域因素的影响。

根据《中国公共文化服务发展指数报告(2019)》①及彭雷霆等对全国31个省(区、市)的公共文化服务发展水平的量化测度②,按2018年公文发展指数排名,排在前五的省、自治区、直辖市分别是浙江、上海、北京、江苏、宁夏,其中属于东部地区4个,西部地区1个;排名后五位的省、自治区、直辖市分别是新疆、海南、广西、湖北、甘肃,其中有西部地区3个,中、东部各1个。由此可见,我国公共文化服务从地域分布来看,东部地区的整体公共文化服务水平明显优于中部和西部,虽然西部地区大部分地区排名靠后,但也不乏有发展水平较高的地区,比如:宁夏、陕西、内蒙古、西藏排名都在前十。东部虽然整体地区较好,但也存在排名靠后的地区,比如:海南、辽宁等地。公共文化服务水平参差不齐,不仅在地域之间存在差距,各区域内部也存在发展不均衡的状况。2021年全国文化和旅游事业费中,东部地区占46.5%,中部地区占25%,西部地区占25.8%,东部中部相较上年有所增加,西部反而降了1.9个百分点。③ 资金投入的巨大差异使得东部地区的公共文化发展更加超前,与中西部地区之间的差距更加凸显。

从城乡结构来看,当前县、乡、村三级公共文化服务设施条件虽然已有明显改善,但由于城乡经济发展水平、公共文化财政投入差异、二元结构体制等因素导致了城乡公共文化服务发展水平存在较大差距。公共文化服务发展不均衡,这是由我国社会经济发展现状决定的,虽然我国对老少边穷等地区的公共文化服务予以大量的政策性倾斜及资金扶持,但文化的进步发展不是一蹴而就的事情,而且与经济、政治、社会、科技、生态、文化水平、人口素质等多方面因素息息相关,是一个地区整体发展水平的体现,这是文化发展的客观规律。只要能够继续保持各地公共文化服务的持续性向好发展,就会逐步缩小差距,不仅能实现基本公共文化服务的均等化,普惠性非基本公共文化服务也会达到均衡发展。

---

① 傅才武,彭雷霆.中国公共文化服务发展指数报告(2019)[M].北京:社会科学文献出版社,2019.

② 彭雷霆,欧阳样,张灵均.公共文化服务发展水平探析——基于全国31个省(区、市)2015—2018年的实证分析[J].决策与信息,2021(12):38-49.

③ 财务司.中华人民共和国文化和旅游部2021年文化和旅游发展统计公报[N].中华文化报,2022-06-30(004).

2. 公共文化服务供需失衡

政府对公共文化服务的投入逐年增加,各项惠民工程的实施使得公共文化服务总量逐年攀升。但我国总体人口体量大,当前的公共文化服务还是无法满足所有人的公共文化需求,一般表现为经济水平高的地区供给过剩,经济欠发达地区供给不足。

在董帅兵、邱星对31个省份267个村庄的实证调查中发现,拥有1—2类公共文化设施的村庄占47.56%,拥有3类以上公共文化设施的村庄占44.44%,没有公共文化设施的村庄占8%;基础公共文化设施的覆盖率不可谓不高,但其中能够完全满足村民需求的比例仅为5.36%,40.23%基本可以满足村民需求,不能满足村民需求的占比高达51.34%。① 从这个调查中我们可以看到,虽然基层公共文化设施不少,但却无法满足群众的公共文化需求。究其主要原因:一是由于公共文化服务供给单一,无法满足人民群众多样化的文化需求。二是公共文化服务单调、缺乏创新,无法吸引群众的广泛参与。三是公共文化服务的精准度不够,供给与实际需求不对应。

公共文化服务不仅是"送文化",更要"种文化"。坚持以人民需求为中心,精准"把脉"群众的基本公共文化需求,有针对性地开展公共文化服务;统筹考虑城乡、区域和人群的差异性,充分发挥当地特色文化资源的优势,提升群众的参与度;鼓励多方社会力量的参与,提升公共文化服务供给的多样性、创新性及融合性。

3. 基层公共文化服务人才储备不足

近年来,我国基层公共文化设施配置及文化活动的增长比例逐年增加,但相应的从业人员增加数量却增长极其缓慢。2018年至2020年三年间,公共图书馆从业人员一共才增加了772人,而2021年公共图书馆的从业人员突增了1321人,比过去四年增加的总量还要多。全国群众文化机构从业人员2021年增加了4931人,但2020年减少了4992人,总量相差不大。基层公共文化服务增长的需求与从业人员的增长速度非常不匹配,并且这种情况有愈演愈烈的趋势,公共图书馆人员的突增就是一个明显的信号,说明人员已经急剧短缺,亟须快速补充"新鲜血液"。

特别是乡村基层公共文化服务人才,无论是数量还是质量上都存在巨大的差

---

① 董帅兵,邱星.供给侧视角下我国农村公共文化服务的有效振兴——基于全国31省267个村庄的调查分析[J].图书馆学研究,2021(02):30-36.

距。一是人员数量不足,且有编制的人员更少,很多文化站或农村书屋的人员都是临时兼任,专业人才匮乏。二是人才综合素养偏低,不仅是专业技能的不足,更多的是思想认识上的不到位。三是公共文化服务人才培养和保障机制不完善,导致无法正常吸纳及培养基层人员,并且人员流失严重。

文化人才是推动公共文化服务发展的关键,虽然文化服务志愿者已经成为公共文化服务的生力军,但仍不能替代专业的文化人才主力军的地位,要尽快完善基层公共文化服务人才保障制度,挖掘和培养一批本土的文化人才队伍,才能切实解决公共文化服务少人员、缺人才、留不住人等问题。

第三节 公共文化机构与资源

一、公共文化机构

(一)公共文化机构的定义

"公共文化机构"一词虽然在许多新闻媒体报道及政策文件中出现,但并没有明确的定义。

金家厚提出,公共文化机构是指向社会提供公共文化产品和公共文化服务的公益性文化单位,包括享受政府财政支持或补贴的各级各类图书馆、博物馆、群艺馆、展览馆、美术馆、科技馆、纪念馆、文化馆(站)、文化活动中心、文化活动室、青少年宫、歌剧院、体育场(馆)等。[1]

《公共文化服务保障法》中使用了"公共文化设施管理单位"一词,并对公共文化设施作出了详细的界定,是指用于提供公共文化服务的建筑物、场地和设备,主要包括图书馆、博物馆、文化馆(站)、美术馆、科技馆、纪念馆、体育场馆、工人文化宫、青少年宫、妇女儿童活动中心、老年人活动中心、乡镇(街道)和村(社区)基层综合性文化服务中心、农家(职工)书屋、公共阅报栏(屏)、广播电视播出传输覆盖设施、公共数字文化服务点等。

从广义上来说,公共文化机构主要指为公众提供各种文化活动的公益机构,包括各级公共图书馆、文化馆、文化站、博物馆和美术馆等,主要职责就是充分利用公

---

[1] 金家厚.公共文化机构绩效评估及其机制优化[J].重庆社会科学,2011(11):19-24.

共文化设施,促进优秀公共文化产品的提供和传播,支持开展全民阅读、全民普法、全民健身、全民科普和艺术普及、优秀传统文化传承活动,是我国公共文化服务体系建设的重要力量。

(二)各类公共文化机构及其公共文化服务内容

1. 公共图书馆

公共图书馆,是指向社会公众免费开放,收集、整理、保存文献信息并提供查询、借阅及相关服务,开展社会教育的公共文化设施。截止到2021年年底,全国共有公共图书馆3215个[①],其中93%的县(市、区)建成图书馆的总分馆制,分馆数量达到4.9万个[②]。

公共图书馆的公共文化服务内容主要有:一是线下服务。以传统图书馆服务为代表,主要包括:提供图书文献的查询检索、借阅、参考咨询;阅览室、自习室等公共空间设施场地开放;公益性讲座、阅读推广、培训、展览等社会教育服务。二是线上服务。以数字图书馆为代表,以各类网站、应用平台、手机App为媒介提供各种资源的浏览、检索、下载和在线直录播服务。此外,为了适应新媒体的发展趋势,近几年也开通了以微博、微信、抖音为代表的各种新媒体服务。

2. 文化馆

文化馆,也有地方称为文化活动中心,是县、市一级的群众文化事业单位,是开展群众文化活动并给群众文娱活动提供场所的机构。截止到2021年年底,我国共有文化馆3316个[③],其中约有94%的县(市、区)建成了文化馆的总分馆制,分馆数量达3.2万个。[④]

文化馆的公共文化服务内容主要有:举办各类展览、讲座、培训等,普及科学文化知识;组织开展群众文化活动的创作、培训及展演;全国文化信息资源共享工程基层服务点,开展数字文化信息服务;向下一级文化馆(文化站、社区文化中心)培

---

① 财务司.中华人民共和国文化和旅游部2021年文化和旅游发展统计公报[N].中华文化报,2022-06-30(004).
② 光明网.文化和旅游部:基层综合性文化服务中心基本实现全覆盖[EB/OL](2022-02-09)[2022-12-25]. https://m.gmw.cn/baijia/2022-02/09/35505313.html.
③ 韩业庭.这十年,文化文艺这样见证新时代新征程[N].光明日报,2022-08-19(4).
④ 光明网.文化和旅游部:基层综合性文化服务中心基本实现全覆盖[EB/OL](2022-08-24)[2022-12-25]. https://m.gmw.cn/baijia/2022-02/09/35505313.html.

训人员、配送文化资源和文化服务。

3. 文化站

文化站是由国家设立、政府举办的,乡、镇、城市社区、街道办事处、区公所一级的最基层公共文化事业机构。集书报刊阅读、宣传教育、文艺娱乐、科普培训、信息服务、体育健身等各类文化活动于一体,服务于当地群众的综合性公共文化机构。截至2021年年底,全国共有乡镇(街道)文化站4.02万个①。

文化站的公共文化服务内容主要有:向广大人民群众进行文化宣传教育;创作文艺作品,组织、辅导群众开展文体娱乐活动;开展图书阅览,举办各类展览、讲座、培训等,普及科学文化知识并提供活动场所;依托信息资源共享工程,开展数字化信息服务。

4. 其他公共文化机构

博物馆是典藏人文、自然遗产等的文化教育机构,集研究、收藏、保护、阐释和展览有关历史、艺术、民俗社会及自然科学等方面的物质与非物质遗产,是人们参观游览、娱乐的场所。2021年我国博物馆总数达6183家,免费开放率91%,77%的区县建有博物馆,500多万件(套)藏品数据信息全民共享。② 博物馆的公共文化服务内容主要是宣传、教育。博物馆依托其丰富的实物馆藏,以其科学性、知识性、趣味性的陈列展览,传播历史和科学文化知识,使人们在游览、欣赏的同时,获得文化精神的满足,受到潜移默化的教育。

美术馆是收集、保存、展览和研究美术作品的机构,通常以视觉艺术为中心。截止到2021年年底,全国共有美术馆682家,年度展览总量达到7526次。③ 美术馆的公共文化服务内容主要是:为艺术文化成果的展览、交流提供空间;弘扬与传播美术艺术,普及美学教育。让大众通过欣赏艺术作品,提升公共文化艺术修养和审美。

科技馆,是以展览教育为主要功能的公益性科普教育机构。通过参与、体验、

---

① 中国网.中共中央宣传部就推动新时代文化和旅游高质量发展有关情况举行发布会[EB/OL](2022-08-24)[2022-12-25].http://www.china.com.cn/zhibo/content_78383057.htm.
② 王珏.全国重点文物保护单位数量10年增长115%[N].人民日报,2022-07-27(1).
③ 财务司.中华人民共和国文化和旅游部2021年文化和旅游发展统计公报[N].中国文化报,2022-06-30(004).

互动性的展品及辅助性展示,激发科学兴趣、启迪科学观念,对公众进行科普教育。截止到2021年年底,全国共有科技馆和科学技术类博物馆1677个。①

从各类公共文化机构职能及服务内容可以看到,公共图书馆及文化馆、文化站作为基层公共文化服务机构,从数量上是最广泛的,从管理模式上大都采取总分管制的管理模式。主要职能都包括开展社会教育,组织各类展览、讲座、培训等文化活动,开展数字化信息服务等,都是以线下活动为主,线上服务为辅。由全国公共文化发展中心建设的国家公共文化云,将各地省级公共图书馆及各级文化馆和文化站都纳入进来,开展各种活动资源的数字化及线上服务。本研究中主要以"公共图书馆、文化馆和文化站"为代表进行实地数据调研。

二、公共文化资源

在2019年1月实施的国家标准《公共文化资源分类》(GB/T 36309—2018)中,公共文化资源是指满足公民基本文化需求为主要目的所提供的公共文化设施、产品、活动、服务及与上述对象相关的公共文化主体等各类要素。② 按照此标准,公共文化资源主要分为公共文化设施、公共文化产品、公共文化活动、公共文化服务、公共文化主体五部分。

(一)公共文化设施

公共文化设施主要包括:一是公共文化场馆,如图书馆、博物馆、文化馆等。二是数字文化平台,如数字图书馆、网络数字文化平台等。三是公共文化设备,如广播设备、视频设备、演出设备、流动文化车、阅报屏、阅读灯箱等。

(二)公共文化产品

公共文化产品主要包括:一是纸质文献资源,如图书、期刊、报纸、地图、手稿、图片、邮票、日历等。二是视听资源,如音乐、电影、电视剧、视频等视听资源及其媒介。三是视觉艺术资源,如绘画、摄影、雕刻、刺绣作品及其复制件,以及各种材质的装饰品。四是数字资源,包括电子图书、电子期刊、报纸及其他以数字编码形式

---

① 新华社.全国科普统计数据[EB/OL](2022-12-31)[2023-01-20]. http://www.news.cn/tech/20221231/4d2cb59da51f4bb699bed7b04037fc07/c.html.

② 国家市场监督管理局.中国国家标准管理委员会.GB/T 36309—2018,公共文化资源分类[S].北京:中国标准出版社,2018.

存储的文献信息。

（三）公共文化活动

公共文化活动主要包括：一是文艺演出，如话剧歌剧演出、音乐演出、戏曲曲艺演出、舞蹈演出、演唱会等。二是文化交流活动，如画展、音乐节、电影节、美食节、旅游节、民俗节庆等。三是教育及宣传等活动，如阅读、报告讲座、科普宣传等。四是群众自发组织的各类休闲活动，如广场舞、庙会、"村晚"等。五是各种线上文化活动。

（四）公共文化服务

公共文化服务主要包括：一是公益性文化产品的创作与传播。二是公益性文化服务和活动的组织与承办。三是中华优秀传统文化的保护、传承与展示。四是公共文化设施的规划、运营、维护、管理及相关服务。五是公共文化工作人员培训服务。六是公共文化项目的研究及评估。

（五）公共文化主体

公共文化主体主要包括：一是承担公共文化服务的行政机关、事业单位及文化社会群团组织等。二是公共文化服务团体，包括专业性文化服务团体、群众性文化服务团体及社会组织力量。三是公共文化服务人员，包括公共文化专业技术人员、管理人员、策划组织人员及志愿者。

公共文化资源在本研究中是一个相对广义的概念，包括公共文化设施、产品、活动、服务及主体。概括来说，公共文化资源除了包括各种纸质文献资源、数字化资源、组织的各类文化活动外，还包括公共文化机构为了提供文化服务而建设、购买和租用的各种场馆设施、网络设备、服务设备、采用的各种软件平台，以及投入的活动经费和人力资源等各种资源。

第四节 公共文化资源服务效能

一、公共文化资源服务效能

随着设施、资源、保障等硬件条件的改善，服务效能问题成为公共文化服务体系建设中的突出问题。在党的十八大报告中就突出强调了要完善公共文化服务体系，提高公共文化服务效能。

(一)从绩效到效能

绩效一词最早出现于企业和政府管理领域,是从英语 performance 翻译过来的,原意是执行、成绩、表现、演出。从字面意思来看,"绩"就是执行与表现,"效"就是成绩与结果。绩效就是绩与效的综合,是指组织或个人在某一时期内一定的资源条件下,任务的完成程度即目标达成度。

效能相对来说是更加中国本土化的概念,最早在 1988 年就出现了"效能监察"一词,应用于政府行政部门管理。效能直接来说就是效用、作用,吴建南等[①]认为效能包括两层含义:一是"效",即效率、效果、效益的统称,二是"能",即能力。总的来说,效能是指人们在有目的、有组织的活动中所表现出来的效率和效果,它反映了所开展活动目标选择的正确性及其实现的程度。

相较而言,绩效是结果导向,主要衡量的是目标的完成度,即目标的实现程度;而效能不仅关注结果也就是"效",同时还关注过程即"能",衡量的是目标实现的程度。

在公共文化服务方面,2011 年,中国共产党第十七届中央委员会通过的《中共中央关于深化文化体制改革推动社会主义文化大发展大繁荣若干重大问题的决定》中,提出要制定公共文化服务的绩效评估指标体系与考核办法。2015 年中共中央办公厅、国务院办公厅印发的《关于加快构建现代公共文化服务体系的意见》中强调"要以效能为导向,制定政府公共文化服务考核指标,完善公共文化服务评价工作机制",这标志着公共文化服务考核机制向以效能为导向发生转变。在 2016 年颁布的《公共文化服务保障法》中,更是明确提出"政府应当保障公共文化设施能够被公众参与及使用,并建立相应效能考核评价制度"。以及 2017 年发布的《文化部"十三五"时期文化发展改革规划》中,也再次提出要"开展常态化的公共文化服务效能评估"。公共文化服务的开展都是建立在一定的资源上的,所以公共文化服务更明确地说应该是公共文化资源服务。公共文化资源服务的效能则是指公共文化服务体系达到预期结果或影响的程度,即公共文化服务体系功能的实现程度。

---

① 吴建南,马亮,杨宇谦. 比较视角下的效能建设:绩效改进、创新与服务型政府[J]. 中国行政管理,2011(03):35-40.

（二）公共文化资源服务效能的影响因素

关于公共文化服务效能的定义和构成，已经存在不少研究。圣章红[1]指出，从效能的理想状态看，公共文化服务效能的内容包含回归公共性要求、回归服务本质、回归以人为本终极目标。王雪莉、王瑞文[2]认为，公共文化服务效能在价值圈、能力圈和支持圈重合的"耐克区"最为理想。邱冠华[3]在对公共图书馆服务效能进行研究时，认为公共图书馆的服务效能是指公共图书馆集合馆舍设施、文献资源、专业人员、技术手段、投入资金等各种硬件和软件条件，通过科学布局、优化政策、组织资源、专业策划，为用户提供符合需求、均等化、专业化服务的程度。同时他还指出，以服务效能代替服务效益进行评估，可使评估更全面，也明确了政府与公共图书馆双向的责任。

公共文化资源服务效能涉及多方面的因素，不但和服务的主体、资源、保障等服务提供方有关，还受服务受用方的认知能力、需求、使用技能障碍等主观因素的影响。此外，还与当时社会环境、技术水平和硬件普及情况有密切关系。概括来说，服务效能主要受三方面因素的影响，包括投入力度、用户方和第三方因素。

1. 投入力度

投入力度指服务提供方所进行的各种投入，由于公共文化机构不同于其他行业，其投入具有自己的特性：首先，为了更好地提供服务，公共文化机构将资金投入作为原始投入，建设了各种服务方式、文献资源、设备设施等，这些可以称为一级产出，但是一级产出并不是公共文化机构进行资金投入的最终目的，它仅仅是公共数字文化机构开展业务的一个中间过程，是在有相关从业人员参与的条件下，公共文化机构对外提供服务、开展相关业务的一种手段，目的是为了进一步产生公共文化产品和社会效益，而这种公共文化产品和社会效益才是公共文化机构的最终产出，故一级产出也可以被称为二级投入。因此，在公共文化服务中，投入的概念除了原始投入资金外，还包括二级投入，即服务方式投入、资源投入、设备投入和人员投入等。

---

[1] 圣章红. 中国公共文化服务体系的现代性解读与建设路径[J]. 湖北大学学报（哲学社会科学版），2016，43(04)：137－142.

[2] 王雪莉，王瑞文. 基层公共文化服务效能困境：成因与破局——基于"三圈理论"的阐释[J]. 图书馆工作与研究，2020(02)：19－28.

[3] 邱冠华. 公共图书馆提升服务效能的途径[J]. 中国图书馆学报，2015，41(04)：14－24.

2. 用户方

用户方指接受服务的一方,包括接受服务的各种人群,其主要影响因素包括用户认知程度、用户需求、用户接受服务能力、用户收入水平、用户地域、用户身份、用户可接受服务时长等。公共文化资源服务效能和用户群体有重要关系,不同用户群体之间的服务效能存在一定的差异。

3. 第三方因素

第三方因素指除提供方和用户方以外的其他影响因素,包括当时的技术水平、设备普及情况、社会环境等。不同的技术水平、设备普及程度和社会环境,都会对服务效能产生影响。

公共文化服务效能涉及供给和需求、投入和产出两个层面,关系供给的针对性和有效性程度。那么,公共文化资源服务效能评估的要素既包括从机构层面出发的投入、产出、效率,也包括从用户层面出发的服务质量,还包括从社会层面出发的社会影响与价值。

二、公共文化资源服务效能评估的重要性

提升公共文化资源服务的效能已经成为当前公共文化建设的核心及重点,从我国发布的多个关于公共文化服务的文件中可以明确看到,提升现代公共文化服务效能及构建评估指标体系是当前理论研究的热点,也具有非常现实的实践指导作用。服务效能是衡量现代公共文化服务体系建设成效的重要指标,服务效能评估是公共文化服务体系建设的重要环节,是内部控制与外部监督的重要工具,是公共文化服务改革与发展的助推器。引入现代评估理论与方法,健全运行评估机制,对公共文化资源服务体系建设与运行状况进行科学评估,具有现实的紧迫性和实践的必要性。

(一)提高政府公共文化服务的水平

公共文化资源服务提供者可以是行政事业单位,也可以是社会力量,但政府作为公共文化服务的主导部门,对公共文化服务的发展有着非常重要的决定性作用。政府要从宏观上对公共文化服务进行调控和监管,充分发挥社会力量参与公共文化服务的积极性和创新性,既不能缺位,也不可越位。

公共文化资源服务效能评估可以加快政府职能转变,明确其在公共文化服务中的角色定位,创新公共文化服务机制,充分发挥政府在公共文化资源配置和管理

协调中的主导作用,从根本上提高公共文化资源服务的能力和效率。

(二)有效推动现代公共文化服务的均等化

受我国经济社会等发展水平不均衡的影响,各地公共文化服务水平也参差不齐。

各地公共文化机构可借评估为契机,发扬"以评促建"的推动作用,着力发展基础公共文化设施建设,提升服务能效,推动各地特别是老少边穷地区公共文化资源服务的开展,促进现代公共文化服务的均等化建设。

(三)更好地实现人民群众的基本文化权益

人民群众日益增长的精神文化需求与现在提供的公共文化服务之间存在着不对等、不一致的现状。

以效能为导向的公共文化资源服务评估,更加注重公共文化服务的效果和影响,以满足人民群众公共文化需求为导向,可以让人民群众真正成为公共文化资源服务的受益者,人民群众的基本文化权益得到有效保障,从而提高我国人民群众整体的精神文化生活质量。

第二章　公共文化资源服务评估研究综述

公共文化资源服务评估是现代公共文化服务体系建设的重要组成部分,也是衡量现代公共文化服务水平的重要依据。关于公共文化资源服务方面的评估在其他国家和地区经过几十年的理论研究和实践,已经发展得相对成熟了。我国也有诸多公共文化机构在不同地区对公共文化资源服务评估进行探索与实践,并已取得一定的成绩。

第一节　国外研究现状

在国外,公共文化资源服务评估与公共部门绩效管理相互促进,并应用于各个公共部门、行业及领域,已逐步形成制度化、规范化、科学化的发展趋势。

一、国外理论研究热点

对"Web of Science"平台检索近十年以"public service and (performance evaluation or performance appraisal or performance assessment)"为主题的 article(论文)及 review(综述)类型文献,排除无关文献后,得到有效文献 1368 篇,国外公共文化服务评估是包含在公共服务领域中进行研究的,所以使用了"public service"为关键词。利用 Cite Space 软件对有效文献进行关键词聚类分析,得出近十年国外公共文化服务评估领域的研究方向和热点。结果显示,Modularity 聚类模块值 Q = 5167;Silhouette 聚类平均轮廓值 S = 0.7906,说明此次聚类结构显著,聚类结果是令人信服的。如图 2 - 1 所示:

第二章　公共文化资源服务评估研究综述

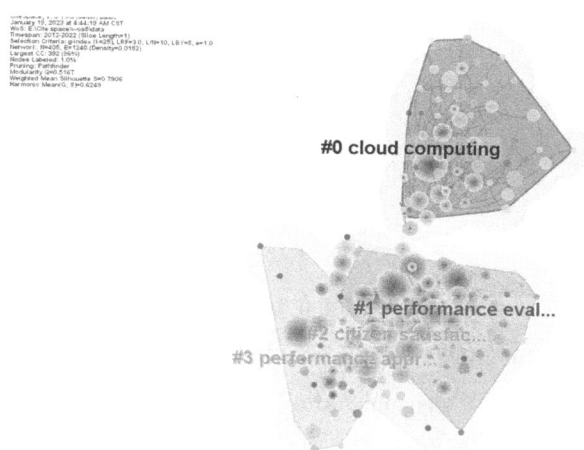

图 2-1　基于 Cite Space 的近十年国外公共文化服务评估研究热点图

（一）基于云计算的效能评估研究

国外关于公共服务效能评估的研究一直走在技术前沿，随着互联网技术的发展，云计算、雾计算、区块链技术越来越成熟，推动了数字化、智能化的公共文化服务建设，效能评估方面也采用了云计算等新兴的算法模式框架，也更加注重数字化信息的安全性。从图 2-2 中"internet""cloud computing""security"等关键词可以看出，国外对于公共服务效能评估更加关注云计算、数据安全等方面的研究。

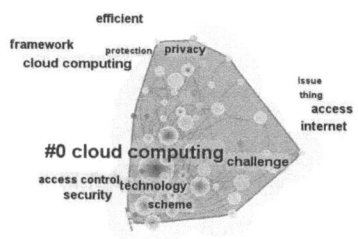

图 2-2　国外公共文化服务评估聚类图谱

（二）关于效能评估的理论研究

对于效能评估的理论方面的研究，主要对公共服务效能的方法、模型、指标设计、系统开发等方面进行研究。

图 2-3 国外公共文化服务评估聚类图谱

从图 2-3 关键词"quality""efficiency"可以显示出公共服务的评估是以其服务质量、效率为目标。关键词"benchmarking""AHP""DEA""ANP",则显示出当前公共服务效能评估的方法主要有标杆管理、层次分析法、数据包络分析、网络分析法等。

(三)基于公民满意度的效能评估政策研究

国外公共服务效能评估始于公共管理,对于公共文化服务的效能评估也是基于政府公共管理理论及政策展开的。政府及公共部门在公共服务管理中占有重要的地位和作用,并由此推进相关部门的行政改革。

图 2-4 国外公共文化服务评估聚类图谱

从图 2-4 关键词"Intrinsic motivation""determinant""trust attitude"显示出公共服务管理中效能评估的内在动机、决定因素及信任度方面的研究。通过"indicator""incentive"这些关键词,可以看到公共部门对于公共服务效能评估方面的指标、激励方面的研究。公共服务效能评估方面的研究是以公民的满意度为导向和最终目标。

(四)关于效能评估的实践应用研究

国外关于公共服务效能评估的理论和实践应用都已经比较成熟,并且在各公共服务领域得到了广泛应用。通过图 2-5 关键词"program evaluation""organization performance""civil service"说明公共服务效能评估工作在项目评估、组织绩效、行政服务等多公共服务场景中进行应用。此外,通过关键词"health care""public transport"还显示出公共服务的效能评估研究在健康医疗、公共交通、公众环境等其他公共服务领域也在展开实践研究。

图2-5 国外公共文化服务评估聚类图谱

二、国外公共文化服务评估实践

国外公共文化服务的评估发展比较成熟,应用范围也很广泛。但各国对公共文化的界定、管理及在政策和理念上存在很大区别,对于公共文化服务效能评估的架构模式也不尽相同。下面就公共文化服务评估有代表性的国家及地区进行简要介绍。

(一)英国

英国是最早实施政府绩效管理的国家,也是公共部门评估应用最广泛、最成熟的国家之一。他们没有"公共文化服务"这一中国式的概念界定,而是统归入"公共服务"大概念中进行管理。

1. 英国公共服务评估发展历程

从1979年开展"雷纳评审"①至今已有40多年的历史,其间也经历了十几种政府绩效评价形式,主要可以划分为四个阶段:

第一阶段:20世纪80年代,以雷纳评审为代表的传统效率阶段。公共服务的评估主要以经济、效率为导向,以财务、会计等指标为评估标准,其主要目的和导向就是为了提高政府的经济效率,降低政府运营成本。

---

① "雷纳评审":1979年,撒切尔任命雷纳为效率顾问,设立"效率工作组",是"以解决问题为导向"的"试验式调查",即对政府部门的行政改革进行调查、研究、审视和评价,其目的是提高公共行政组织的经济和效率水平。

第二阶段:20世纪90年代,以《公民宪章》①为代表的"3E评估体系"阶段。随着新公共管理运动及"3E"理论的提出,公共服务的评估内容转以质量和效益为导向,以"顾客满意度"为评价标准,旨在提升政府服务效率、改进服务质量和服务形象,使得公共服务的过程更加规范化、系统化。

第三阶段:21世纪初,以"最佳价值"为基础的"全面绩效评价(comprehensive performance assessment, CPA)"阶段。CPA体系是2002年审计委员会总结了之前的各种评价形式,在"最佳价值指标"②的基础上提出来的。以用户为导向,其框架是由核心服务评价、资源使用评价和整体评价共同组成,后又在2005年增加了发展方向评价。当前服务质量与未来发展能力相结合、定性指标与定量指标相结合,充分体现了评估的综合性,释放了评估的导向功能,同时还开创了政府多元参与治理的模式。

其中,2009年4月1日实行了以"国家指标"(national indicator set, NIS)与"最佳价值绩效指标"共同为基础的"综合区域评价(comprehensive area assessment, CAA)",它整合了CPA体系,由地区评价与组织评价两个要素构成,以服务供给水平和合作伙伴关系为中心,充分发挥地方的主动性、积极性,更加强调公民使用公共服务的感受,评价结果不关注排序价值,而是引导政府或组织关注分享实践经验或创新。但仅一年后于2010年5月废止,并将机构绩效与服务绩效分离,服务绩效重新由各领域的监管部门负责。

2.英国的公共文化服务评估简述

英国对公共文化服务的管理实行宏观文化管理,将文化、体育、新闻等多个部门归于文化产业类别,进行统一的管理,采用"一臂之距"③管理体制。英国主管文化的行政机构,数字、文化、媒体和体育部(Department for Digital, Culture, Media and

---

① 《公民宪章》:1991年7月,英国政府以白皮书的形式提出《公民宪章》,要求公共部门明确制定公民可期得到公共服务的质量和水准的文件,并声明承诺保证达到这些服务标准。这是1989年英国保守党领袖梅杰上台执政后在行政改革方面所采取的重要措施。

② "最佳价值指标":best value,best value(BVPls),其核心思想分别是挑战(challenge)、协商(consultation)、比较(compare)、竞争(compete),即4Cs。在地方政府绩效评价的推行中做到了三个关键点的结合:经济、效率与效益。

③ "一臂之距":是由英国经济学家凯恩斯首先倡导的一套文化管理方法,指在三权分立的国家,某些艺术文化的国家管理机构,在国会的监督和委托下,在政府系统外独立从事相关艺术文化管理,与政府系统在行政关系上保持一定的距离,属于一种分权式的行政管理体制。

Sport，DCMS)主要负责宏观管理、制定文化政策和财政拨款；非政府公共文化机构负责具体管理事务的执行。DCMS 部每年要受国家审计署的审计评估，包括资金使用效率、服务效益方面。同时，DCMS 也负责对下属文化机构的服务绩效进行评估，各地方的文化与休闲服务委员会(Cultural and Leisure Services Committee)也要对当地的文化服务绩效进行评估。

在综合绩效评价体系中关于"文化服务"的评价指标共有 17 个一级指标，分别对文化服务的获得(Access)、参与(Participation)、质量(Quality)及投资效益(Value for money)四方面进行评估。

虽然英国的公共服务评估以 CPA 体系为统一标准，但在 CPA 的指导下，各地及行业也可以根据具体情况制定更精确详细的评估指标。2001 年 4 月，DCMS 下属的图书信息档案司制定实施了《全面、高效、现代化的公共图书馆——标准与评估》。该标准中共 19 项评估指标，从方便性、时间、资源与服务使用情况、读者满意度和馆员等角度评价公共图书馆绩效，后更名为《公共图书馆服务标准》，并进行了多次修订，使指标范围更加科学规范，操作性更强。

2017 年 9 月，DCMS 发布了《图书馆服务基准框架》[①]，主要包括两部分，一是图书馆服务当前取得的成果；二是一个优秀的图书馆服务机构应该具备的特征。此框架旨在指导图书馆进行自我评估、改进。

3. 英国公共服务评估的特点

(1)完善的政策法律保障

英国在 1850 年就发布了《公共图书馆法案》，1964 年与博物馆合并发布《公共图书馆和博物馆法案》，1990 年发布《广播法令》，1993 年制定了《文化政策法案》，1999 年发布了《地方政府最佳服务效果法案》。通过一系列的法规保障公共文化服务评估工作，规定地方政府必须实行最佳绩效评估制度，各公共部门每年都要进行绩效评估工作，并且要有专门的机构和人员按照固定的程序来进行。

(2)评估指标体系的通用性

2002 年，英国审计委员会和中央政府推行了综合区域评价体系，后期也发布

---

① DCMS，Benchmarking Framework for library services[EB/OL].(2017-09-15)[2023-01-29]. https://www.gov.uk/government/publications/benchmarking-framework-for-library-services.

了很多不断进行完善的补充条款,如2005年发布的 CPA：A Harder Test,还有2009年推行的综合区域评价体系(CCA),都是比较成熟的完善的评估体系。无论是实行时间最长的CPA,还是后面推行又废止的CCA,在一定的时间范围内对所有公共服务部门的评价标准都是一致的,具有普遍适用性。

(3)以"民众"和"未来"为评估导向

英国在公共服务评估上特别注重民众的意见和看法,关注民众参与公共文化服务的主动性及满意度,民众的主动性占据了服务指标的重要地位,质量类指标中也体现了以"民众的满意度"为衡量标准。

无论是"最佳价值绩效指标""综合绩效评价"还是"综合区域评价",其评估关注的重点不是对该服务机构过去或是现状作为评估的判断结论,而是着眼于其未来服务能力水平的提升与发展潜力[1]。

(二)美国

美国是世界上最早开展政府绩效审计的国家,也是首个将公共部门绩效评价制度法制化的国家。

1. 美国公共服务评估发展历程

美国的公共部门绩效管理也是经历了长久的探索和实践,通过立法将评估管理推向市场和第三方机构,充分发挥了"间接松散"行政管理模式的优势。

第一阶段:20世纪40年代以前,萌芽阶段。1912年建立经济和效率委员会,对政府内部绩效进行评估,其评估重点关注行政的投入、过程、产出及部门效率,认为"效率"是公共部门绩效评价的核心价值目标。

第二阶段:20世纪40—90年代,探索阶段。美国政府开始实行预算改革,胡佛委员会提出绩效预算和标准改革方案、起源于工业领域的计划项目预算(Planning - Program - Budgeting, PPB)、卡特推行的零基预算(Zero - Based Budgeting)等方法[2],把预算和绩效评价联系起来,以项目的成果和效率为导向,利用"成本—收益"分析进行评价比较,提高部门行政效率,以量化的项目绩效评估结果来决定预

---

[1] 喻锋,徐盛,颜丽清.绩效评价指标设计的价值理性与工具理性探析——基于中英公共文化服务评价的比较[J].甘肃行政学院学报,2015,107(01):4-18,73,126.

[2] 美国公共部门绩效评价[EB/OL](2022-06-23)[2023-01-30]. https://www.guayunfan.com/baike/222354.html.

算的拨付,建立了"结果导向"和"量化"等理念。

第三阶段:20世纪90年代至今,发展成熟阶段。1993年,美国政府颁布了《政府绩效与结果法案》(*The Government Performance and Results Act*,GPRA),规定联邦各机构都必须进行绩效战略规划、年度绩效计划和年度绩效报告。2010年又颁布了修订版《政府绩效与结果现代化法案》(*GPRA Modernization Act*. GPRAMA),为绩效管理实践的连续性提供了法律保障,实现了公共部门绩效评价的法制化发展。①国家绩效委员会的成立,绩效评价定级工具(Project Assessment Rating Tool,PART)、执行情况评分卡(Executive Score Card)等评价工具的应用,将美国公共部门绩效评价推向了新的高潮,走上了专业化的评估轨道,同时其绩效评价的焦点也已经完全转向了效益、结果及公民的满意度。

2. 美国公共文化服务评估简述

美国对于公共文化服务采取松散间接的管理方式,不设立专门的中央管理机构或部门,而是采用市场调节的方式,依靠非政府的社会组织、机构或公民自治团体进行管理。美国设立了国家艺术基金会(National Endowment for the Arts,NEA)、国家人文基金会(National Endowment for the Humanities,NEH)及博物馆与图书馆服务协会(Institute of Museum and Library Services,IMLS)等政府代理机构来对公共文化服务机构、设施或活动进行资金拨付及行政管理。基于美国多元价值观念和自由市场体制的影响,政府仅提供最基础全覆盖的公共文化服务,同时利用市场竞争机制充分调动社会资源的力量,以合同外包或特许经营等形式为民众提供更加丰富完善的公共文化服务。②

为了确保政府投入资金的合理利用,美国建立了严格的考核评价制度。根据评估主体不同可分为部门自评、上级评估及第三方评估。如美国国家艺术基金会自己每年会定期发布年度报告书,向公众展示其资金使用情况及相关成果,也会不定期对美国文化状况进行调查。而政府审计总署(Government Accountability Office,GAO)则会对国家艺术基金会进行内部审计,评估其基金使用、管理、行政服务等情况。国家艺术基金会也会对其拨付资金的部门、机构或项目进行评估。评

---

① 周志忍,徐艳晴. 政府绩效管理的推进机制:中美比较的启示[J]. 中国行政管理,2016,370(04):139-145.

② 肖婷. 美国公共文化服务体系建设研究[D]. 湖北大学,2014:14-15.

估内容主要包括三个层面：一是公共文化服务的经费拨付及使用情况；二是公共文化服务的保障实施与服务情况；三是公共文化服务的总体效应。有时候公共文化服务机构也会委托第三方评估机构对一些公共文化服务项目进行评估。如博物馆与图书馆协会委托ICF咨询公司就"劳拉·布什21世纪图书馆员资助计划"的赠款情况进行独立评估。

美国公共图书馆学会（Public Library Association，PLA）曾先后多次制定关于公共图书馆评估指导手册，如《公共图书馆规划程序》及《公共图书馆产出测度》，还每年发布《公共图书馆数据服务统计报告》。博物馆与图书馆服务协会（Institute of Museum and Library Services，IMLS）也会定期发布《美国公共图书馆调查》年度报告，由全美公共图书馆每年提交图书馆使用访问量及服务情况的相关数据。① 图书馆学刊（Library Journal，LJ）在基于IMLS收集的图书馆数据的基础上，对全美公共图书馆进行星级评价，先按照总运营开支的金额进行分组，每组又按照5个不同的评定指标（图书馆访问人次、流通量、参加活动人次、公共互联网终端使用情况和电子资源流通量）进行同行比较，然后根据量化数值进行等级划分，给予五星、四星、三星等级。

3. 美国公共文化服务评估的特点

（1）立法主导的制度化

从《政府绩效与结果法案》到《政府绩效与结果现代化法案》，立法的权威性使得美国的绩效管理具有非常好的稳定性和持续性。法律要求各公共服务机构每年都要提供年度评估报告；同时还有监督部门政府审计总署对部门绩效报告及管理情况进行评价和监督；各行业协会也跟进绩效评估标准进行技术指导，使得公共文化服务评估过程逐步制度化、规范化、透明化。

（2）以"结果"和"公众"为评估导向

从《政府绩效与结果法案》这一立法名称上就直接体现出了对结果的注重。受新公共管理思想的影响，美国松散的政府管理模式直接导致公共服务部门的评估带有企业管理的痕迹和倾向，特别是绩效与预算相挂钩，更加凸显了关注行为结果的评估导向。美国的公共文化服务最大的特点就是公众的参与，公众既是公共

---

① 田倩飞，A. S. CHOW，唐川等. 美国公共图书馆的绩效评估理论演进与实践[J]. 图书与情报，2016，172(06)：96－103，144.

文化服务的参与者、受益者，也可以是服务者和评估者。在美国市场自由的环境下，公众的满意度势必是公共文化服务的重要衡量因素。

（3）数字资源纳入评估范围

随着数字化和网络化的发展，公共文化服务开始注重数字资源建设与服务，在评估中也逐步探索数字化资源的评估方法及指标。在《公共图书馆数据服务统计报告中》及《美国公共图书馆星级评价系统》中已经增加了在线数据库、电子资源流通量、无线网络接入使用量等评估指标。

（三）日本

日本在20世纪90年代受到西方新公共管理理念的影响，实施行政改革，引入了绩效评价制度，从地方试点到中央推广逐步形成具有日本特色的公共文化服务评估模式。

1. 日本公共文化服务评估发展历程

第一阶段：1997年以前，地方政府绩效评估试点探索阶段。日本在20世纪70年代—20世纪80年代经历了经济衰退，为了解决政府行政危机，地方自治体积极进行行政改革，以三重县为代表的一些地区率先引进了政府绩效评估制度，但还没有形成完整的框架。

第二阶段：1997—2001年，中央政府推广阶段。中央政府在总结各地绩效评估的基础上，开始对全部公共事业进行绩效评估，并提出了绩效评估大纲，确定了绩效评估制度的基本框架。设立了行政评价局，作为专门负责绩效评估的机构。文化厅在中央的统筹下也开始对文化政策进行绩效评估，主要包括必要性、效率性、有效性及公平性。

第三阶段：2001年以后至今，立法完备全面推行阶段。2001年日本颁布了《关于行政机关进行政策评估的法律》及《关于行政机关政策评估的基本方针》，2007年又制定了《关于行政机关政策评估法律实施细则》，日本政府绩效评估至此开始了制度化的发展阶段，并开始在全国推广实施。由中央政府制定评估相关政策，各地方自治体以中央政策为模板进行自我设计调整，最终形成较为统一的评估模式。

2. 日本公共文化服务评估简述

日本是实行地方自治的单一制国家，中央政府和地方自治团体是对等关系。公共文化服务管理实行中央和地方并行的"双轨制"，公共文化服务的主管行政部门文部科学省负责宏观指导和制定政策。各地方自治团体设有与文部省相对应的地方行政主管部门,负责本区域内的公共文化服务的具体实施。公共文化服务的评估也是分为中央政府层面和地方政府层面。

(1)中央政府层面。总务省下设文部科学省,是公共文化服务的主管行政部门,负责宏观指导和制定政策。总务省的评估机构是行政评价局,负责对文部科学省及其他省厅的文化政策进行事前评估和事后评估,以推进政策的修改和调整。

文部科学省下设政策评估室,负责制定评估程序、评估细则和评估指标。《文部科学省政策评估基本计划(2019—2024年)》中提到公共文化服务的评估要根据"措施—政策—事业"的三个层级结构,对文化政策进行周期性管理。这里"政策—措施—事业"是呈金字塔型的层级关系,即政策是措施的集合,措施是事业的集合。政策是指为了解决具体问题而制定的基本方针;措施是指为了实现基本方针政策而进行的具体行政措施或活动;事业则是为了体现具体措施而进行的行政活动,主要由中央层面的独立行政法人(如国立美术馆、国立博物馆、国立文化财产机构、日本艺术文化振兴会等)或地方层面的指定管理者进行具体实施。评估的方式主要有实绩评估方式、综合评估方式及事业评估三种方式。实绩评估是以政策、措施为评估对象,围绕其设定目标及达成目标的实际业绩进行定期、持续地测定,反映其对目标的达成度。事业评估是以具体的事务、事业为评价对象,按照评估的时间节点分为事前评估和事后评估。综合评估则是在政策实施一段时间后,对实施情况及效果进行的总体成效评估。按照《独立行政法人评估相关标准》要求,文部科学省还要对其所管辖的独立行政法人通过投入—产出对比等数据信息进行评估。

(2)地方政府层面。地方自治体公共文化服务的主体是文化政策推进室或文化管理部门。不同地方政府根据各地实际情况评估方式存在差异,但总体根据中央政策指导,均采用事前评估(对项目的实施效果进行预估、对成本效益进行分析)、事中评估(对实施中的项目发展状况及是否达到预期进行评估)、事后评估(对已完成的项目就其效果、影响、民众满意度及后续发展等内容进行评估)三种方式进行,评估对象也主要包括文化政策、措施及事业三个层级。

日本的公共文化服务评估不仅要遵循《政策评价法》规定的必要性、效率性和有效性,同时还要遵循《文部科学省政策评估基本计划》中要求的合理性、优先性、适当性。① 遵循以民为本的总策略,重视公众的评估视角,力求评估的客观性和有效性。通过评估提升行政部门效率,提高公共文化服务供给的水平和能力。

3. 日本公共文化服务评估的特点

(1)双轨并行的评估机制

日本的绩效评估管理体制是中央和地方并行实施,中央和地方是对等协作的关系,但中央财政仍对地方政府有资金拨付,使得地方政府的评估受到中央的制约。尽管地方实行自治,但仍由中央政府制定评估的相关政策,地方政府各地均以国家政策为模板结合实际情况再制定具体实施细则。中央和地方评估组合在一起,可以有效解决跨部门的公共服务评估,减少中央和地方评估指标重复、考评重复等问题。

表2-1 英美日三国公共文化服务评估对比图

国家	管理模式	主管部门	评估主导方式	评估导向	理论基础	评估维度	特点
英国	一臂之距	数字、文化、媒体和体育部(DCMS)	行政主导、政府主导	最佳价值,公民导向,未来导向	"3E"理论、新公共管理	四个维度:核心服务、资源使用和整体评价、发展方向	统一通用标准、关注民众和未来走向
美国	间接松散管理	非政府的社会组织、机构或公民自治团体	立法主导、民间主导	效率和公平,结果导向	结果导向论、新公共管理	三个维度:经费投入、实施情况、总体效应	立法主导制度化、关注结果和公众
日本	中央和地方并行的双轨制	行政评价局、文部科学省及各地方对应部门	政府主导,地方自治	结果导向	目标管理、PDCA循环周期	评估内容三个层次:政策、措施、事业。分为实绩评估、综合评估及事业评估	中央和地方双轨并行、PDCA循环周期

---

① 苑珂珂. 日本公共文化服务绩效评估制度研究[D]. 华中师范大学,2022.

(2) 遵循 PDCA 循环周期

公共文化服务评估的内容自上而下分为政策、措施、事务或事业这三层,然后分别对其进行事前、事中、事后评估。即对各个文化事业项目的计划(Plan)、实施情况(Do)进行自我检查(Check),根据结果进行相应的调整改善和处理(Act),是一种以结果为导向的评估方式,遵循 PDCA 循环周期,使得公共文化服务评估制度在 PDCA 循环中不断完善,融入政策制定、运行、完成、监督的整个过程,提高了政策运行的效率。①

(四) 国际行业组织

图书馆是公共文化服务的重要场所和部门之一,也是公共文化服务评估最早的实践者和推动者。西方图书馆评价始于 20 世纪 40 年代,逐步从理论走向实践,并由国际标准化组织(ISO)制定了一系列的国际标准,众多国家有关图书馆的评估指标也都是以此为重要依据来制定的。

1. 数据统计阶段

这是国际标准化组织与国际图书馆协会为图书馆统计指定的国际标准。ISO 于 1974 年首次发布 ISO 2789:1974《图书馆统计标准》,主要明确了图书馆数据统计的项目。此后先后经历了 1991 年、2003 年、2006 年的 3 次扩充和修订,目前最新版本是 2006 年版 ISO 2789:2006《信息与文献——国际图书馆统计》。

2. 绩效评标阶段

1998 年,ISO 发布了第一个图书馆绩效评估指标——ISO 11620:1998《图书馆绩效指标》,主要针对传统的图书馆资源、服务和活动进行评价,把"用户满意度"作为图书馆绩效的核心评价指标。

2008 年 ISO 再次发布 ISO 11620:2008《信息与文献 图书馆绩效指标》,以读者为导向,将传统图书馆服务与数字图书馆服务相结合,开始倾向数字资源的发展。②

其间,ISO 于 2003 年发布了 ISO/TR 20983:2003《信息文献电子图书馆服务绩效指标》,提出许多新的理念和评估标准,将数字图书馆的电子资源建设纳入评价

---

① 袁娟. 日本政府绩效评估模式研究[M]. 北京:知识产权出版社,2010.
② 崔竞烽,郑德俊. 国内外图书馆服务评价指标演变[J]. 图书馆论坛,2022,42(04):1-10,17.

指标。

2014年，ISO发布了ISO 11620第三版，即ISO 11620:2014《图书馆绩效指标》。与2008年第二版本相比，其基本理念和框架并没有变化，依然沿用平衡计分卡理念，指标数量由45个增加到52个。数字资源相关指标继续增多，并且开始关注图书馆空间和空间服务，重视图书馆的服务质量和成本效益，关注图书馆的未来发展趋势。①

3. 影响力评估阶段

2014年4月ISO发布了ISO 16439:2014《信息与文献 图书馆影响力评估的方法与流程》，提出以"影响力"作为图书馆评估的全新概念，从对图书馆质量和服务效果等图书馆行业内部评估，开始向行业外部展现图书馆的贡献和价值转变。

2019年3月，ISO再次发布新标准ISO 21248:2019《信息与文献：国家图书馆质量评估》，结合绩效评价与影响力评价，共提出34个绩效指标用于评估国家图书馆的服务质量，其中文献资源仍是图书馆质量评估的核心，馆员及设施服务评价也受到重视。②

图书馆评估一直以来都是以读者需求为导向，以文献资源服务为核心。随着技术不断发展进步，评估的重心及关注点也随之发生了变化。从ISO出台的各项标准来看，图书馆评估大致经历了数据统计指标阶段，即对图书馆的馆藏、员工、设备等资源输入—过程—输出的评估；到图书馆绩效指标阶段，关注图书馆的服务质量和效果，特别是数字图书馆的兴起与普及，增加了数字资源的评估指标；再到图书馆影响力评估阶段，即关注图书馆资源与服务对用户及社会的成效、价值和影响，注重服务受众的感知以及图书馆与外部环境发生的密切关系。③ 其中唯一不变的就是"用户满意度"是衡量服务的最终归宿。

---

① 张正慧，崔竞烽，郑德俊. 国际标准《信息和文献——国家图书馆的质量评估》(ISO 21248:2019)解读[J]. 图书馆学研究，2022, 516(01):9-17.

② 崔竞烽，郑德俊. 国内外图书馆服务评价指标演变[J]. 图书馆论坛，2022, 42(04):1-10, 17.

③ 银晶，冯玲. 国际标准ISO 16439:2014《信息与文献——图书馆影响力评估的方法与流程》解读与分析[J]. 山东图书馆学刊，2017, 160(02):66-70.

第二节 国内研究现状

我国最早关于公共文化方面的评估的文件是在 2006 年发布的《国家"十一五"时期文化发展规划纲要》中提到的,要"建立健全公共文化机构评估系统和绩效考评机制"。2016 年 12 月发布的《公共文化服务保障法》,提到要"建立相应效能考核评价制度",再一次把我国公共文化资源服务相关的评估研究推向了高潮。

一、国内理论研究热点

依托 CNKI 中国知网文献数据库平台,以"公共文化服务 and(评价 or 评估)"为主题对"学术期刊"库进行检索,截至 2022 年年底的中文文献,最终得到研究样本文献 637 篇。

(一)公共文化服务评估相关文献研究年代分布

国内公共文化服务评估的研究与当前政策导向有密切的关系,且呈现出较明显的阶段性特征。从图 2-6 可以看出,自 2007 年之后才逐步开始出现以"公共文化服务"为关键词进行评估的相关研究。在此之前,国内关于公共文化服务评估的研究内容多集中于对公共图书馆等专业部门或机构的评估。2007 年之后公共文化服务评估的研究也大致分为三个阶段。

1. 初期探索阶段(2007—2013 年)

2006 年发布的《国家"十一五"时期文化发展规划纲要》中首次提到要建立公共文化机构评估系统,自此开启了我国关于公共文化服务及相关机构评估的研究。随着我国公共文化服务的快速发展,2011 年党的十七届六中全会再次明确提出要制定公共文化服务评估指标体系与考核办法,关于公共文化服务评估也开始得到关注和重视,研究成果颇丰。

2. 快速发展阶段(2014—2018 年)

该阶段的年度发文量直线上升,研究成果呈快速增长趋势。特别是 2015 年年初我国首次发布《国家基本公共文化服务指导标准(2015—2020 年)》,提出三大类 14 项 22 条基本公共文化服务国家标准。紧接着 2016 年 12 月《公共文化服务保障法》的颁布,推动了公共文化服务评估的研究热度,并形成了新的研究高潮。

3. 深入研究阶段（2019 年之后）

该阶段呈现明显波动态势，研究热度稍有缓和，发文量有所下降，研究内容开始转向公共数字文化服务以及均等化、乡村振兴、多元主体等方向。党的二十大报告指出要实施国家文化数字化战略，所以根据当前政策预测，公共文化服务评估的研究方向会倾向于数字化评估，总体研究热度还将会再次提升。

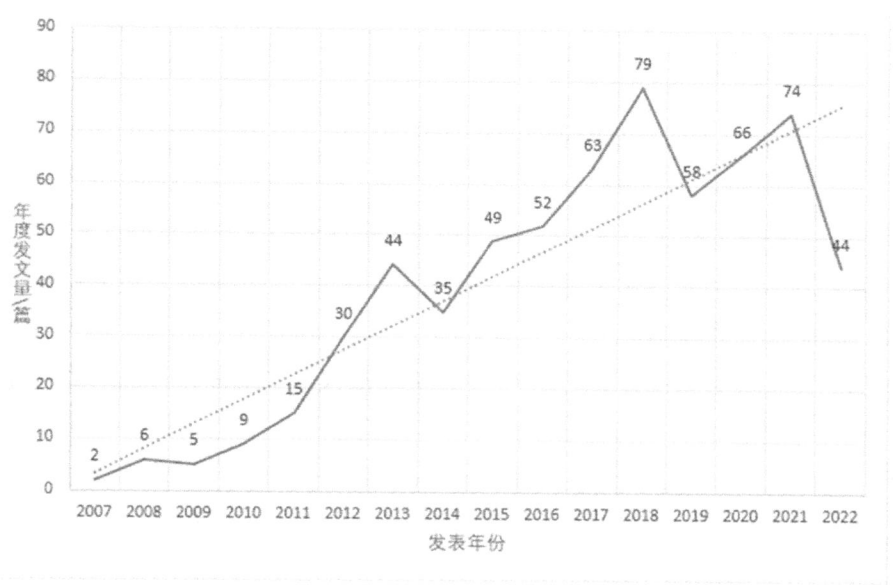

图 2-6　公共文化服务评估相关文献研究年代分布图

（二）国内公共文化服务评估研究方向

运用 Cite Space 软件对有效文献的关键词进行聚类分析，关键词是对文献内容的高度概括，对关键词进行共现聚类分析可以在一定程度上反映出这一领域的研究热点。

首先，对出现频次 >10 的关键词进行整理分析，如表 2-2 所示：

表 2-2　公共文化服务评估关键词频次表

序号	关键词	频次	中心性
1	公共文化	60	0.44
2	均等化	32	0.09
3	绩效评估	30	0.13
4	政府购买	22	0.04

续表

序号	关键词	频次	中心性
5	标准化	16	0.03
6	图书馆	16	0.09
7	社会力量	15	0.03
8	绩效评价	14	0.07
9	服务体系	14	0.07
10	农村	13	0.06
11	指标体系	12	0.05
12	对策	11	0.05

关键词出现频次及其中心性越高,说明对该领域的研究关注度越高,既是该领域的研究热点。说明公共文化服务评估在均等化、图书馆、绩效评估/评价、农村等方向具有一定的研究热度。

进一步对关键词进行聚类分析,可以更加深入地了解该领域的研究主题及内容。最终聚类结果显示,Modularity 聚类模块值 Q = 0.7272;Silhouette 聚类平均轮廓值 S = 0.6981,说明此次聚类结构显著,聚类结果合理。关键词聚类图谱如图 2-7 所示:

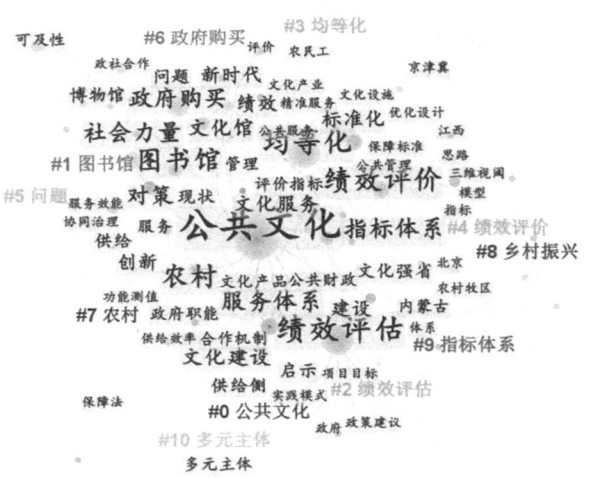

图 2-7　公共文化服务评估关键词聚类图谱

每个聚类是多个紧密相关的词组成的,数字越小,聚类中包含的关键词越多,每个聚类由多个紧密相关的词组成。选取前十一个聚类号进行分析,探讨公共文化服务评估领域的研究热点,关键词聚类词表如表2-3所示:

表2-3 公共文化服务评估关键词聚类词表

聚类号	Silhouette	聚类标签	代表关键词
#0	0.968	公共文化	服务体系、文化建设、实现路径
#1	0.945	图书馆	图书馆、博物馆、可及性、服务效能
#2	0.883	绩效评估	公共治理、政府、新公共服务
#3	0.867	均等化	标准化、西部农村、农村共文化服务效能、保障标准
#4	0.908	绩效评价	文化服务、公众满意、数据包络分析、三维视域
#5	0.949	问题	供给、对策、现状、文化体系建设、实施成效
#6	0.835	政府购买	政社合作、公共服务、政府能力、社会文化组织
#7	0.951	农村	供给效率、保障法、供给体系、公共性
#8	1	乡村振兴	供需平衡、服务设计、动态平衡、满意度
#9	0.926	指标体系	文化强省、评价指标、乡村文化、评估模型
#10	0.988	多元主体	结构功能主义、供给侧、合力供给、国家视角

根据聚类结果进行主题分析,大致可以分为六个研究方向。聚类#0 和#5 主要是关于公共文化服务评估政策及理论方面的研究;聚类#1 是对专业公共文化服务机构评估进行研究,也就是关于公共文化服务评估的客体;聚类#2 和#4 是对公共文化服务评估方法及模型进行研究;聚类#3、#7、#8 则是从公共文化服务均等化、标准化的角度对公共文化服务评估进行研究,特别是农村公共文化服务的评估;聚类#9 是从公共文化服务评估内容即指标体系方面进行分析和探讨。聚类#6 和#10 是从公共文化服务评估的主体方面进行研究。

1. 公共文化服务评估政策及理论

关于公共文化服务评估政策及理论主要分为三类,一是关于公共文化服务评估建立相应的保障机制及政策。如向勇、喻文益[①]根据我国文化事业管理和公共

---

① 向勇,喻文益.公共文化服务绩效评估的模型研究与政策建议[J].现代经济探讨,2008,313(01):21-24.

文化服务的特性,提出依法考评公共文化服务的政策建议。朱旭光等①通过对我国公共文化服务评估体系逻辑起点进行分析构建了基本框架,并提出要健全与公共文化服务评估相应的保障机制。谢媛②通过梳理国内公共文化服务评估的理论与实践发展成果,进一步提出我国公共文化服务评估理论与实践方面的建议和努力方向。二是基于某种理念或视角下的公共文化服务评估研究。如翟小会③以共建、共治、共享为理念引导,从时间、空间、理念三个维度构建公共文化服务体系评估框架。三是关于公共文化服务评估的综述、对比研究。如严贝妮等④通过总结2010—2020年我国公共文化服务评估的研究现状,归纳出评估准则、评估主体、评估工具、评估类型、评估对象五个维度主题脉络。王学琴等⑤对英国、美国及我国的公共文化服务绩效评估实践进行分析比较。

2. 公共文化服务评估客体

根据公共文化服务评估客体涵盖范围不同,可以分为区域性、传统公共文化服务机构及数字等新型公共文化服务平台三种。

胡税根等⑥提出对公共文化资源整合进行评估,采用"投入—产出—效果"模型,根据"SMART"原则和"4E"评价方法构建一个适用区域公共文化资源评估整合的指标体系。郭宇、李俊等⑦采用数据包络分析法对少数民族地区公共文化服务建设进行评估研究。毛炳聪等⑧提出乡镇公共文化服务的动态评估,提出评估的

---

① 朱旭光,王莹.公共文化服务绩效评估体系研究:基本框架与政策建议[J].中国出版,2016,398(21):29-32.
② 谢媛.我国公共文化服务绩效评估的理论与实践研究综述[J].四川行政学院学报,2012,76(04):17-21.
③ 翟小会.公共文化服务绩效评估理论、实践及未来展望[J].洛阳师范学院学报,2021,40(08):69-73.
④ 严贝妮,刘琳佳,肖平.我国公共文化服务评估研究动向(2010—2020年)[J].文化软实力研究,2021,6(02):34-45.
⑤ 王学琴,陈雅.国内外公共文化服务绩效评估比较研究[J].情报资料工作,2014,201(06):89-94.
⑥ 胡税根,莫锦江,李军良.公共文化资源整合绩效评估指标体系构建与实证研究[J].理论探讨,2018,201(02):143-149.
⑦ 郭宇,李俊.少数民族地区公共文化服务建设研究——基于DEA实证研究的绩效评估[J].太原城市职业技术学院学报,2014,152(03):18-20.
⑧ 毛炳聪,汪仕龙.乡镇公共文化服务动态评估探析[J].上海文化,2014,109(02):72-77.

原则及工作路径。

传统公共文化服务机构评估主要集中在对公共图书馆领域,研究成果也相对成熟,目前已经进行了六次全国县级以上公共图书馆评估定级工作。柯平等[1]从多角度对公共图书馆评估标准进行了研究,并提出第七次评估要体现出由信息化评估转向智慧化评估、从全面性评估转为导向性评估。朱美霖[2]从投入产出视角,共设计了25项具体指标构建了公共图书馆文化服务效能评估的指标体系。金胜勇等[3]构建了以面向用户评估的公共图书馆评估指标体系框架,并运用德尔菲法及问卷调查对指标体系进行测试验证。

数字资源及服务逐步成为公共文化服务的新趋势,对数字资源及服务进行评估也成为趋势。汤金羽等[4]利用数据包络分析方法,对华东部分地区21个公共文化云微信公众平台进行服务评估研究。曹国凤[5]运用六何分析法对公共数字文化服务效能评估的动因、主体、客体、评估指标、评估过程及优化策略进行分析探讨。吴高等[6]通过对全国文化信息资源共享工程、公共数字文化工程及公共文化服务机构的评估定级等考核内容及方式进行分析,提出构建公共数字文化服务评估机制的对策和建议。

3. 公共文化服务评估方法与模型

目前,公共文化服务评估方法大多借用政府公共部门等管理评估的方法与模式,主要有:

(1)数据包络分析法(data envelopment analysis, DEA),也称为效率评价法,一

---

[1] 柯平,潘雨亭,张海梅.机遇与挑战:第七次公共图书馆评估的环境与意义[J].图书馆杂志,2023,42(03):9-15.

[2] 朱美霖.投入产出视角下的公共图书馆文化服务效能评估模型研究[J].图书馆研究与工作,2021,200(02):14-21.

[3] 金胜勇,周文超.面向用户评估的公共图书馆评估指标体系构建[J].图书馆工作与研究,2010(02):11-16.

[4] 汤金羽,朱学芳.我国公共文化云微信公众平台服务效率评估[J].图书馆论坛,2019,39(09):127-134.

[5] 曹国凤.公共数字文化服务效能评估探析——基于六何分析框架[J].河南图书馆学刊,2021,41(06):79-81.

[6] 吴高,林芳,韦楠华.公共数字文化服务绩效评价现状、问题及对策分析[J].图书情报工作,2019,63(02):60-67.

一般用来测量决策部门的生产效率,即投入和产出的比率。谭秀阁等①运用数据包络分析法对我国31个省、自治区和直辖市的公共文化投入效率进行了实证分析。韦景竹等②从公共文化云的规模、内容、结构、维护等角度,运用数据包络分析法对公共文化云平台的运行效率进行计算分析,以提高云平台的影响力。

(2)层次分析法(Analytic Hierarchy Process,AHP),是将一个目标分解成若干层次,在此基础上进行定性和定量分析和决策的方法。傅利平等③综合运用了AHP及CRITIC④(客观权重赋权法),对京津沪渝四直辖市的城市公共文化服务进行综合评价。曾志杰等⑤运用层次分析法对福建省九地市公共文化服务支出绩效评价进行研究。

(3)平衡积分卡⑥(Balanced Score Card,BSC)。张广钦等⑦利用平衡计分卡战略分析方法,在群众、资金、内部业务建设、发展潜力4个维度上构建公共文化机构通用指标体系。余晓忠⑧将平衡计分卡引入新疆农村广播电视公共服务绩效评价中,并探讨其构建模式。

此外,还有学者会运用主成分分析法、模糊综合评价法、关键绩效指标(KPI)、德尔菲法、平均赋权法等单个或多个评估方法综合对公共文化服务进行评估指标体系及评估模式的研究。

---

① 谭秀阁,王峰虎.基于DEA的我国公共文化投入效率研究[J].科技管理研究,2011,31(13):198-201.

② 韦景竹,李率男.基于DEA模型的公共文化云平台运营效率研究[J].情报资料工作,2020,41(04):22-29.

③ 傅利平,何勇军,李小静.城市公共文化服务的综合评价模型[J].统计与决策,2013,388(16):39-41.

④ CRITIC,是Diakoulaki(1995)提出的一种评价指标客观赋权方法。该方法主要围绕两个方面:对比度和矛盾性,对指标进行权重计算。

⑤ 曾志杰,梁新潮.福建省九地市公共文化服务支出绩效评价——基于AHP的实证研究[J].集美大学学报(哲学社会科学版),2017,20(01):53-62.

⑥ 平衡计分卡(Balanced Score Card),是常见的绩效考核方式之一,是从财务、客户、内部运营、学习与成长四个角度,将组织的战略落实为可操作的衡量指标和目标值的一种新型绩效管理体系。

⑦ 张广钦,李剑.基于平衡计分卡的公共文化机构绩效评价统一指标体系研究[J].图书馆建设,2017,279(09):26-31.

⑧ 余晓忠.基于平衡计分卡构建新疆农村广播电视公共服务绩效评价体系的研究[J].广播与电视技术,2016,43(01):113-116.

4. 公共文化服务评估指标体系

根据公共文化服务评估方法及视角划分评估的维度,一般设置一级指标、二级指标、三级指标等形成完整的指标评估框架或体系。

胡税根等[①]在"投入—过程—产出—成果"模型的基础上构建了省级文化行政部门公共文化服务评估指标体系,从公共文化服务投入、公共文化服务过程、公共文化服务产出和公共文化服务效果四个维度来构建一级指标,下面又划分了 11 项二级指标和 57 项三级指标。

苏祥等[②]在提出将公共文化服务评估划分为公共文化服务设施、公共文化活动和公共文化管理三个维度,每个维度下设若干基本指标,基本指标之下再设若干三级指标,每个三级指标又分为公共文化服务统计指标和公众满意度指标。

胡守勇[③]以公共文化服务功能为基本评价维度,围绕满足基本文化需求、促进文化产业发展、引领社会生活风尚、培育共有精神家园四个层次,设计了由 3 个层次、共 16 个指标组成的公共文化服务效能评价指标体系框架。

5. 农村公共文化服务评估

近年来,我国实施乡村振兴战略,公共文化服务是乡村建设中重要的精神抓手,推动农村公共文化服务评估能够更好地确保农村公共文化建设成效。

张楠[④]通过对江苏乡镇文化站的考察,对农村公共文化服务评估存在的问题及原因进行分析,并提出建议。彭益民[⑤]通过对我国农村公共文化服务现状进行分析,提出在客观性、价值性、系统性、可比性和可行性原则上,构建了由 3 个一级指标、5 个二级指标及 100 个三级指标构成的农村公共文化服务评估指标体系。石

---

① 胡税根,李幼芸.省级文化行政部门公共文化服务绩效评估研究[J].中共浙江省委党校学报,2015,31(01):26-31.

② 苏祥,周长城,张含雪."以公众为导向"的公共文化服务绩效评估:理论基础与指标体系[J].黑龙江社会科学,2016,158(05):85-90.

③ 胡守勇.公共文化服务效能评价指标体系初探[J].中共福建省委党校学报,2014,405(02):45-51.

④ 张楠.农村公共文化服务绩效评估缺失及其改进——基于江苏乡镇文化站的考察[J].湖南农业大学学报(社会科学版),2012,13(03):49-52.

⑤ 彭益民.构建农村公共文化服务评估指标体系的探讨[J].武陵学刊,2015,40(05):48-55.

雨等①则以农村获得感和满意度为出发点,构建起一个包括3项一级指标、14项二级指标和36项三级指标的农村公共文化服务绩效评估指标体系。

此外,公共文化服务均等化可以有效缩减城乡差距,提升农村公共文化服务效能,公共文化服务均等化评估也成为新的研究方向。白海燕②提出要构建科学的公共文化服务供给均等化有效评估模式,把农村公共文化服务开展纳入考评指标,促进整体的公共文化服务均等化发展。朱丽华等③从基本公共文化服务均等化水平角度,以公共文化服务均等化指数为核心,构建了以基本公共文化服务能力为一级指标,投入与产出为二级指标,下设7个三级指标及21个四级指标的四级基本公共文化服务均等化评估指标体系。

6. 公共文化服务主体多元化

公共文化服务评估的主体大致可分为三类:一是政府组织;二是专家等社会机构;三是社会公众。当前,我国关于公共文化服务评估的实践活动以政府组织为主,社会机构和公民大众的主体意识和参与度还有待提高。

金家厚④提出由政府部门、专家、公共文化机构代表、社会服务代表、受众代表等成立评估委员会来对评估过程实施领导和监督;由第三方专业评估人员组成评估工作组实施评估。任鹏飞⑤通过对当前我国农村公共文化服务第三方评估的现状"党委领导、政府负责、社会协同、民众参与"进行剖析,认为目前农村第三方评估虽取得一些成效,但仍存在角色模糊、参与度不足等问题,政府、第三方评估主体以及广大民众需协同行动,从理念、政策和专业等层面予以正确认识与积极支持。

---

① 石雨,聂继凯.农村公共文化服务绩效评估指标体系研究——基于农民获得视角[J].经营与管理,2021,448(10):110-115.

② 白海燕.陕西省公共文化服务供给均等化有效评估模式研究[J].佳木斯职业学院学报,2018,183(02):420-421.

③ 朱丽华,魏翠玲,袁贞.基本公共文化服务均等化评估指标体系探讨[J].中小企业管理与科技(下旬刊),2011,294(07):87-88.

④ 金家厚.公共文化机构绩效评估及其机制优化[J].重庆社会科学,2011,204(11):19-24.

⑤ 任鹏飞.农村公共文化服务第三方评估研究:理论溯源、功能审视与实践反思[J].图书馆建设,2018,293(11):17-22.

芦苇[①]则通过对公共文化服务评估中公民参与度的重要性及具体体现进行分析，提出要确保公共文化服务评估中公民参与的可持续性和稳定性。

二、国内公共文化服务评估实践

我国公共文化服务评估实践可以追溯到20世纪90年代公共图书馆评估定级工作的开展。《中华人民共和国公共文化服务保障法》和《中华人民共和国公共图书馆法》的颁布，为公共文化服务评估提供了坚实的制度保障，极大地推动了我国公共文化服务体系建设的快速发展。

（一）公共文化服务机构评估

我国公共文化服务的主管部门是文化和旅游部，下设公共服务司负责公共图书馆及文化馆等公共文化服务机构的评估定级工作。公共文化服务机构的评估定级是衡量及提升我国基层公共文化服务体系建设、管理和服务水平的一项重要工作机制。

1. 公共图书馆评估定级

我国公共图书馆评估定级工作始于20世纪90年代，是由政府主导的全国性的评估工作，被称为全国公共图书馆的"大考"。1993年文化部开始在全国进行公共图书馆评估试点工作，1994年全国30个省（区、市）共2189个公共图书馆参与了首次评估定级[②]，后又分别于1998年、2004年、2009年、2013年、2017年、2022年，先后共七次在全国开展县级以上公共图书馆评估定级工作。每四年进行一次全国县级以上公共图书馆评估定级工作已经形成了一种长期的制度，推动我国公共图书馆事业繁荣发展。

早期的全国公共图书馆评估定级工作由文化部主导，按照分级负责的原则，省级图书馆和计划单列市馆由文化部文化司统一组织评估，地市级及县图书馆则由省级文化行政主管部门负责组织实施。[③] 第七次评估则采取线上数据审核和实地

---

① 芦苇.公共文化服务评估中的公民参与度探讨——基于马克·霍哲的公民介入框架[J].新余学院学报,2012,17(06):9-11.

② 晓明.回顾·激励·展望——全国公共图书馆评估工作总结会综述[J].图书馆,1995(01):1-4.

③ 宫平,柯平,段珊珊.我国公共图书馆服务绩效评估研究——基于五次省公共图书馆评估标准的分析[J].山东图书馆学刊,2015,152(06):28-32.

评估相结合的方式进行,通过"全国公共图书馆评估定级管理与服务平台"线上采集各参评馆数据并进行评分,线下实地查看各参评馆设施建设、运行管理与服务情况,核实评估数据。文化和旅游部负责统筹组织评估定级工作,负责组织制定评估标准、评分标准和细则;组织评估组对省级馆进行评估,并抽评部分副省级、地市级、县级馆。中国图书馆学会受文化和旅游部委托,具体承办相关工作。省级文化和旅游行政部门负责组织本地各参评馆开展自查自评;指导监督各参评馆采集评估数据、在线上开展服务满意度测评;组织评估组对本地副省级、地市级、县级馆进行评估。①

最初的评估指标内容包括6项一级指标、29项二级指标、39项三级指标及10项四级指标。随着一次次评估的不断完善,第七次公共图书馆评估定级标准是定量与定性相结合,共有19项一级指标,63项二级指标,142项三级指标。分为三部分:一是服务效能,包括基本服务、特殊群体服务、数字化服务、参考咨询服务、服务宣传与阅读推广、读者评价;二是业务能力,包括基础业务、数字化建设、业务创新、业务辅导与协作、业务统计与研究、社会力量参与6项一级指标;三是保障条件,包括法律政策保障、经费保障、文献信息资源保障、建筑与设施保障、人员保障、安全保障、表彰奖励。

2. 全国文化馆评估定级

文化部从2002年2月起在全国范围内开展群艺馆、文化馆评估工作,评估周期每四年一次,2020年进行了第五次全国性评估定级。各级文化馆将按照评估定级标准,进行自查自评;各省(区、市)文化厅局、新疆生产建设兵团文化广播电视局组织评估工作小组,负责对辖区地市级馆、县级馆进行评估和群众满意度测评;文化部委托中国文化馆协会组织评估工作小组,负责对省级馆和副省级馆进行评估,并抽查部分地市级馆和县级馆,同时组织对省级馆、副省级馆工作的群众满意度测评。根据评估指标共分为三部分,业务建设中包括18个一级指标;服务效能中包括10个一级指标;保障条件中包括5个一级指标;另设有提高指标包括改革创新、表彰奖励2项。

---

① 文化和旅游部办公厅. 文旅部关于开展第七次全国县级以上公共图书馆评估定级工作的通知[EB/OL]. (2022-06-02)[2022-12-25]. https://zwgk.mct.gov.cn/zfxxgkml/ggfw/202206/t20220602_933319.html.

3. 全国乡镇综合文化站评估定级

2013年文化部开展第一次全国乡镇综合文化站评估定级工作,评估周期为四年一次。按照"统一要求、分省实施"的原则,即文化部制定全国乡镇综合文化站评估定级标准指导纲要,统一规定评估定级的主要内容、基本项目、基本要求和最低指标;各省(区、市)文化厅(局)根据文化部的指导纲要和本地区实际,制定具体的评估定级标准,负责开展评估定级工作。评估定级的申报和检查工作由地(市)文化局具体组织实施,评估定级结果报省(区、市)文化厅(局)审核、批准,评估定级结果报文化部备案。制定了《全国乡镇综合文化站评估定级标准指导纲要》,推进基层公共文化服务体系建设和公共文化服务效能。评估标准包括办站条件、队伍建设、公共服务、领导管理、提高指标五个方面。

(二)地区公共文化服务评估

2006年《国家"十一五"时期文化发展规划纲要》中,首次提出要建立健全公共文化机构评估系统和绩效考评机制。广东、浙江等地率先开展了关于公共文化服务的评估实践探索,取得了丰硕的成果。

1. 广东省:公共文化服务评价指标体系

2019年广州省文化和旅游厅制定并实施了《广东省公共文化服务评价指标体系》,对广东省各地市公共文化服务开展情况,并积极探索第三方公共文化服务评价机制,每年发布《广东省公共文化服务评价指数报告》。2021年,广东省文化和旅游厅结合《广东省基本公共文化服务实施标准(2015—2020年)》,制定了《广东省地市、县(市、区)公共文化服务评价指标体系(2020年度)》[①],委托第三方对各地市、县(市、区)公共文化服务进行评估。这是广州省首次将评价工作拓展到县(市、区)一级,为广州各地市精细化推进公共文化服务体系建设提供了政策指导。其中《广东省县(市、区)公共文化服务评价指标体系(2020年度)》共设公共文化投入、公共文化设施、公共文化队伍、公共文化产品和服务、公共文化重点工作任务、安全事件及场馆挪用空置6个一级指标及25个二级指标,包括评价类、达标类、加分类和扣分类四类评价指标。相较于县(市、区)的评价体系,《广东省地市

---

① 广东省文化和旅游厅. 广东省地市、县(市、区)公共文化服务评价指标体系(2020年度)的通知[EB/OL](2021-12-05)[2022-12-16]. http://whly.gd.gov.cn/special/xy/scgl/content/post_3678695.html.

公共文化服务评价指标体系(2020年度)》增加了公共文化服务社会参与、公共文化服务标准化和均等化、群众参与度和满意度三项一级指标,二级指标也增加至41个。

早在2014年广东省就提出构建科学的公共文化服务考核评价指标体系,把服务质量、水平和效益作为考核评估的核心指标,并将公共文化服务体系建设纳入各级党政领导班子的政绩考核指标。广东省在公共文化服务评估工作上重视评估主体的多元化和社会化,委托第三方机构进行公共文化服务评估工作在广州已经成为常态,如2021年广州市番禺区公共文化服务效能评估工作服务就由广东维度统计师事务所有限公司中标承担。广州正在积极探索一条"政府主导、专业配合、社会监督、群众参与"的评估方式。

2. 北京市朝阳区:"2+5"绩效评价体系

2011年,北京市朝阳区获得创建国家公共文化示范区的资格。在政府的大力支持下,建立了组织、政策和资金保障体系,打破以行政体制设置公共文化设施的格局,在"区级—街乡级—社区(村)"三级公共文化服务网络的基础上,在区级和街乡级文化设施之间增加了地区级文化中心建设,创新"区级—地区级—街乡级—社区(村)级"四级公共文化服务网络。针对公共文化服务效能不高的问题,朝阳区与上海华夏社会发展研究院共同研究制定了评价与考核相结合,且符合朝阳自身实际的"2+5"公共文化服务评价指标体系①:即2个评价指标体系,《朝阳区公共文化服务评价指标体系》和《朝阳区街乡公共文化服务评价指标体系》;5个绩效考核指标体系,《朝阳区文化馆绩效考核指标体系》《朝阳区图书馆绩效考核指标体系》《朝阳区博物馆绩效考核指标体系》《朝阳区街乡文化中心绩效考核指标体系》《朝阳区社区(村)文化活动室绩效考核指标体系》。针对不同的公共文化机构,设置了相对应的评估指标体系。

2016年,由上海华夏社会发展研究所从听、查、看、访四种方式对朝阳区公共文化服务开展了第一次评估。在《朝阳区街乡公共文化服务评价指标体系》中包括基本指标和特色指标,涵盖了设施建设、队伍建设、制度建设、机制建设等各方面,采用材料审核和实地考察相结合的方式对一条指标进行评价。基本指标包括

---

① 北京市朝阳区创建国家公共文化示范区情况汇报[EB/OL](2019-03-29)[2022-12-25]. https://www.mct.gov.cn/whzx/bnsj/ggwhs/201903/t20190329_841026.htm.

公共文化设施、公共文化供给、公共文化管理、文化遗产保护、公共文化保障 5 个一级指标,11 个二级指标。特色指标包括得奖与媒体报道、大会发言承办活动与文保单位、非遗名录申报 2 个一级指标和 7 个二级指标。

"2+5"指标评价及绩效考核体系是全国首套从宏观层面和微观层面全面系统地对地区公共文化服务建设情况进行评价的指标体系①。该指标体系以标准化建设、导向性和适度性为原则,突出效能提升、服务及长效机制建设,采用部门自评、主观部门评价、第三方专业评价机构三者相结合的方式实施评价。在数据采集方法上,通过问卷调查、材料证明等多种方式,保证数据的真实性、准确性。在评价技术手段上,制作评价软件,运用网络平台录入数据,得出最终评价结果。在评估内容上不仅包含经济性指标,还关注到文化遗产保护等文化性指标。

3. 浙江省:浙江省公共文化服务现代化发展指数(CMDI)

2008 年,浙江省在全国率先推出农村公共文化服务评估指标体系,正式将农村公共文化建设纳入考核,对全省 76 个农村人口占 60% 以上的县(市、区)公共文化服务各项指标进行了全民的数据采集、分析与研究。② 2009 年,评估范围扩大到全省 89 个县(市、区),评估对象也从农村延伸到城乡。2010 年浙江省文化厅正式发布《浙江省基层公共文化服务评估指标》,是全国首个基层公共文化服务评价体系,涵盖政府投入、设施建设、队伍规模、公共服务、社会参与、文化惠民创新等 7 个方面 23 项指标,开始了每年一次的评估,并以此对全省县市区进行排名。

随着各地公共文化发展水平,评估指标及评估方式也会随之进行不断完善和变化。2013 年度的浙江省基层公共文化服务评估指标共设置了文化投入、文化机构、文化队伍、文化活动、文化享受、图书馆、文化馆、博物馆等 8 大类别共 29 项指标③,指标权重采用专家访谈法来确定。数据采集工作经过统一培训、县局填报、市局审核、省厅复核、发还核对、差异修正等 6 个环节,具有较强的科学性。2016 年共设 6 大类别 29 项指标,根据主成分分析法将评估指标转化成 8 个综合指标,即文化投入、文化机构、文化队伍、文化活动、文化享受、图书馆综合、文化馆综合、博

---

① 北京朝阳自测公共文化服务建设[EB/OL](2012-10-12)[2022-12-24]. https://news.12371.cn/2012/10/12/ARTI1350033901800466.shtml.
② 浙江省基层公关文化服务评估指标数据(2017 年度),浙江省文化厅.
③ 浙江省文化厅.浙江:建立全国首个农村公共文化服务评估指标体系[J].山东经济战略研究,2010,245(07):55.

物馆综合。① 2017年因博物馆部分有省文物局另行组织,对指标又做了一些修改,不再直接对各县(市、区)进行评估,而是取各县(市、区)的平均值,且不包括本市级数据。

2021年,浙江省依据《关于高质量建设公共文化服务现代化先行省的实施意见》《浙江省县(市、区)公共文化服务现代化标准(2021—2025年)》,将《基层公共文化服务评估指标》更名为《浙江省公共文化服务现代化发展指数(CMDI)》,共设5大板块、26项指标。5大板块包括优先发展、均衡发展、品质发展、以人为本和创新发展。② 其中,优先发展重点考察政府对公共文化工作的重视程度及保障情况,设6项指标;均衡发展重点考察公共文化服务城乡均衡、区域均衡等方面开展的相关工作,设9项指标;品质发展重点考察公共文化设施建设和人才队伍结构优化等情况,设4项指标;以人为本委托第三方机构对公共文化服务相关工作进行测评,包括城乡居民综合阅读率、全民艺术普及率、社会公众对公共文化服务满意率,设3项指标;创新发展重点考察公共文化服务机制体制、发展模式等创新工作的开展情况,设4项指标。

浙江省的公共文化服务评估是一种不断发展变化、具有可持续发展的一种评估模式,注重全民文化的参与度,对在公共文化服务中引入第三方评价的机制非常成熟,同时也凸显了公共文化服务评价的客观性和科学性。

4. 其他省市地区公共文化服务评估实践

(1)东莞市公共文化服务绩效评估办法

东莞作为我国第一批成功创建"国家公共文化服务体系建设示范区"的城市,2014年制定出台了《东莞市公共文化服务绩效评估办法》③。评估工作每年度开展一次,由政府主导、专业机构和基层群众代表参与具体评估工作,推行由专业机构承担具体评估事务的第三方评估。评估对象包括:市直属文化服务单位、镇(街)

---

① 浙江省文化和旅游厅.浙江省文化厅关于开展2016年度基层公共文化服务评估工作的通知[EB/OL](2017-04-01)[2022-12-25].http://ct.zj.gov.cn/art/2017/4/1/art_1229678760_2422477.html.

② 嘉兴市人民政府.2022年8月公共文化绩效评价结果[EB/OL](2022-08-26)[2022-12-28].https://www.jiaxing.gov.cn/art/2022/8/26/art_1228967725_59548197.html.

③ 东莞市人民政府办公室.关于印发《东莞市公共文化服务体系绩效评估办法》的通知[J].东莞市人民政府公报,2014,135(09):17-20.

政府办事处、社会力量兴办的公益性文化机构、市级重大公益性文化项目活动等四类。其中针对镇(街)政府办事处还制定了《镇(街)公共文化服务绩效评估方案》和《镇(街)公共文化服务绩效评价指标体系》，开发了"东莞市镇(街)公共文化服务绩效评估系统"，实现考核指标发布、实施、监测、考评、统计、应用为一体的信息管理。

（2）萧山区乡镇(街道)公共文化服务评估规范

2015年，浙江省杭州市萧山区《乡镇(街道)公共文化服务评估规范》正式发布，是我国第一个镇级公共文化服务评估标准。早在2014年，萧山区就依托互联网、利用云计算和大数据分析等信息技术研发了公共文化服务绩效评估系统，对全区22个乡镇(街道)公共文化服务绩效实时动态评估。以萧山区公共文化服务绩效评估系统为基础，设置了公共文化投入、公共文化设施、公共文化队伍、公共文化活动、其他等5大类26项指标和加分项，全方位对各镇街文化事业投入、文化设施建设及利用、文化从业人员结构比例、各类文化活动开展等方面的工作进行综合考量和评价。

（3）昆明市公共文化服务效能评估

2021年昆明市委托第三方对全市基层公共文化服务效能开展评估。通过实地核查、云台账、满意度调查三种方式主要针对昆明市图书馆、市文化馆、市博物馆、云南陆军讲武堂历史博物馆、聂耳墓升庵祠等本级"五馆"、县(市)区文化馆、图书馆、美术馆及辖区乡镇(街道)文化站、部分村(社区)综合性文化服务中心等公共文化设施开展服务效能评估①。其中，实地核查通过暗访形式进行体验式调查，并采集相关数据；云台账工作评估，要求对设施建设布局和规模、制度保障、人员保障、活动开展等不易在现场获取的信息，通过材料提交方式上传到指定平台；满意度调查范围覆盖四级公共文化设施网络，将随机拦访群众进行调查。

三、国内公共文化服务评估实践的趋势

（一）从城市到乡村：公共文化服务评估范围向基层延伸

随着城镇一体化进程的推进，公共文化服务标准化和均等化不断完善，统筹推

---

① 昆明市人民政府. 全市开展基层公共文化服务效能绩效评价[EB/OL]（2021-09-29）[2022-12-27]. https://www.km.gov.cn/c/2021-09-29/4107473.shtml.

动公共文化资源向基层和乡村地区倾斜和延伸,逐步实现文化惠民全覆盖。各地政府都将公共文化服务建设纳入考核管理的范畴,对于公共文化服务效能的衡量办法就是建立专门的公共文化服务评估体系,不仅是衡量公共文化服务效果及影响力,还是推动公共文化建设良性循环的一种激励措施。

对于基层公共文化服务的评估,一种是自上而下,由各省市主导制定评估标准,逐步向下推行的评估。如浙江的基层公共文化服务评估就是对全省90个县(市、区)进行评估排名。还有一种是基层当地设立公共文化服务评估指标,进行自我测评。如湖南省怀化市新晃县制定的《新晃县公共文化服务体系绩效评估制度》从基本服务、服务效能、管理运行三个方面对其县直属公共文化服务单位、各镇人民政府、乡镇综合文化站和县级重大公益性文化项目、活动等进行评估。无论哪种都已经把公共文化服务评估延伸到乡村街道等基层,推动我国基层公共文化服务建设特别是乡村公共文化服务建设的提升。

(二)从静态到动态:公共文化服务评估方式管理平台数字化

随着网络信息技术及云计算、大数据的发展和应用,公共文化服务评估的方式从最初的公共文化服务基本数据统计已经逐步运用新技术搭建系统化的管理平台,实现了评估的数字化和智能化。

依托云计算对公共文化服务评估数据特别是数字化服务的数据进行采集、整理和分析,还可以通过大数据分析对整体的公共文化服务效能进行动态的监控。正如杭州市萧山区就搭建了这样一个数字化管理平台,基于B/S架构开发,用于对萧山区"两馆一站"及镇(街道)开展公共文化服务绩效动态评估。大大缩短了评估的周期,实时掌握公共文化服务的动态,数字化的评估方式为公共文化服务效能评估增添了高效、精准的翅膀。

(三)从重"量"到重"质":公共文化服务评估的重心在效能

公共文化服务评估最初就脱胎于文化行业统计,公共文化服务评估指标主要从"投入—产出"的模式来进行评估分析,特别是对于公共文化服务设施及公共文化服务的项目的数量进行测评,后又引入"公众知晓度和满意度"的评估指标,公共文化服务体系建设已经转向创新性高质量内涵发展,重在"提质增效"。

当前从公共文化服务评估的维度来看,公共文化服务带来的幸福感、获得感是公共文化服务效能评估的重要评估指标,公众满意度在评估指标体系中必不可少,且占有相当重的权重比例。有的地区甚至把公众满意度作为单独的指标进行评估排名。公共文化服务的成效、影响力以及民众对公共文化服务的满意度是当前公共文化服务效能评估的重点。

(四)从单一主体到多元参与:公共文化服务评估主体第三方参与度提高

我国的公共文化服务是由政府主导、多方参与,对于公共文化评估也是由政府单一主导,逐步向政府牵头、多方共同参与、第三方主要实施的模式转变。

目前,第三方评估在实践中已屡见不鲜。国家公共文化服务体系示范区评估验收在2013年曾首次委托第三方专业机构——零点公司对第一批申报验收的31个示范区开展公共文化服务群众满意度调查。由湖南省文化厅创新研制的"湖南省现代公共文化服务体系群众满意度"测评系统也是由第三方信息化管理综合平台对湖南省所有公共文化机构进行效能监督和动态评估。昆明市文化和旅游局通过购买第三方专业服务对所辖市县所有基层公共文化机构的服务效能进行一年两次的实地评估。各地市的文化和旅游局都曾就公共文化服务效能第三方评估项目进行公开招标。

此外,多地还建立了完善的第三方评估机制。浏阳市在2019年还专门印发了《浏阳市公共文化服务绩效第三方评估实施办法》,2020年广州市文化广电旅游局也印发了《广州市文化馆、站(室)第三方评估管理办法》。由此可见,公共文化服务评估中主体多元化趋势已十分明显,第三方参与评估的制度也日趋完善。

第三章 公共文化资源服务与数据情况调研

第一节 公共文化机构情况调研

我国公共文化服务的范围较为宽泛,涉及的具体机构不但包括公共图书馆、文化馆、文化站,还包括美术馆、博物馆等,同时也可以包括其他组织和机构所提供的社会化文化服务。鉴于研究需以点及面、逐步开展,本研究基于公共图书馆、文化馆、文化站所提供的公共文化服务开展,原因包括:

(1)机构覆盖的范围最广,以研究开展前一年的数据为例,2019年公共图书馆、文化馆、文化站机构数分别为3196家、3326家和40747家,其机构数量占公共文化机构数中的大多数;

(2)从受众人口角度来看,公共图书馆、文化馆和文化站的受众人口最多,仍以2019年为例,公共图书馆流通人次9.0135亿人次,群众文化活动惠及7.8716亿人次。

由于公共图书馆、文化馆、文化站在我国公共文化服务体系中机构覆盖范围最广,且受众人口最多,具有代表性,因此本书将研究范围主要包括公共图书馆、文化馆和文化站;在研究对象方面,本书中所述的公共文化资源,指除了各种纸质文献资源、数字化资源、组织的各类文化活动外,还包括为提供公共文化服务所使用的其他手段和资源,包括场馆设施、网络设备、服务设备、软件平台、活动经费和人力资源等;在使用主体方面,本书的研究成果的使用主体主要包括相关政府部门、各级公共文化机构,如公共图书馆、文化馆、文化站。

由于图书馆与文化馆、文化站在业务范围和服务内容上存在的明显差异,因此本项研究按照公共图书馆、群众文化机构分别进行调研。

一、图书馆服务情况

公共图书馆的主要职能包括文献收集、整理和典藏①，以及在此基础上为读者提供各种线上和线下服务，其中线上服务以数字图书馆为代表，以各类网站、应用平台、手机 App 为媒介提供各种资源的浏览、检索、下载和在线直录播服务。此外，为了适应新媒体的发展趋势，近几年也开通了以微博、微信、抖音为代表的各种新媒体服务；线下服务以传统图书馆服务为代表，提供阅览、外借、参考咨询、社会教育（含讲座、展览、培训）和情报检索与提供服务。

二、文化馆、文化站服务情况

群众文化机构在本书中主要指文化馆、文化站，其主要职能包括开展社会教育、组织文化活动与文艺创作、收集整理非物质文化遗产、开展数字化信息服务和民间文化交流等②，其特点是以线下活动为主，线上服务为辅，服务种类包括各类展览、讲座、培训活动，开展群众文化艺术活动，指导业余文艺团队建设及文艺创作，民间传统文化的普查、展示、宣传和传习等，同时为了适应互联网技术的发展，文化馆、文化站也开展了各种活动资源的数字化及线上服务，其中比较突出的是由全国公共文化发展中心建设的国家公共文化云，将全国各级文化馆和文化站所开展的文化服务以数字化的形式进行呈现。

第二节 数据调研情况

一、图书馆数据情况调研

经过实地调研，公共图书馆数据主要包括用户数据、资源数据、行为数据，以各种形式存储在各类应用平台中，其中用户数据记录了用户的基础信息，包括读者 ID、年龄、性别、籍贯等信息；资源数据以书目数据为主体，记录各类资源文献的属

---

① 中华人民共和国公共图书馆法[EB/OL]．(2017-11-5)[2022-4-10]．http://www.gov.cn/xinwen/2017-11/05/content_5237326.htm.

② 文化部．文化部关于群众艺术馆、文化馆管理办法[J]．1992.

性信息;行为数据以用户的行为数据为主,包括借阅记录、预约记录、复制记录、在线检索记录、在线查看记录、在线阅读记录以及到馆读者的刷卡记录等。

二、文化馆文化站数据情况调研

目前已收集的数据多以线上数据为主,数据内容可以分为用户数据、共享直播数据、平台资源数据、对接数据和新媒体数据等几类,主要以数据库表、系统日志的形式存储在国家公共文化云平台中。其中用户数据主要记录用户的搜索关键字、来源地区、访问时间和来源终端等信息;共享直播数据主要记录直播发布数量、举办省份、直播资源的点击量、参与度和用户评论等信息;平台资源数据包括平台各个资源模块的访问量、点播量、场馆导航与更新信息、活动预约等内容;对接数据包括对各地方平台进行对接的数据,包括与地方平台对接个数、对接资源条数、通过国家公共文化云平台访问各级地方资源的访问量等信息;新媒体数据主要指国家公共文化云微信公众号的各类服务数据,包括粉丝量、发文量、点击量、文章阅览量和点赞数等。

第三节　调研情况分析

一、服务情况分析

总体来说,公共图书馆与文化馆、文化站所开展的公共文化服务各有侧重,二者在资源提供、服务内容与服务形式上各有不同。

1. 资源提供

公共图书馆提供的资源多以图书、期刊、报纸、古籍、图片和音视频等实体文献,以及与之相对应的数字资源为主,文化馆和文化站的资源主要指的是各类文艺活动和群众文化活动相关资源,如文艺演出、艺术活动等资源。

2. 服务内容

公共图书馆对外提供的服务内容主要以阅览、检索、借阅、下载和参考咨询等情报提供活动为主,并配合已有文献开展各种培训、讲座和展览服务,文化馆和文化站对外提供的服务以组织和开展各种群众文化、艺术活动为主,同时指导业余文艺团队建设及文艺创作、普及科学文化知识、保护与传习民间文化等。

3. 服务形式

公共图书馆服务形式包括线上服务和线下服务,其中线下服务的服务形式主要以文献资源的阅览和外借为主,同时开展相应的培训、讲座、展览、咨询等服务形式,线上服务以数字化文献的检索、浏览、下载为主。文化馆和文化站则以线下服务为主,其服务形式主要包括培训、讲座、展览、组织群众文艺活动等。

4. 存在的问题

虽然近几年公共文化建设如火如荼,但公共文化的信息化服务建设,尤其是基层场馆的信息化建设,仍需不断加强与深入,特别是需要深入基层。以公共图书馆网站服务为例,根据2018年的数据显示,全国3177个公共图书馆中,仅有56.01%的公共图书馆对外开通了自己的网站,一级馆有84.11%拥有自己的网站,二级馆拥有自己网站的比例为62.88%,三级馆拥有自己网站的比例为47.66%,无等级馆拥有自己网站的比例为33.25%,基层图书馆的信息化建设明显落后。

二、数据情况分析

数据资产是建设大数据体系的根本,数据采集是大数据分析的基础,由于公共文化机构涉及公共图书馆、文化馆和文化站等多个领域,各领域的业务范围、服务形式和服务内容存在较大差异,且各自建设的系统平台较多,相对来说比较独立,不同领域、不同系统之间的数据内涵、统计标准不统一,数据类型多样、数据格式繁杂,通过分析可以发现数据存在如下特点:

1. 数据资产分散建设,线下数据比重较大

以国家图书馆运行管理平台、国家公共文化云、公共文化机构管理系统为例,这些系统采用的是总分模式建设,数据建设相对分散;同时有很大比重的数据来自线下资料与文档,这会让数据在更新、管理上的难度增加。

2. 数据融合集成较少,而且方法比较落后

目前相互之间融合集成的数据资产较少,主要包括三个方面:(1)各级单位纵向间的数据交互,主要是地方系统向上报送数据,中心系统不为地方系统提供数据,上报的方式主要以线下文件的方式进行,数据更新频率一般会是年度,尚未形成真正的数据共享机制;(2)不同系统之间横向的数据交互较少,彼此之间无法形成有效的数据交换和数据共享;(3)仅有的数据交换形式方法比较落后,从全国范围来看,不同领域、不同部门、不同系统之间的数据交换多以线下数据文件的人工导入和导出为主,没有真正形成有效的数据交换机制。

3. 场馆名称不统一,数据清洗难度较大

在实地调研中发现,同一家场馆在不同时期名称不一致,场馆名称具有一定的时效性,具体包括以下几种情况:(1)不同的历史时期,同一场馆会出现更名现象,如由群众艺术馆更名为文化馆;(2)随着行政区等级和名称的变化,所属场馆名称也会随之发生变化,如由原有的县图书馆变为区图书馆或市图书馆;(3)存在一馆多名的现象。

第四章 数据处理体系

第一节 处理内容概述

数据处理是对各种数据进行收集、存储、整理、分类、统计、加工、利用、传播等一系列活动的统称,对于本研究而言,数据处理是指从数据采集开始,到数据应用和数据展示为止的整个过程,以及在这个过程中所采取的各种数据处理措施,按照数据处理的流程来划分,数据处理过程主要分为数据采集、数据存储、数据流设计、数据预处理、数据质量处理、数据适用性处理和数据展示处理等几个环节,具体见图4-1。

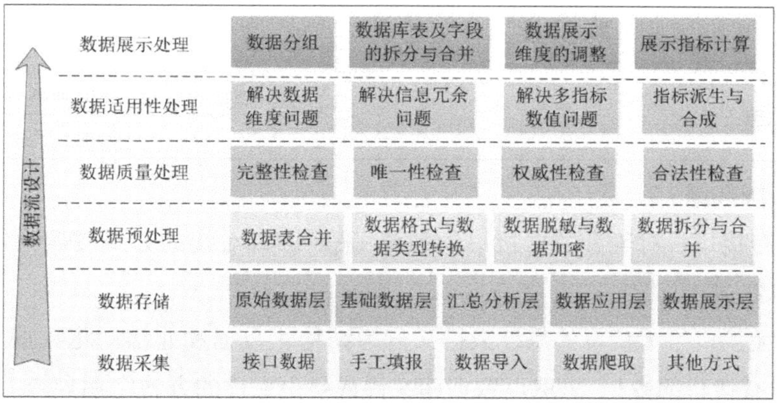

数据流设计	数据展示处理	数据分组	数据库表及字段的拆分与合并	数据展示维度的调整	展示指标计算
	数据适用性处理	解决数据维度问题	解决信息冗余问题	解决多指标数值问题	指标派生与合成
	数据质量处理	完整性检查	唯一性检查	权威性检查	合法性检查
	数据预处理	数据表合并	数据格式与数据类型转换	数据脱敏与数据加密	数据拆分与合并
	数据存储	原始数据层	基础数据层	汇总分析层	数据应用层	数据展示层
	数据采集	接口数据	手工填报	数据导入	数据爬取	其他方式

图4-1 数据处理体系设计图

第二节　数据采集

由于本书中涉及的数据种类繁多,数据来源、数据类型、数据结构、更新周期各不相同,为了保证数据收集的完整性和全面性,本研究根据实际数据情况建立了灵活多样的数据采集机制。具体为根据数据获取方式的不同,分别制定与之相适应的采集机制,具体见表 4-1。

表 4-1　数据收集方式设计

数据来源	接口情况	数据结构情况	收集方式
系统数据	有接口		以接口对接的方式直接获取数据
	无接口	结构化数据	定期导入数据视图
			定期导入备份数据
			定期导入数据库表
		非结构化数据	定期抓取数据文件
			定期抓取日志
非系统数据（线下数据）	无接口		人工填报
			数据文件导入
			数据上传
			其他方式
其他数据			网络爬取
			其他方式

1. 系统数据

(1)有接口。对于有数据接口的系统,采取接口对接的方式按照一定的周期直接获取数据。

(2)无接口。无接口的系统数据又分为结构化数据和非结构化数据。对于结构化但没有接口的数据,采取以数据库文件或备份文件的方式定期导入,并在原始数据层还原;对于如日志类等非结构化的数据,由数据提供系统开放相应的权限,并提供获取接口或约定数据存放位置,定期抓取相应的数据文件。

2. 非系统数据(线下数据)

对于以线下文件的形式提供的数据,提供相应的人工填报或数据上传界面,将文件数据直接写入或导入数据库中。

3. 其他数据

对于其他需要补充的外部数据,可以根据实际需要,利用网络爬取等手段进行补充。

第三节 数据处理算法概述

一、基于 HDFS 分布式文件系统研究

HDFS 是 Hadoop 中的分布式存储系统。Hadoop 最早起源于 Cafarella 和 Cutting 开发的 Nutch[1]。Nutch 是一个开源的搜索引擎,在分布式存储和计算框架方面参考了谷歌发表的关于 GFS[2] 和 MapReduce[3] 的两篇论文。之后,Nutch 中的分布式文件系统 NDFS 和分布式计算框架 MapReduce 独立开源,成为一个新的项目,即 Hadoop。此后,Hadoop 受到开源社区的青睐,日益流行,成为阿帕奇(Apache)的顶级项目,并在许多公司内部得到了应用,形成了一个成熟的生态系统。

HDFS 存储系统被设计用来在大规模的廉价服务器集群上可靠地存储大规模数据,并提供高吞吐的数据读取和追加式写入。单个 HDFS 集群可以扩展至几千甚至上万个节点[4]。从 HDFS 的集群架构和数据块的放置与容错两个方面可以深入了解 HDFS 的架构、基本原理和其存储系统的特点。

(1)集群架构

HDFS 将所存储的文件划分为较大的数据块(Data Block),如 128MB,并将这些数据块分布式地存储于集群中的各个节点上。HDFS 架构图如图 4-2 所示,

---

[1] CAFARELLA M, CUTTING D. Building Nutch: Open source search[J]. Queue, 2004, 2(2):54.

[2] SANJAY G, HOWARD G, SHUN-TAK L. The Google file system[J]. In: Proc. of the SOSP, 2003: 29-43.

[3] DEAN J, GHEMAWAT S. MapReduce: Simplified data processing on large clusters[J]. Communications of the ACM, 2008, 51(1): 107-130.

[4] KONSTANTIN S, HAIRONG K, SANJAY R, et. The Hadoop distributed file system[J]. In: Proc. of the MSST, 2010: 1-10.

HDFS 集群中的 Namenode 节点负责管理集群中的元数据。

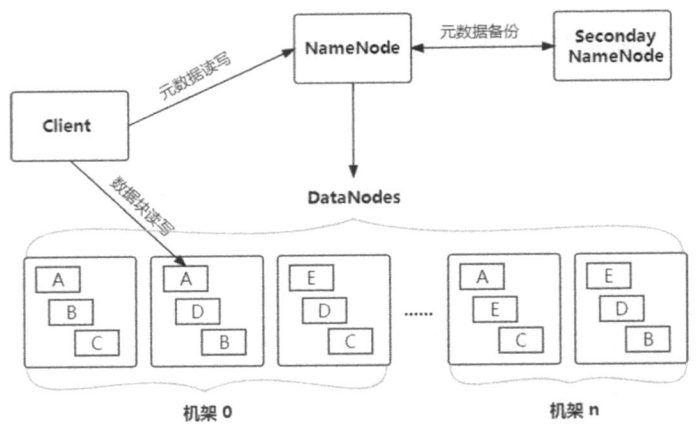

图 4-2 HDFS 架构图

元数据主要包括文件系统的命名空间和数据块的存储位置等。为防止 NameNode 的单点故障,HDFS 设计了 Secondary NameNode 作为 NameNode 的备份。另外,随着集群规模的扩大和存储的文件数量的增长,元数据的大小也随之增加,单节点的内存难以满足元数据的存储需求,HDFS 引入了 Federation 机制,允许一个 HDFS 集群中存在多个 NameNode,每个 NameNode 分管一部分目录,彼此独立。集群中负责管理节点数据的是 DataNode,每个 DataNode 负责本节点本地文件系统中数据块的管理,并定时向 NameNode 发送,反馈本节点状态。

(2)数据块放置与容错

HDFS 中,默认采用机架敏感(Rack Awareness)的副本放置策略。如图 12 所示,字母方块代表数据块,相同字母的色块表示同一数据块的副本。在副本数为 3 的情况下,HDFS 的默认副本放置策略将 3 个副本中的 2 个放在同一机架(Rack)中的两个不同 DataNode 上,另外 1 个副本放置在不同机架的 DataNode 上。如果 HDFS 集群跨越多个数据中心,还可以配置更多的副本数,并调整副本放置策略,保证至少 1 个副本存储在不同的数据中心①。这样的副本放置策略在容错和写入性能方面进行了有效的权衡:一方面保证了数据副本在多节点、多机架甚至多数据

---

① WHITE T. Hadoop:The definitive guide. 4th ed[M]. O'Reilly Media. Inc., 2015.

中心的冗余,提高了系统容错能力;另一方面,保证了尽可能多的副本优先写入网络距离较近的节点(如同一节点、机架或数据中心)中,由于网络距离较近的节点间网络带宽较高、传输延迟较低,保证了 HDFS Client 向 HDFS 中写入数据块的性能。在进行集群的扩展、负载均衡调整和恢复丢失的数据块时,HDFS 会自动根据副本放置策略移动副本的存储位置和为恢复的数据块选择新的存储位置,并对上层应用透明①②。副本机制基于冗余存储来提供存储的容错,占用了数倍于原始文件大小的存储空间。为减少对存储空间的占用,HDFS 还支持基于纠删码 EC 的容错机制,可以在保证同等可靠性的情况下将存储利用率提高近一倍③④。纠删码是在存储空间和计算代价之间的权衡,通过增加编码和解码的计算代价来提高存储空间的利用率,适用于冷数据的存储。目前,HDFS 在同一集群同时支持副本和纠删码两种容错机制,用户可以根据应用需求使用。

二、基于 Spark 大数据计算框架的研究

(一)Spark 的研究现状

Spark 是 UC Berkeley AMP lab 所开源的类似 Hadoop MapReduce 的通用并行框架,Spark 继承 MapReduce 的所有功能。但两者又有不同,Spark 基于内存的弹性分布式数据集,计算中间输出和最终结果输出都能够存储在内存中,提高数据交互式查询效率。Spark 不需要反复地读写 HDFS 文件,节省了大量磁盘与内存间的 I/O 开销,平衡迭代工作,非常适合通过流读取的迭代计算来处理大量数据的数据分析和机器学习算法。Spark 的核心基于有向非循环图(DAG)计算模型和弹性分布式数据集(Resilient Distributed Dataster),RDD 是分布式分区的只读对象,它自动将数据拆分为集群中的片。通过对不同机器数据集的联合分区控制来实现数据的奇

---

① KONSTANTIN S,HAIRONG K,SANJAY R,et. The Hadoop distributed file system[J]. In:Proc. of the MSST, 2010:1 - 10.

② WHITE T. Hadoop:The Definitive Guide. 4th ed[M]. O'Reilly Media. Inc, 2015.

③ HAKIM W,JOHN K. Erasure coding vs. replication:A quantitative comparison[J]. In:Proc. of the IPTPS Workshop, 2001:328 - 338.

④ XIA M Y,MOHIT S,MARIO B,et. A tale of two erasure codes in HDFS[J]. In:Proc. of the FAST, 2015:213 - 226.

异性。可以对数据进行重构,实现自动容错,保证数据的完整性[①]。DAG 是 Spark 提交任务后生成的多个阶段间的依赖,数据在处理过程随 DGA 移动,通过变换位置区分为不同的阶段,不同阶段 RDD 提供的编程接口操作不同。通过转换操作,返回一个 RDD 数据集。在转换操作阶段采用的是懒策略,各种转换操作不会立即执行,只有在行动阶段通过计算、收集和保存等操作输入计算结果或者持久化 RDD,提交行动阶段后才触发执行,以减少各种转换操作所需要存储的中间数据,实时处理效果更好。与其他并行框架相比,Spark 的 RDD 容错性更好、数据交换更灵活,它成功构建的一体化、多元化的大数据体系可以大幅度提高海量数据并行处理的效率。每个 RDD 具有以下三个方面的特征:

(1)分区。分区是 RDD 的基本组成单元,创建 RDD 时,可以根据需要设置数据块的大小,若不特意设定,会使用系统默认大小,每份数据对应到 RDD 中的一个分区,通过函数进行计算,分区的数量决定了任务的数量,并影响程序的并行程度。

(2)RDD 的依赖关系。Spark 中 RDD 的依赖关系分为宽依赖和窄依赖,窄依赖是指每个分区只能给一个 RDD 调用,如果发生数据丢失,可以快速从上一个 RDD 进行数据恢复,实现数据的高容错性;宽依赖是指一个分区可供多个 RDD 调用,如果发生数据丢失,是不可能恢复的,只有通过备份恢复。

(3)分布式数据存储。Hadoop 为 Spark 提供了一个 HDFS 文件系统,系统中的文件是存储在不同节点上的,通过管理员管理每个分区映射到数据块的位置,对每份数据都进行了备份,当数据发生丢失时,可以通过映射表从备份的数据中恢复。

(二)Spark 的运行框架

Spark 相较于 MapReduce 的优势不仅体现在基于内存的性能上,更主要的是 Spark 框架集成了更多的子项目[②],包括 Spark SQL(交互式操作)、Spark Streaming(流处理)、MachineLearning lib(机器学习库)、Graphx(并行图计算库)。Spark 的生态系统如图 4-3 所示:

---

① 曹鹏.基于 Spark 平台的聚类算法的优化与实现[D].北京交通大学,2016.
② 吴稀钰.基于 Spark 平台的谱聚类算法及其在 QAR 数据中的应用[D].中国民航大学,2017.

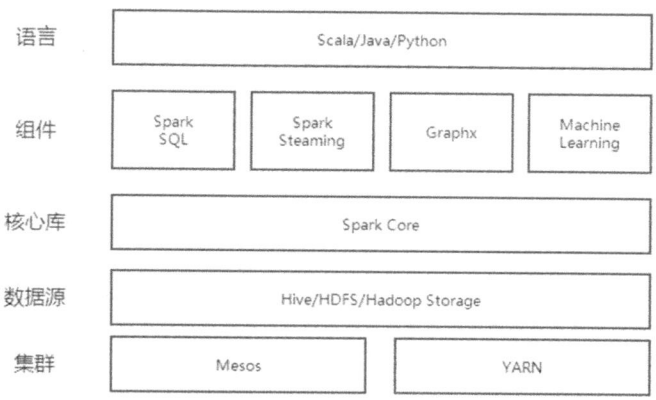

图 4-3 Spark 的生态系统图

Spark 的核心是其计算逻辑,提供了多种组件,运行在通用平台上,简单、易实现。SparkSQL 可实现对数据库的操作,主要分 3 步处理:第一步数据的读入,采用 DataFrame 中提供的方法存储在内存中,它支持多种格式的数据类型,主要调用 SQLContext 类;第二步数据处理可以实现各种算法,主要调用 HiveContext 类,完成 hive 数据库的操作;第三步结果输入是把计算的最终结果输出到外部存储文件。MachineLearniglib 是常用机器学习库的算法实现;SparkStreaming 会不断接收从接收器发送来的数据流,把时间片内的数据打包给 Sparkcore 处理;Graphx 是一种并行图计算引擎,通过它提供的接口实现图计算中的业务逻辑处理。Spark 将文件管理和作业调度交由其他系统完成,自己仅提供对应的接口,其他分布式运行和任务调度交由 Mesos 或者 Yarn 管理;数据源可以从其他文件系统如 HDFS、Hadoop Storage 和 Hive 读取。Spark 采用了分布式计算的 Master – Worker 模型,如图 4-4 所示:

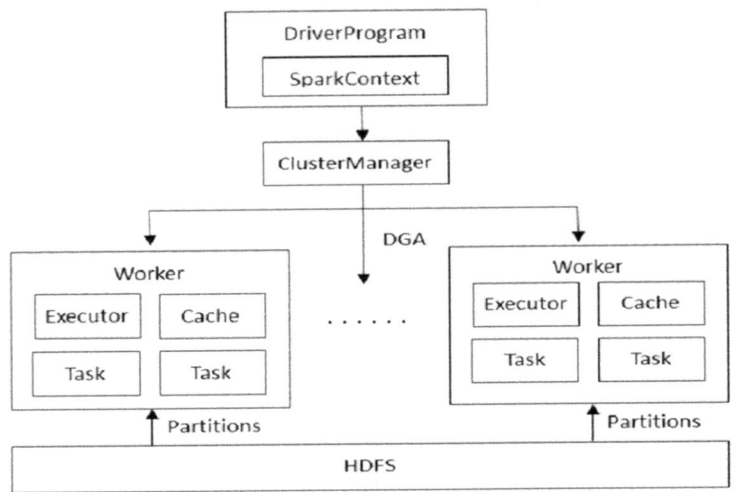

图 4-4 Master-Worker 模型

Driver Program 是 Spark 的一个应用程序,负责对整个集群的监控,管理每个进程节点;它通过 SparkContext 来连接整个集群,包含 main 函数,是集群各种并行操作的接口。ClusterManager 负责分配程序运行所需要的资源和保证整个集群的正常运行;Worker 是集群的计算节点,存在于每个 Slave 中,它接收 ClusterManager 的命令,并以周期性的心跳机制向 ClusterManager 汇报集群的工作状态。每个 Worker 可以单独地运行,接收到一个作业,将其划分为多个 Task,交给 Executor 进程进行计算或者数据的存储。DriverProgram 创建进程时,会同时创建 DAGScheduler 和 TaskScheduler;DAGScheduler 属于高层调度模块,根据 shuffle 将作业划分为不同的 Stage,同时会根据 Partition 构造每个 Stage 的具体计算任务,然后以任务组的形式交由 TaskScheduler 具体执行。

第四节 数据预处理

数据预处理是数据的基础化处理,其主要处理内容包括数据表合并、数据格式与数据类型转换、数据脱敏与数据加密、数据拆分与合并等操作,具体见图 4-5。

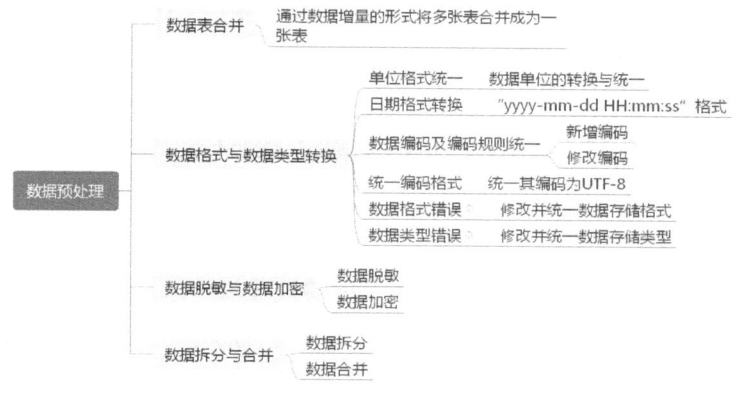

图4-5 数据预处理示意图

一、数据表合并

对于存在多张表的同源数据,如同一来源但按照不同日期导入,在加载至基础数据层时先进行数据表合并处理,即通过数据增量的形式将多张表合并成为一张表,以保证数据表的唯一性。

二、数据格式与类型转换

指限定收集入库数据的统一标准,即在原始数据层向基础数据层转移的过程中,统一数据的格式、类型与编码,具体包括单位格式统一、日期格式转换、字符集转换和数据编码转换等。

1. 单位格式统一

本研究中,单位格式统一主要针对部分数据表中含义相同的数据,由于来源不同,相同信息的单位却不统一,因此需要将所有含义相同的数据的单位进行统一,如人次、册次、金额、面积等字段,在实际入库前将单位进行统一换算,保持数据量纲的一致性。

2. 日期格式转换

本研究规定所有进入基础数据层里的时间数据,其数据格式统一到"秒"为单位,即将所有时间数据统一转换为"yyyy-mm-dd HH:mm:ss"格式。

3. **数据编码及编码规则统一**

在已收集的数据中,对于一些能够进行编码的数据,制定标准规则进行统一编码,并制定相应的编码字典,如场馆编码表、地区编码表等,此外对于已有的字符编码,按照新制定的规则进行修改。

4. 统一编码格式

对于入库的文件,统一其编码为 UTF-8 编码,对于不合规的文件进行编码转换。

三、数据脱敏与加密

数据脱敏和数据加密是数据处理中常用的处理技术,二者使用目的不同,采用的技术也各不相同,其中数据脱敏则是一个不可逆的过程,它是将某些敏感信息通过脱敏规则进行数据的变形,实现敏感隐私数据的可靠保护。数据加密是通过一定的加密算法或加密密钥将明文转换成密文,并且能够通过相应的解密算法或解密密钥将密文恢复为明文。本研究中,进行脱敏处理的数据主要包括身份证号、手机号、卡号等用户个人信息。而对于一些明文密码的数据,则通过加密处理进行加密,从而实现信息隐蔽,保障信息安全。

四、数据拆分与合并

本研究中所进行的数据拆分与合并就是指将数据库中可能不直接存在、但又是必需的数据或信息,通过字段的组合、分割或计算等方式,转换成我们需要的数据或信息,包括两个方面：

1. 数据拆分

在实际的数据处理过程中,存在某些数据或某个字段包含多个信息的情况,而这些被包含的信息在其他数据表中不存在,且有单独存在的必要,如身份证号中包含的地域、出生日期、性别等信息,在实际的数据分析中都是必不可少的字段,因此需要根据三范式原则和特定规则将这些信息进行拆分。

2. 数据合并

对于不同系统或不同数据表间所收集的关于同一对象的信息,在确保其统一维度的前提下,为了保证信息的全面性和完整性,需要进行数据合并处理,具体方法包括①：①重复信息或不同表中相同信息,选取信息最全、描述最权威的数据,并

---

① 张宁,李雪. 国家图书馆数据管理与分析平台建设[J]. 国家图书馆学刊,2016,25(6)：80-89.

以此数据替代其他来源的数据;②对于需要合并才能完整描述事物信息的数据,通过建立映射关系,将同一信息、不同来源的数据进行合并,作为标准数据替代所有数据。

第五节 数据质量处理

数据质量处理的目的是解决数据的质量问题,包括数据完整性、唯一性、权威性、合法性和一致性检查几个方面,本研究根据不同数据存在的不同问题,分别采取了相应的处理方式提高数据质量,具体见图4-6。

图4-6 数据质量处理示意图

一、数据缺失处理措施

对于数据缺失的情况,本研究根据实际数据情况,分别采取不同方法补全缺失数据,如:(1)通过其他信息补全,例如使用身份证件号码推算性别、籍贯、出生日期、年龄等;(2)通过前后数据补全,例如时间序列缺数据了,可以使用前后的均值;(3)无法补充的数据,应列为悬疑数据,不参与分析。

二、重复数据处理措施

对于重复数据采取不同的方法去重,包括按主键去重、按识别符去重、排序去重和关键信息匹配去重等。此外,为了有效地避免重复数据,本研究还建立了一套统一编码,如为避免场馆信息重复建立了场馆编码表。

三、矛盾数据处理措施

由于存在同一个指标有多个来源的情况,各个来源的数据数值可能不一样,因此会出现数据矛盾的情况,对于此类数据,本研究采取设置权威级别的办法,选取权威级别高的源数据代替权威级别低的数据。此外,为了保障数据的标准性,还通过数据拆分与数据合并的办法构建标准数据。

四、错误数据处理措施

错误数据是数据源中最常见的一类问题,通过汇总分析发现,已采集数据中错误数据的形式主要有数据值错误、数据类型错误、数据异常、数据格式错误、多值错误和依赖冲突等,根据不同的错误形式,在实际数据清洗中分别采取以下办法:

1. 数据值错误。数据值错误指数据直接是错误的,比较常见的包括数据值超过范围、离群值、拼写错误、属性不一致等。

(1)数据值超过范围。指数据值超过固定域集或极值、不符合正常逻辑的数据,如年龄大于 150 岁或小于 0 岁。对于此类错误,根据数据或实际业务情况设置合理的警告规则,凡是不在此规则范围内的进行警告,然后人工处理;离群值也被称为逸出值,是指在数据中有一个或几个数值与其他数值相比差异较大。对于此类数据,首先通过一定的方法对离群值进行判断,如分箱法、聚类法和回归法等,然后对离群值进行修正,对于无法修正的离群值,如果能够追加新值的剔除追加,无法追加的保留并标注。

(2)拼写错误。指数据中存在错别字、名称不规范、简称错用等情况。这类错误常见于人工填写的报表,对于此类错误,本研究采用如下解决办法:①对于错别字问题,增加人工审核环节进行修改;②对于名称不规范、简称错误的问题,建立名称字典表,并进行名称编码,将所有不规范名称、简称统一为标准名称,并赋予相应的编码。

(3)属性错误。一般来说,数据的属性有多种类型,包括标称属性、二元属性、序数属性、数值属性、离散属性和连续属性等。在本研究数据中,常见的属性问题有二元属性和离散属性,其中二元属性主要涉及布尔属性不统一的问题,在本研究数据处理中,将其统一为"0,1"形式;离散属性则根据数据的分类和聚类情况,建立一个与从0开始的自然数的一一对应关系,以及相应的数据字典。

(4)源错误。此类错误通常人工修改解决。

2. 多值错误。多数情况下,每个字段存储的数据值是单个值,但在实际收集的数据中,存在一个字段存储多个数据值的情况,对于这种情况,一般我们按如下流程处理:(1)首先检查数据存储是否符合业务规则;(2)对于符合实际业务规则的数据,判定为正确数据;(3)对于不符合实际业务规则的数据,判定为多值错误并进行拆分。

3. 数据异常错误。本研究中数据异常主要指数值型数据和字符型数据存在不可见字符、日期型数据存在日期越界的情况。在实际处理中,主要采取如下处理措施:(1)对于日期越界问题,则修改日期;(2)判断数据前后是否存在不可见字符,如存在则删除。

4. 依赖冲突。某些数据字段间存储依赖关系,但在实际数据处理过程中,经常会发现两个相同字段之间在不同系统内的依赖关系不一致,一般按如下流程处理:(1)检查依赖关系不一致的情况是否符合实际业务情况,即同一个字段有不同的依赖关系;(2)同一字段确有不同依赖关系的,判定为正确数据;(3)依赖关系唯一的,如城市与邮政编码,则判定为错误依赖并对其进行修正。

第六节 数据适用性处理

在数据分析的过程中,有时候仅仅解决数据的质量问题还无法满足数据分析的需求,需要根据预实现的分析需求和实际的数据情况对已有数据进行适用性处理,如调整数据维度、删除无关信息或冗余字段、解决多指标数值的问题、派生与合成分析指标等,具体见图4-7。

图4-7 数据适用性处理示意图

一、调整数据维度

在实际的数据分析中,数据维度往往不能满足实际的分析需要,需要对数据的维度进行调整,其中:当数据维度过高时,需要进行降维处理,具体方法如主成分分析法、随机森林法等;当数据维度过低时,需要将已有数据进行抽象以增加数据维度,如对数据进行各种汇总和离散化等。

二、删除无关信息或字段冗余

本研究中无关信息和冗余字段主要包含两种情况:(1)删除数据表中与本研究研究内容无关的字段;(2)按照三范式的原则构建指标体系中的基础指标,以及基础指标所对应的数据,防止基础指标及其对应的数据具有相关关系。

三、解决多指标数值

在实际的数据分析过程中,不同领域、不同服务方式的数据量级、衡量指标、数据单位等可能存在巨大的差异,如线下服务数据和线上服务数据存在量纲差异、不同领域服务机构的衡量指标不同无法横向对比等问题。为此,本研究采取了一系列方法对采集数据进行处理,其中包括数据标准化方法、数据指数化方法和其他方法。

四、指标派生与合成

本研究中指标体系按照生成方式可以分为基础指标、派生指标和合成指标,其中派生指标和合成指标是为了更好地满足分析需要,在基础指标的基础上通过计算、合成的方式形成的一系列指标,如效率类指标、平均与汇总类指标、指数类指标等。

第七节 数据展示性处理

为了满足数据展示的需求,按照一定的展示逻辑对展示内容进行设计和编排,并以此为基础,从数据展示层中抽取相应的数据进行展示,对于不符合展示要求的数据,按照展示需求进行清洗,主要包括数据分组、数据库表及字段的拆分与合并、展示维度调整和展示指标计算等几个方面,具体见图4-8。

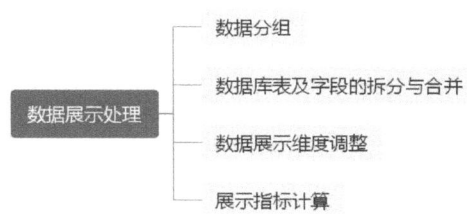

图4-8 数据展示处理示意图

由于数据收集是一个不间断的过程,随着数据收集的不断深入和数据量的增加,数据分析的维度和深度也会不断地扩展和深入,因此,本研究的数据处理体系也会随着数据采集和数据分析需求的变化而变化,尤其是数据的适用性处理和展示处理,为了达到最大的分析效果,充分挖掘数据中潜在的信息和价值,会根据实际的数据情况和分析需求进行不断调整和修改,因此,对于本研究而言,数据处理体系不是一个固定的体系,而是一个需要不断更新和维护的体系。

第五章　服务效能指标体系构建

第一节　服务效能的理论研究概述

关于公共文化机构资源服务效能评估以及服务效能的影响因素,是近几年来国内学术界讨论和研究的一个热点问题。这个问题不但涉及许多庞杂的概念和理论,还涉及公共图书馆、文化馆、文化站、博物馆和美术馆等不同的公共文化机构。因此,业界对于公共文化资源服务效能评估目前尚未有统一的、公认的界定。

一、研究范围界定

本书的研究内容是建立公共文化机构资源服务效能评估体系,并利用大数据技术,在数据采集、数据处理、数据存储、数据分析与可视化展示的基础上,对公共文化机构在利用公共文化资源提供文化服务时所产生的服务效能进行评估与分析。其中,公共文化机构主要指为公众提供各种文化活动的公益机构,包括各级公共图书馆、文化馆、文化站、博物馆和美术馆等,主要职责就是充分利用公共文化设施,促进优秀公共文化产品的提供和传播,支持开展全民阅读、全民普法、全民健身、全民科普和艺术普及、优秀传统文化传承活动[1],是我国公共文化服务体系建设的重要力量;公共文化资源,在本研究中是一个广义的概念,除了包括各种纸质文献资源、数字化资源、组织的各类文化活动外,还包括公共文化机构为了提供文化服务而建设的各种场馆设施,购买和租用的网络设备、服务设备,采用的各种软件平台,以及投入的活动经费和人力资源等各种资源。

---

[1] 作者.中华人民共和国公共文化服务保障法[N].人民日报,2017-02-03.

综上所述,本研究以公共图书馆、文化馆和文化站为代表,以服务效能为突破点,在构建公共文化机构资源服务效能评估体系的基础上,利用数据分析技术搭建相应的大数据分析平台,同时构建以"两馆一站"为代表的公共文化资源服务效能评估模型,对我国公共文化资源的服务效能现状、影响因素和提升能力进行分析与评估,并为后续公共文化资源服务效能的深入研究奠定基础。

二、已有的公共文化服务效能评价指标构建

1. 指标构建指导思想

截至目前,针对公共文化服务效能的评价指标体系构建,在已有研究中并不多见。部分学者提出提升公共文化服务效能的指导思想,对构建本文效能评价指标体系有一定的启发。潘澍(2013)[①]认为要提升公共文化服务效能,政府应当认真履行其职能,包括从创新管理机制、完善服务网络、打造服务品牌、培育服务骨干等几个方面入手。张永新(2014)[②]认为公共文化服务效能建设应当包括以服务能力、服务效益及文化公平为核心的建设理念。李锋(2018)[③]以农村公共文化产品供给为例,提出应当探索供给驱动与需求引导相结合的供给侧改革路径,进而提高服务效能,一方面增加优质文化产品与服务供给,另一方面引导和培育村民文化习惯与文化行为。胡守勇(2014)[④]认为公共文化服务效能指标构建应当以实现公共文化服务体系的功能为指引,即以满足基本文化需求、促进文化产业发展、引领社会生活风尚、培育共有精神家园等几方面进行构建与提升。李世敏(2015)[⑤]认为公共文化服务效能提升的目标也应当包括对基本文化需求的满足、健康生活方式的引导以及政治文化认同的塑造,反映了公共文化服务对政治、文化、生活等方面的积极影响,但对于具体指标的选取没有做进一步说明。

---

① 潘澍. 公共文化管理机制与服务效能[J]. 党政干部学刊, 2013(11): 66 - 68.
② 张永新. 构建现代公共文化服务体系的重点任务[J]. 行政管理改革, 2014(4): 38 - 43.
③ 李锋. 农村公共文化产品供给侧改革与效能提升[J]. 农村经济, 2018(9): 100 - 105.
④ 胡守勇. 公共文化服务效能评价指标体系初探[J]. 中共福建省委党校学报, 2014(2): 45 - 51.
⑤ 李世敏. 公共文化服务效能提升的三个维度及其定位[J]. 图书馆理论与实践, 2015(9): 10 - 13.

2. 具体指标设计

针对具体的指标体系构建,李国新(2016)[①]从国际上通用的指标进行筛选,认为要把体现服务效能的核心指标作为重点考核对象,以此公共文化服务效能的大力提升,具体指标如目标人群覆盖率、到馆率、参与率、外借率、资源流转率、服务成本、投入产出比、公众满意度等。杨永恒等(2018)[②]提出应用"投入—能力—效果"模型对公共文化服务效能进行评估,构建了包含投入、能力、效果三大评估维度,其中投入维度特指政府的财政投入;能力维度则包含了用于提供公共文化服务的设施、资源、队伍等的数量和质量;而公共文化服务效果则对应公共文化机构所提供文化产品和服务的数量以及产生的实际效应,具体来说,指标设计考虑到了公共文化服务的使用效果与参与水平、公众满意度等。也有以特定公共文化机构为对象,对其服务效能进行指标的评价。吴江等(2019)[③]以贫困地区县级图书馆及文化馆为调查对象,以图书馆的基础服务、远程服务、拓展服务指标及文化馆的文艺演出、培训、展览、讲座服务、流动服务指标等作为公共服务均等化效能指标进行评价。虽然在不同的关注重点之下,指标设计各有不同,但这些已有研究中的指标能够为本书提供一些启发意义。

第二节 服务效能评估准则研究

一、服务效能评估三大理论模型

随着设施、资源、保障等硬件条件的改善,服务效能问题成为公共文化服务体系建设中的突出问题[④]。自从党的十八大报告突出强调完善公共文化服务体系,提高公共文化服务效能以来,关于公共文化服务效能的定义和构成,已经存在不少

---

① 李国新.提升公共文化服务效能思考[J].新世纪图书馆,2016(8):25.
② 杨永恒,龚璞,潘雅婷.公共文化服务效能评估:理论与方法[M].北京:科学出版社,2018:81-82.
③ 吴江,申丽娟,魏勇.贫困地区公共文化服务均等化:政策演进、效能评价与提升路径[J].西南大学学报(社会科学版),2019,45(5):51-58,198.
④ 李国新.现代公共文化服务体系建设与公共图书馆发展——《关于加快构建现代公共文化服务体系的意见》解析[J].中国图书馆学报,2015,41(3):4-12.

研究。圣章红指出,从效能的理想状态看,公共文化服务效能的内容包含回归公共性要求、回归服务本质、回归以人为本终极目标①。王雪丽等认为,公共文化服务效能在价值圈、能力圈和支持圈重合的"耐克区"最为理想②。公共图书馆的服务效能,是指公共图书馆集合馆舍设施、文献资源、专业人员、技术手段、投入资金等各种硬件和软件条件,通过科学布局、优化政策、组织资源、专业策划、为用户提供符合需求、均等化、专业化服务的程度③。同时还指出,以服务效能代替服务效益进行评估,可使评估更全面,也明确了政府与公共图书馆双向的责任。这些观点达成了一个共识,即公共文化服务效能涉及供给和需求、投入和产出两个层面,关系供给的针对性和有效性程度④。据此,我们认为,公共文化资源服务效能评估的要素既包括从机构层面出发的投入、产出、效率,也包括从用户层面出发的服务质量,还包括从社会层面出发的社会影响与价值。

目前,公共文化资源服务效能评价方法尚未统一,存在不同的评估模型和评估方法,但其评估准则主要可以分为三类:基于投入产出的绩效评价、基于服务过程的过程评价和基于服务影响力的成效评价。

1. 基于投入产出的绩效评价

所谓绩效,就是指公共文化机构提供服务的效果和提供服务过程中资源配置及利用的效率。绩效评估(Performance Assessment),就是评估公共文化机构所提供的服务和开展的其他活动的质量和效果,以及为开展这些服务和活动所配置资源的效率。早期的服务绩效研究通常从经济学的角度出发,认为公共文化服务绩效是对其资源的有效配置,是投入产出能力、竞争能力和经营管理水平的总称⑤。绩效评价就是对公共文化机构各项资源的投入和产出效益的分析与比较⑥。20世纪70年代开始,国外以图书馆为主的文化服务绩效评价研究的重点从输入资源转

---

① 圣章红. 中国公共文化服务体系的现代性解读与建设路径[J]. 湖北大学学报(哲学社会科学版),2016,43(4):137-142.
② 王雪丽,王瑞文. 基层公共文化服务效能困境:成因与破局——基于"三圈理论"的阐释[J]. 图书馆工作与研究,2020(2):19-28.
③ 关于加快构建现代公共文化服务体系的意见[N]. 人民日报,2015-01-15.
④ 范子艾,东晓. 地方公共文化服务效能的构成要素与影响机制研究[J]. 领导科学论坛,2020(15):30-44.
⑤ 张军华. 图书馆绩效管理述略[J]. 中国科技信息,2007(18):184-185,187.
⑥ 李建霞. 图书馆绩效评价研究综述[J]. 图书情报知识,2011(5):42-52.

向产出效益,"投入—产出"模型(也称"成本—收益"模型)逐渐成为绩效评估中最为传统和广泛的模型之一,如 Karunaratne(1978)讨论了"成本—收益"分析在公共文化服务绩效评价中的应用①。

2. 基于服务过程的过程评价

运用绩效评估的思想对图书馆进行绩效评估的思路尽管行之有效,但忽视了公共文化机构管理与内部运作的价值。基于服务过程的过程评价是在绩效评估思想基础上的不断丰富和完善,其核心思想是将公共文化机构看成一个具有"投入"和"产出"的社会系统,并在这种系统运行过程中关注机构管理与运作的评估方式。其中最古老、最常用的模型来源于 1973 年理查得·奥尔(Richard Orr)提出的"投入—过程—产出—贡献影响"(Input - Process - Output - Outcomes)模型(见图 5-1),其中,"影响"包括对个人、机构和社会三个层面的影响。该模型描述了文化机构参与社会活动的全过程,并且认为这个全过程都应被纳入评估范围,每个过程或每个阶段都要收集不同类型的数据、信息进行评估。此外,Richard Orr 还在此基础上论证了图书馆资源服务的"质量"和"价值"的区别。认为"质量"产生于"功能—使用"阶段,而"价值"产生于"使用—贡献影响"阶段②。与经济学意义上的绩效评估方式相比,这种评价方式强调了对"过程"的评估,将图书馆的管理过程也纳入图书馆绩效评价范围内。

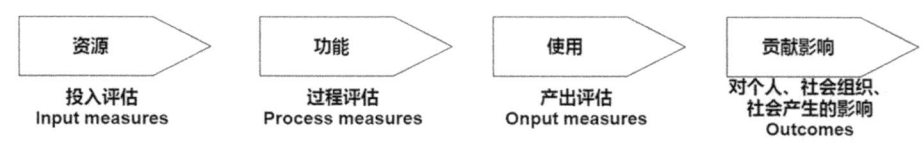

图 5-1 Richard Orr 的 IPOO 模型

3. 基于服务影响力的成效评价

所谓成效,就是指对终端用户的影响,即终端用户在行为、态度、技能、知识或条件上的改变。公共文化服务成效评估(Outcome Assessment,OA),是以用户为中心来计划和评估公共文化项目或服务的一种方法,这些项目或服务用以解决特定

---

① KARUNARATNE N D. Assessing performance in libraries[J]. Long Range Planning, 11(2): 66-70.

② ORR R. Measuring the hoodness of library services[J]. Journal of Documentation, 1973(3): 315-352.

用户需求并设计达到改变用户的目的①。20世纪80年代开始,随着全面质量管理思想的引入,学学界和行业界关于公共文化资源服务的评估开始从"绩效评价"向"成效评价"转变,开始关注公共文化服务对于用户及社会的价值,并逐渐形成了绩效评价与成效评价两种不同的评价体系。张红霞(2009)在对比分析不同的绩效评价与成效评价的评价标准后指出,绩效评价是关注投入与产出及效率的评价,成效评价是关注服务影响与效果的评价②。

二、拟采用评估准则说明

通过对上述服务效能评估三大理论模型的综合分析,本研究以三类基本评估准则为依托,结合我国公共文化机构的实际情况和服务效能评估指标体系建设的实际要求,认为我国公共文化资源服务效能的全面评估应当包括绩效评估、过程评估和成效评估三个方面,即从服务提供者角度、服务提供过程角度和服务受益者角度构建全面评估模型,进行全方位的评估。

1. 绩效评估

以评估公共文化资源的投入和产出为基本准则,一般而言,涵盖了公共文化机构的资源和服务两大方面。资源是公共文化机构所拥有的包括馆藏资源、设备设施、员工等在内的广义上的一切资源的统称。其中服务是指公共文化机构基于本馆资源,附加人的劳动价值(包括脑力劳动和体力劳动等)而针对用户开展的一系列服务活动的统称,包括借阅、参考咨询、举办讲座/展览等。

2. 过程评估

以评估公共文化机构为提供公共文化服务而开展的管理与运行为基本准则,涵盖了公共文化机构的管理和运行情况两大方面。管理主要指公共文化机构为更好地履行职能而展开的一系列保障活动,比如网络安全管理、档案管理等工作。运作主要包括各项业务在公共文化机构的内部运转过程,由于这个过程是内部运转的过程,对于第三方评估来说,内部运转机制和部分数据的可获得性会受到一定程

---

① RUBIN R J. Demonstrating results: using outcome measurement in your library[R]. For the PLA(Public Library Association) spring symposium, 2007.

② 张红霞. 国际图书馆服务质量评价:绩效评估与成效评估两大体系的形成与发展[J]. 中国图书馆学报, 2009, 35(1): 78-85.

度的限制,具有一定的黑匣子属性,这对于效能评估来说并不是一个友好的现象。因此在实际的过程评估过程中,我们利用间接指标与直接指标等效的原理,选取能够反映公共文化资源服务运作过程的时间效率、经济效率和人力效率等效率指标作为间接衡量指标。从涵盖机构内部运作的时间、经济、人力等方面,衡量与判断机构内部实际的运行情况,从而解决内部运转评估具有黑匣子属性的难题。

3. 成效评估

以评估公共文化服务的质量与影响为基本准则,涵盖了公共文化机构的质量和影响力两大方面。质量倾向于评估资源使用和服务提供的质量水平,如在多大程度上满足用户对该项服务的需求和期待。影响力倾向于评估提供公共文化资源使用或公共文化服务后产生的价值及其影响力,比如在多大程度上实现了公共文化机构的基本功能,对社会产生了多大的价值,等等。

第三节 服务效能评估指标研究

一、我国公共文化服务基本情况调研

公共文化资源服务效能的基本评估准则具有普适性,在进一步形成具体的公共文化资源服务效能评价指标之前,必须明确具体评价方向,才能结合我国国情形成具有中国特色的公共文化资源服务效能评价指标体系。具体来看,尽管目前相关理论研究和标准规范比较多,但还主要集中在图书馆领域,对于公共文化服务机构服务效能的一般性评价还比较缺乏,并且服务效能评估准则是基于图书馆学的相关理论建立的,在应用到公共文化服务领域时,需要考虑公共文化服务的内涵和特性、考虑我国公共文化机构的宗旨和功能等内容。

因此,本研究中所制定的公共文化机构资源服务效能指标体系需要融合我国公共文化服务体系建设的整体要求以及各类公共文化机构的社会功能和特殊功能,才能更具针对性,才能适合我国国情。有必要结合相关政策和法律文本,梳理我国公共文化服务的基本情况以及各类公共文化机构的基本功能,从而进一步结合基本评估准则形成评估指标,有针对性地明确评估方法。

1. 我国公共文化事业的基本目标

《中华人民共和国公共文化服务保障法》第一章第一条指出:"为了加强公共

文化服务体系建设,丰富人民群众精神文化生活,传承中华民族优秀文化,弘扬社会主义核心价值观,增强文化自信,促进中国特色社会主义文化繁荣发展,提高全民族文明素质,制定本法。"可以看出,我国公共文化服务体系的内涵,包括以下几个方面:

(1)建设具有中国特色的现代公共文化服务体系,促进基本公共文化服务标准化、均等化。这体现在《关于加快构建现代公共文化服务体系的意见》第一条:"构建体现时代发展趋势、适应社会主义初级阶段基本国情和市场经济要求、符合文化发展规律、具有中国特色的现代公共文化服务体系,促进基本公共文化服务标准化、均等化。"

(2)保障人民群众基本文化权益、丰富人民群众精神文化生活。这体现在《关于加快构建现代公共文化服务体系的意见》第十三条:"提升公共文化服务效能。完善公共文化设施免费开放的保障机制。深入推进公共图书馆、博物馆、文化馆、纪念馆、美术馆等免费开放工作,逐步将民族博物馆、行业博物馆纳入免费开放范围。推动科技馆、工人文化宫、妇女儿童活动中心以及青少年校外活动场所免费提供基本公共文化服务项目。"以及《国家基本公共服务标准》第二十一条:"公共文化服务内容包括公共文化设施免费开放、送戏曲下乡、收听广播、观看电视、观赏电影、读书看报、少数民族文化服务等内容。""公共图书馆、文化馆(站)、公共博物馆(非物质文化建筑及遗址类)、公共美术馆等公共文化设施免费开放,基本服务健全。在公共图书馆(室)、文化馆(站)、行政村(社区)综合文化服务中心、农家书屋等配备图书、报刊和电子书刊,并免费提供借阅服务;在城镇主要街道、公共场所、居民小区等人流密集地点设置公共阅报栏(屏)、提供时政、'三农'科普、文化、生活等方面的信息服务。"

(3)加强人民群众科学文化教育、提高全民族文化素质。这体现在《中华人民共和国公共文化服务保障法》第一章第十条:"国家鼓励和支持公共文化服务与学校教育相结合,充分发挥公共文化服务的社会教育功能,提高青少年思想道德和科学文化素质。"以及《国家基本公共服务标准》(2021)第二十一条:"通过有线、无线、卫星等方式提供民族语言广播电视节目;提供民族语言文字出版的、价格适宜的常用书报刊、电子音像制品和数字出版产品;提供少数民族特色的艺术作品,开展少数民族文化活动。"

(4)传承中华民族优秀文化,弘扬社会主义核心价值观,促进中国特色社会主义文化繁荣发展。这体现在《关于加快构建现代公共文化服务体系的意见》(2015)第一条:"推动社会主义文化大发展大繁荣,提高全民族文化素质,增强民族凝聚力,为实现中华民族伟大复兴中国梦提供强大的精神动力和文化支撑。"

结合以上内容,不难总结出,我国公共文化服务及公共文化服务机构的基本职能应当包括法律功能、文化功能、宣传功能、社会教育功能以及传承与保护功能。法律功能体现为参与公共文化服务体系建设,保障公民基本文化权益;文化功能体现为丰富人民群众精神文化生活,促进中国特色社会主义文化繁荣发展;宣传功能体现为弘扬社会主义核心价值观,坚定和增强文化自信;社会教育功能体现为提高全民族文明素质;传承与保护功能体现为传承人类文明、传承和保护中华民族优秀传统文化。根据各项基本功能的内涵,可以将其具化成各项可操作化的指标,如表5-1所示。由于法律功能比较抽象,主要依靠其他几项功能实现。因此,在考察公共文化服务机构的服务效能时,应当从后四项具体功能出发进行测评。

表5-1 公共文化机构功能及操作化指标

功能	内涵	操作化指标
文化功能	丰富人民群众精神文化生活	文化设施、文化活动
	促进中国特色社会主义文化繁荣发展	文化团队、文艺创作、文艺推广
宣传功能	弘扬社会主义核心价值观	红色的(资源、设施、服务)、均等化(老年人、未成年人、残疾人等)相关的(资源、设施、服务)
	坚定和增强文化自信	特色(团队、资源、设施、服务)
社会教育功能	提高全民族文明素质	培训、讲座、展览等
传承与保护功能	传承人类文明	非物质文化遗产
	传承和保护中华民族优秀传统文化	传统技艺、国家(城市)记忆

2. 我国各类公共文化机构的业务职能

(1)图书馆

《中华人民共和国公共图书馆法》[①]第一章第一条指出,该法制定的目的有以下几点:为了促进公共图书馆事业发展,发挥公共图书馆功能,保障公民基本文化

---

① 中华人民共和国公共图书馆法[EB/OL](2017-11-05)[2022-04-10]. http://www.gov.cn/xinwen/2017-11/05/content_5237326.htm.

权益,提高公民科学文化素质和社会文明程度,传承人类文明,坚定文化自信。

(2)文化馆

《文化和旅游部关于群众艺术馆、文化馆管理办法》①第一章第二条指出,两馆工作要弘扬中华民族的优秀传统文化,汲取世界先进文明成果,丰富人民群众的精神文化生活,提高群众思想道德和科学文化素质,抵制资本主义、封建主义腐朽思想文化影响。

(3)博物馆

《博物馆条例》(2015)第一章第三条指出,博物馆开展社会服务应当坚持为人民服务、为社会主义服务的方向和贴近实际、贴近生活、贴近群众的原则,丰富人民群众精神文化生活。

(4)美术馆

《美术馆工作暂行条例》(1986)第一章第三条指出,美术馆在各级政府文化部门的领导下,要坚持为人民服务,为社会主义服务的方向,贯彻"百花齐放,百家争鸣""推陈出新"的方针,努力为建设社会主义精神文明作出贡献。《全国重点美术馆评估办法》第一章第二条指出,全国重点美术馆评估坚持以人民为中心的工作导向,坚持文艺为人民服务、为社会主义服务的方向和百花齐放、百家争鸣的方针,坚持传承和弘扬中华优秀传统文化,培育和弘扬社会主义核心价值观,推动社会主义文化大发展大繁荣。

结合各个机构专门的规章制度,不难总结出各类公共文化服务机构的具体职能,将其整理如表5-2所示。

表5-2 各类公共文化机构的具体职能

公共文化机构	具体职能
图书馆	提高公民科学文化素质和社会文明程度
	传承人类文明,坚定文化自信

---

① 文化和旅游部关于群众艺术馆、文化馆管理办法[EB/OL](2020-01-14)[2022-04-10]. http://www.gaozhou.gov.cn/mmgzwhgdj/gkmlpt/content/0/740/post_740895.html?jump=false#3204.

续表

公共文化机构	具体职能
文化馆	丰富人民群众的精神文化生活,提高群众思想道德和科学文化素质
文化馆	弘扬中华民族的优秀传统文化,汲取世界先进文明成果
博物馆	丰富人民群众精神文化生活
美术馆	传承和弘扬中华优秀传统文化
美术馆	培育和弘扬社会主义核心价值观,推动社会主义文化大发展大繁荣

3. 我国各类公共文化机构的业务规范

由于各类公共文化机构的使命和职能不同、承担的社会职责不同,对各公共文化机构的业务提出了不同的要求。以公共图书馆和文化馆为例,有《公共图书馆业务规范》和《文化馆业务规范》对其业务作出具体规定,省级公共图书馆和文化馆的业务要求如表5-3和表5-4所示。

表5-3 省级公共图书馆业务规范

业务名称	概述
文献采集	馆藏文献采集方式指图书馆为扩大馆藏规模而将文献纳入本馆馆藏的途径和方法,包括购买、接受交存、交换、征集、受赠、复制、自建、接受调拨、竞拍、传拓等
文献组织	文献组织是指图书馆利用一定的科学规则和方法,对各类文献的外在特征和内容特征进行描述和整序,保证读者对文献的有效利用,实现文献的有效流通与管理
文献保存、保护与修复	文献保存、保护与修复指对馆藏各类文献进行合理布局、系统组织、科学管理,维护文献的整体性,根据文献载体材料的性质及损毁规律,防止、遏止或延缓文献退变,对退变或损坏文献采取措施或恢复接近原有特征,或对其加固、修整等工作

续表

业务名称	概述
读者服务	读者服务指图书馆本着平等、开放、共享的原则,根据《中华人民共和国公共图书馆法》等法律法规和本馆读者服务制度的相关要求,结合社会公众、政府机关、企事业单位和社会团体等各类型服务对象的需求,有针对性地提供文献借阅、信息检索、参考咨询、讲座、培训、展览、阅读推广等服务,并围绕这些服务活动开展读者需求调查、意见反馈,以及读者信息管理等工作
信息化建设	信息化建设是图书馆将现代信息技术广泛应用到本馆馆藏建设、信息服务、业务管理等工作中,提高图书馆资源建设质量、服务水平及管理效率
协作协调	协作协调是指图书馆之间或图书馆与其他机构本着互利互惠、避免重复建设的原则,通过分工合作、建立联盟等形式协作开展的资源共建共享、联合服务,合作搭建技术平台、共同开展人员队伍建设等工作,以更好地发挥图书馆的整体效益
业务管理与研究	业务管理与研究是指图书馆通过规划、计划、考核、评估等一系列过程,实现对图书馆事业和各项业务工作的科学化和规范化管理;并对图书馆业务工作中的重要问题进行分析和研究

表 5-4 文化馆业务规范

业务名称	概述
群众文化活动	①发布阶段性群众文化活动设想和安排,对本级品牌活动进行发掘和培育,制定品牌或阶段性群众文化活动的工作计划和方案,组织开展主题性、示范性的群众文化活动; ②发挥本级文化馆对区域群众文化活动的统筹指导作用,扶持和调用各地各级群众文化的特色内容,丰富本级群文活动的呈现; ③做好本级各类群文活动的创意、策划、申报、实施和管理等工作,并在活动后进行总结和评估

续表

业务名称	概述
辅导与培训	辅导与培训包括辅导培训计划的制订、辅导培训形式的选择、辅导培训教材的编写和辅导培训的实施等工作。服务对象包括对文化馆系统内业务人员和群众文艺骨干的辅导与培训,以及面向社会的辅导与培训。重点是培养道德情操、提高艺术技能、开发艺术才能
群众文艺工作	围绕党和国家的重要战略部署,本地区的中心工作和任务,以群众文化需求为导向,充分利用本地文化资源,制定本区域群众文艺创作规划、培育群众文艺创作人才、组织开展群众文艺创作活动,推出原创优秀群众文艺作品,组织优秀群众文艺作品的展示与推广等。各级文化馆的重点是做好本地区群众文艺创作的统筹、规划和指导,组织开展本地区群众文艺创作人才培育和群众文艺创作活动,以及本馆的群众文艺创作工作
群众文化队伍建设	群众文化队伍建设包括群众文艺骨干建设、群众文艺团队建设和文化志愿者队伍建设。各级文化馆的重点是进行本地区群众文艺队伍建设的宏观指导,以及本馆群众文艺队伍的建设
民族民间(非物质)文化遗产保护与传承	民族民间(非物质)文化遗产保护与传承工作是根据国家非物质文化遗产保护工作的组织体系及文化馆职能,开展的民族民间(非物质)文化遗产的普查、保护与推广等各项工作,以及"民间文化艺术之乡"的建设工作
数字化建设	文化馆通过科学合理的组织实施,在自建资源和共享资源的基础上,借助网站、微信公众号、手机 App 等平台,为群众文化服务机构和社会公众提供包括信息服务、网络培训、网上展览、实体数字空间等在内的公共数字文化服务,有效拓展公共文化服务远程传播能力和范围。各级文化馆工作重点是:指导本地区文化馆数字化建设,推动与本地区文化馆之间的资源共建共享与互联互通;开展线上线下相结合的群众文化活动,建设特色资源数据库(适用于省级和县级馆)和服务平台,开展网上服务
其他业务工作	宣传、研究、交流与协作、免费开放、社会合作、区域文化馆联盟等

4. 调研结论

结合我国公共文化服务的基本目标和发展方向以及我国各类公共文化机构的职能，可以将公共文化资源服务效能评估准则具化形成可操作化项。其中，绩效评估可以应考虑馆藏结构、软硬件设施、基本服务项目、人员配备情况，过程评估则应考虑业务管理、安全管理、档案管理等管理过程和业务处理速度等运作效率，成效评估则应考虑公共文化机构的各项法定职能是否实现及其实现程度。据此，可以得出公共文化机构的各项社会功能来确立对每个六大基本指标的评估维度（即二级指标）以及具体测量指标（即三级指标），从而实现基于我国公共文化的目标和公共文化机构的职能来有效测评公共文化资源服务效能。

在原有的《国家基本公共文化服务指导标准》中，从基本服务项目、硬件设施、人员配置三个维度对公共文化服务的内容进行了规定，突出了活动、设施、人员三个要素对公共文化服务的重要作用。每个维度的具体内容如表 5-5 所示。不难看出，公共文化机构的各项社会功能的履行都离不开馆藏资源、设施与空间、设备、员工等基础要素，即公共文化机构基于馆藏资源、通过员工的劳动或创作、在一定空间场所、以特定设施或设备为载体向个体、机构或社会提供公共文化服务，以履行各种社会功能。因此，我们认为，馆藏资源、设施与空间、设备、员工可以作为公共文化资源服务绩效评估二级指标设置的基本方向。在对每个一级指标设置具体测评维度时，都可以依据这四个方向进行具体考量。

表 5-5 《国家基本公共文化服务指导标准》中公共文化服务的内容

维度	具体内容
基本服务项目	读书看报、收听广播、观看电视、观赏电影、送地方戏
基本服务项目	设施开放
基本服务项目	文体活动
硬件设施	文化设施
硬件设施	广电设施
硬件设施	体育设施
硬件设施	流动设施
硬件设施	辅助设施
人员配备	人员编制
人员配备	业务培训

二、评估指标层级结构研究

在对公共文化服务效能指标体系进行建构时,需要充分考虑善治理念、功能导向、整体思维和包容精神等要素①。依照前文的公共文化资源服务效能基本评估准则,本指标体系将综合采用绩效评估、过程评估与成效评估的思想,全方面关注公共文化机构的投入与产出、管理以及效率、服务质量和影响力等要素与环节。其中,绩效评估以评估公共文化资源的投入和产出为基本准则,过程评估以评估公共文化机构为提供公共文化服务而开展的管理与运行效率为基本准则,成效评估以评估公共文化服务的质量与影响力为基本准则。据此,设置公共文化资源与公共文化资源服务两个一级指标来反映公共文化机构的投入与产出情况,即绩效评估;设置公共文化机构管理和公共文化资源服务效率两个一级指标来反映公共文化机构的内部管理、效率,即过程评估;设置公共文化资源服务质量、公共文化资源服务影响力两个一级指标来从不同角度反映公共文化机构服务的成果和成效,即成效评估。

如表5-6所示,公共文化资源是指公共文化机构的各项物质投入,是公共文化机构开展公共文化服务的基础保障,为公共文化服务提供物质基础;公共文化资源服务主要是指公共文化机构依托资源提供的各类服务及举办的活动,可以反映公共文化机构对各项资源的整合利用情况;公共文化机构管理是指公共文化机构内部的管理情况,主要用来测评公共文化机构的机构设置、管理机制和运作程序的合理程度;公共文化资源服务效率是指公共文化机构提供公共文化服务时所投入的固定财力、人力和物力与群众享受到的公共文化服务产出之比,用来反映公共文化机构开展各项服务的成本、效益等情况;公共文化资源服务质量是指用户接受服务过程中的实际感受与接受服务前的心理预期的差距,主要用来描述公共文化机构提供的服务效果好坏;公共文化资源服务影响力是指公共文化机构提供的服务对个人和社会带来的变化和影响,主要用来描述公共文化机构开展各项公共文化服务的价值,即用来测评是否符合公共文化机构的宗旨、目标、任务和未来发展趋势以及在多大程度上产生了积极正面的影响。

---

① 胡守勇.公共文化服务效能评价指标体系初探[J].中共福建省委党校学报,2014(2):45-51.

表 5-6 公共文化资源服务效能评估一级指标及其内涵和测评内容

一级指标	内涵	测评内容
公共文化资源	公共文化机构的各项物质投入	物质基础保障情况
公共文化资源服务	公共文化机构依托资源提供的各类服务及举办的活动	对各项资源的整合利用情况
公共文化机构管理	公共文化机构内部的管理情况以及运作效率	机构设置、管理机制和运作程序的合理程度
公共文化资源服务效率	公共文化机构提供服务时所投入的固定财力、人力和物力与群众享受到的公共文化服务产出之比	各项服务的成本、效益等情况
公共文化资源服务质量	用户接受服务过程中的实际感受与接受服务前的心理预期的差距	提供的服务效果好坏
公共文化资源服务影响力	公共文化机构提供的服务对个人和社会带来的变化和影响	公共文化机构开展各项公共文化服务的价值与宗旨、目标、任务和未来发展趋势的契合度

三、评估准则与一级指标的关联关系

本研究在制定公共文化机构资源服务效能评估指标体系时，综合采用绩效评估、过程评估与成效评估的思想，全方面关注公共文化机构的投入与产出、管理以及效率、服务质量和影响力等要素与环节，同时结合公共文化服务机构各项基本职能和特殊职能，将公共文化资源服务效能的各项评估准则具化形成可操作化项，并与实际评估指标进行关联，具体如下：

1. 绩效评估

对应的一级指标为公共文化资源和公共文化资源服务，用于反映公共文化机构的投入与产出情况，包括公共文化机构的各种投入和产出，其中投入包括馆藏、软硬件设施、基本服务项目、人员配备等，产出包括公共文化机构依托资源提供的各类服务及举办的活动。

2. 过程评价

对应的一级指标为公共文化机构管理和公共文化资源服务效率,其中,公共文化机构管理用于反映公共文化机构的内部管理情况,包括业务管理、安全管理、档案管理、业务处理等管理过程;公共文化资源服务效率指公共文化机构提供资源服务时所投入的固定财力、人力和物力与群众享受到的公共文化服务产出之比。

3. 成效评价

对应的一级指标为公共文化资源服务质量和公共文化资源服务影响力,从不同的角度来反映公共文化机构服务的成果和成效,其中服务质量指用户接受服务过程中的实际感受与接受服务前的心理预期的差距;服务影响力指公共文化机构提供的服务对个人和社会带来的变化和影响。

综上所述,本研究中公共文化机构资源服务效能评估指标一级指标共有六个,分别为公共文化资源、公共文化资源服务、公共文化机构管理、公共文化资源服务效率、公共文化资源服务质量和公共文化资源服务影响力。

四、服务效能评估细化指标

在确定一级指标的基础上,本研究依据公共文化服务机构的业务规范来确立对每个一级指标的评估维度,即二级指标。同时,依据公共文化服务机构的各项社会职能的实现程度和业务运作水平来形成具体测量指标,即三级指标,以综合衡量公共文化资源服务绩效。

1. 公共文化资源

公共文化资源主要是指公共文化机构的各项物质投入,主要包括馆藏资源、基础设施、设备、员工等内容,是公共文化机构开展公共文化服务的基础保障,为公共文化服务提供物质基础。对馆藏资源的测量应当包括馆藏总量、(年)新增馆藏量和数字资源总量等。同时需根据不同的标准对馆藏资源进行分类测量,如依存储方式可分为实体资源和电子资源,依内容特性可分为一般馆藏资源、古籍特藏资源、地方特色资源、外国文献资源等。对空间的测评主要依据不同空间的功能分别进行测量,如建筑总面积、存储空间面积、用户服务空间面积等。对设施的测评不仅包括《国家基本公共文化服务指导标准》中提到的硬件设施,还包括公共文化机构的分馆数量和软件设施的投入情况。对设备的测评包括为提供服务而准备的一切设备,如阅览室座位、音响设备等。对员工的测评按照全时工作当量(FET)标准分别统计员工总数量和馆员序列的员工数量,为更加精细化体现公共文化机构员工的工作素质情况和公共文化机构在不同工作中的人力投入情况,可以根据馆员的职称分别统计高级职称、中级职称数量,根据员工工作内容对参与不同工作的员工数量进行分别统计,如参与借阅工作的员工数量、参与文献加工的员工数量、参与合作项目的员工数量等。

2. 公共文化资源服务

公共文化资源服务主要是指公共文化机构依托资源提供的各类服务及举办的活动。对公共文化资源服务的测评可大致拆分为服务内容、服务方式、服务时长与服务人口四个方面。由于公共文化机构提供的各项服务都要基于资源才能实现,故对服务内容的测评可以参考对资源的测评指标进行展开,分为馆藏资源、空间、设备。对服务方式的测评可以分为线上服务、线下服务以及混合式服务。对服务时长的测评可以参照公共文化机构的(周)开放时长。对服务人口的测评应当包括服务人口总数、注册用户数等指标。

3. 公共文化机构管理

公共文化机构管理是指公共文化机构内部的管理情况。对公共文化机构的管理测评应当包括管理机构与领导测评、管理规范与制度测评、业务管理测评、员工管理测评、安全管理测评、档案管理测评等内容。

4. 公共文化资源服务效率

公共文化资源服务效率主要是指公共文化机构开展各项服务的运作效率和投入产出比等情况。一般来说,可以通过前面对投入和产出进行评估的基本指标计算出公共文化资源服务效率,故而对效率进行测评的维度可以包括资源效率、服务与活动效率、设施与设备效率、员工效率、总体效率等。公共文化资源平均成本、公共文化服务平均成本、单位公共文化服务空间利用率等指标都可以用于测量公共文化机构的公共文化资源服务效率。

5. 公共文化资源服务质量

公共文化资源服务质量是指用户接受服务过程中的实际感受与接受服务前的心理预期的差距。1988 年,Parasuraman 等提出了服务质量评估模型,即 SERVQUAL

模型①。其核心思想基于顾客感知服务质量的概念,并以服务质量差距模型为理论依据,认为用户对服务质量的评估是将接受服务过程中的实际感受与接受服务前的心理预期进行对比的过程,如果用户实际感受高于其期望值,那么用户对服务是满意,反之则是失望的②。随后这一模型被应用到图书馆的服务质量评估过程中。1999年9月,美国研究图书馆协会和德克萨斯大学携手合作,启动LibQUAL+ⓒ项目研究。LibQUAL+ⓒ的评估指标经过一系列调整后最终确定为三个层面:服务影响、图书馆环境和信息控制。综合国内各图书馆基于LibQUAL+ⓒ对图书馆服务质量的评估实证,可以发现绝大多数图书馆绩效评估模型集中在几个主要层面,即馆藏资源、服务效果、图书馆环境、图书馆员、设施设备,少数图书馆还展开用户个人控制层面的调查③。基于SERVQUAL模型以及其在图书馆服务质量评估领域的应用实践,对公共文化机构服务质量的测评也应包括服务影响、馆内环境和信息控制三个层面,每个层面通过不同的测评维度进行测评。对于服务影响的测评,可以通过对服务提供者、服务接收者、服务整体效果等不同的角度进行分别测评,即公共文化机构员工的服务质量、用户需求满足和服务效果。对于馆内环境的测评,可以通过设施设备质量一项进行体现。对于信息控制,则可以通过用户个人控制来体现,实际上,这部分是一类特殊的用户需求,因此可以与前面的用户需求满足进行合并。

6. 公共文化资源服务影响力

公共文化资源服务影响力主要用来描述公共文化机构开展各项公共文化服务的价值,即用来测评是否符合公共文化机构的宗旨、目标、任务和未来发展趋势以及在多大程度上产生了积极正面的影响。《信息与文献－公共图书馆影响力评估的方法和流程》(WH/84—2019)中对影响主体的规定包括对个体的影响、对图书馆自身或所属机构的影响、对社会的影响以及经济价值。总结《中华人民共和国公共文化服务保障法》《中华人民共和国公共图书馆法》中对公共文化机构需要履行

---

① PARASURAMAN A, ZEITHAML V A, BERRY L L. SERVQUAL: A multiple - item scale for measuring consumer perceptions of service quality[J]. 64(1): 12 - 40.

② 初景利. 应用SERVQUAL评价图书馆服务质量[J]. 大学图书馆学报, 1998(5): 44 - 45.

③ 吴冬曼, 郭依群. LibQUAL+ⓒ的演进与我国本地化研究与实践[J]. 图书情报工作, 2012, 56(15): 42 - 48.

的社会功能,包括文化功能、宣传功能、社会教育功能、传承与保护功能。不难发现,公共文化机构影响力的产生都是依赖于其各项社会功能的实现的。因此,对公共文化资源服务影响力的测评维度可以建立在各项社会功能的基础上,由社会功能的实现程度来反映对各个主体产生的影响力。

五、指标体系分类

本研究中公共文化资源服务效能评估指标体系的主体是公共图书馆、文化馆和文化站,由于各自职能的不同,三者无论是在业务开展范围,还是业务数据上都具有明显的差别,其中公共图书馆主要从事文献和信息的管理与服务,文化馆与文化站主要从事群众文化活动,所以在进行具体评估时,需要按照业务种类将其划分为公共图书馆文化资源服务效能评估指标体系和群众文化资源服务效能评估指标体系两大评估指标体系。

需要说明的是,公共图书馆文化资源服务效能评估指标体系和群众文化资源服务效能评估指标体系基本指标框架相同,但基础指标不同,即一级指标和二级指标相同,三级指标存在一定的差异,将公共图书馆与文化馆、文化站进行区分,有利于更好地针对公共文化机构的不同特点进行服务效能评估。

六、服务效能评估指标体系与指标字典

综上所述,目前本研究已经初步形成公共文化机构资源服务效能评估指标体系,该体系包含三层架构,并与本研究制定的评估准则相对应,如图 5-2 所示,其中,一级指标、二级指标为全量指标,三级指标由于数量庞大,仅列出部分示例。

此外,根据制定的公共文化机构资源服务效能评估指标体系,生成相应的指标字典,指标体系及字典参考附录 A、附录 B。

第五章 服务效能指标体系构建

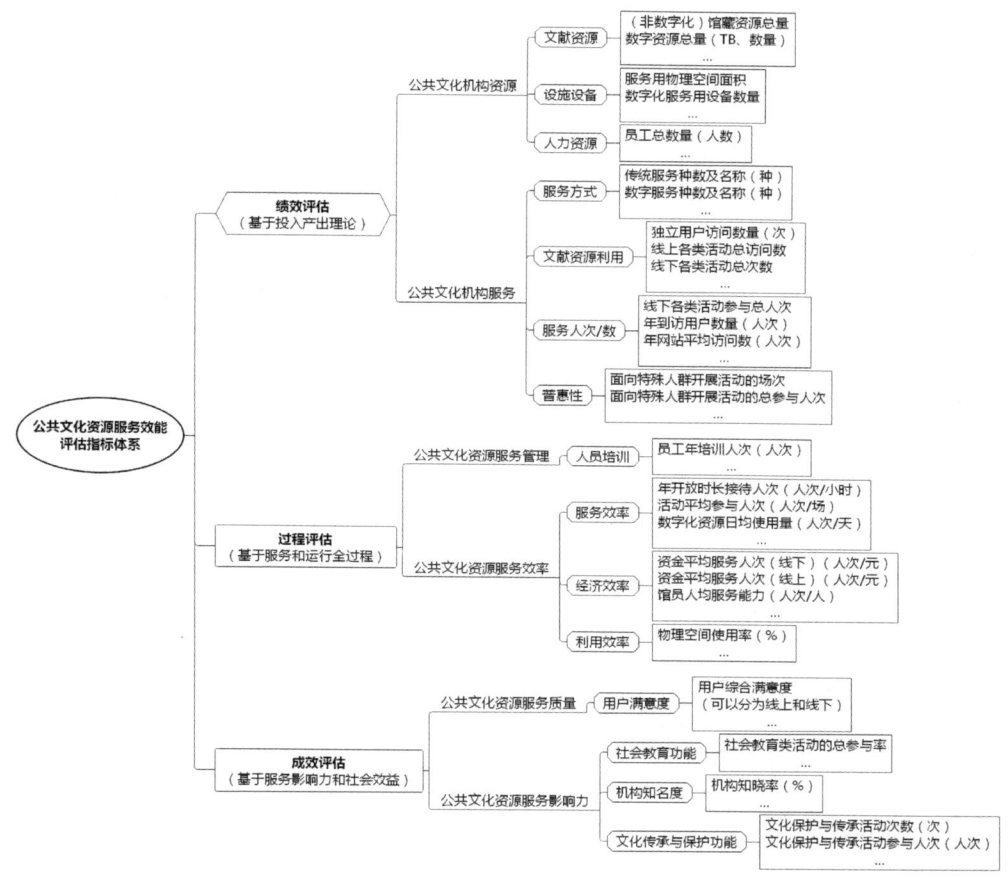

图 5-2 公共文化资源服务效能评估指标体系示意图

第四节 设定评估指标权重

一、基本原理与方法

1. 平衡计分卡维度扩展

平衡计分卡(BSC)源于美国企业绩效考核,从财务、客户、内部流程、学习与成长这四个视角出发[1],通过将组织的战略目标落实为实际的可衡量的指标和目标

---

[1] 谢培.平衡计分卡在绩效考核管理中的应用策略探析[J].商讯,2021(10):161-162.

的一种管理体系①。在实际应用中,平衡计分卡以组织的使命和战略为出发点,把组织发展战略转化为可衡量的目标;再将这些组织目标变成一个个绩效指标,逐层落实到下级部门,直至个人的具体工作,下属部门和个人的平衡计分卡设置都要体现出组织战略的实施构想②。

一般来说,平衡计分卡包含财务、客户、内部流程和学习成长四个维度③,然而在实际中,关键因素往往有可能会超过四个维度④,如果将平衡计分卡的关注点仅仅局限于四个维度,在一定程度上会限定关键因素的识别范围,在具体实践中,可以根据实际需要增加维度⑤。因此,本研究在进行基础权重设计引入了平衡计分卡思想时,将四个维度看成一个模型而不是一种约束,并不局限于四个维度的限制,而是根据实际评估的需要按照评估的维度将其扩展至六个维度,分别为资源、服务、质量、影响力、公平、效率维度。

2. 基于犹豫偏好关系的群决策方法

犹豫乘性偏好关系、犹豫模糊偏好关系和犹豫模糊语言偏好关系是最常见的基于犹豫偏好关系的群决策方法⑥。在对一个指标进行主观赋权重时,专家可能无法提供一个准确的权重值,而是会因为权重取值出现犹豫不决的情况⑦,在这种情况下,采用基于犹豫模糊偏好关系的群决策便是一个比较理想的方法,该方法的定义为:给定的方法集 $X = \{x_1, x_2, \cdots, x_n\}$,对方法集 X 的犹豫模糊偏好关系表示为 $H = (h_{ij})_{n*n} \subset X*X$,其中 $h_{ij} = \{r_{ij}^{\sigma(l)} | l = 1, 2, \cdots, \#h_{ij}\}$($\#h_{ij}$ 表示 h_{ij} 中元素的个数)表示犹豫模糊元素,表示方法 x_i 对 x_j 的偏好程度⑧,其中:$r_{ij} = 0.5$ 表示 x_i 和 x_j 之间无

---

① 张广钦,李剑.基于平衡计分卡的公共文化机构绩效评价统一指标体系研究[J].图书馆建设,2017(9):26-31.
② 张定安.平衡计分卡与公共部门绩效管理[J].中国行政管理,2004(6):69-74.
③ 颜爱民,胡丕志,廖伟.平衡计分卡思想和 DHP 方法在公共图书馆绩效评估中的应用[J].图书馆,2005(3):77-80.
④ 赵莹,秦青.多部门企业平衡记分卡的开发[J].软科学,2003(2):92-95.
⑤ 卡普兰,阿特金森.高级管理会计[M].大连:东北财经大学出版社,1999.
⑥ 宋永明.基于犹豫偏好关系的群决策方法研究[D].电子科技大学,2018.
⑦ 王新鑫,杨雁,徐泽水,等.基于专家对应准则的犹豫模糊多属性群决策方法[J].模糊系统与数学,2017,31(1):101-108.
⑧ XIA M M, XU L S Managing hesitant information in GDM problems under fuzzy and multiplicative preference relations[J]. International Journal of Uncertainty, Fuzziness and Knowledge-Based Systems, 2013, 21(6): 865-897.

差别;$r_{ij}=1$ 表示x_i绝对占优x_j;$1>r_{ij}>0.5$ 表示x_i占优x_j,反之表示x_j占优x_i。

3. 熵值法确定权重

"熵"原本是一个物理学中热学部分的物理名词[1],后来被引入信息论中,并被用于度量数据所提供的有效信息,根据各指标传输给决策者的信息量的大小来确定指标权重[2]。熵值法是一种客观方法,没有掺杂任何人为因素,其作用主要是用来说明各项指标的数值之间离散程度的大小。一般来说,熵值越小,离散程度越大,指标包含的信息越多,重要程度也就越大;熵值越大,离散程度越小,指标包含的信息越少,重要程度也就越小。即某个指标的离散程度大,说明该指标的贡献较为显著,应赋予较大的权重;反之,则应赋予较小的权重[3]。因此,我们可以利用该原理,比较不同指标之间数值的离散程度,从而判断各个指标对整体效能的影响程度,对于熵值小,离散程度高的指标赋予较大权重,反之则赋予较小权重。

4. 数据包络分析方法

数据包络分析法是在"相对效率评价"的理论基础上发展起来的。它的核心思想是通过观察一组关于输入输出的值估算出有效生产的前沿面,适用于多输入、多输出的具有相同类型的多个决策单元有效性评价。

DEA 在效率评价方面具有明显的优势:首先,在进行评价过程中只需要确定好输入指标、输出指标,而无需构造具体的生产函数或者模型;其次适用于多投入多产出的复杂客观评价;然后是该方法对指标的量纲没有要求,只要决策单元某项具体指标使用同一量纲即可,原始数据可以进行直接分析。

DEA 方法的上述优势,刚好能满足公共文化服务效率评价的要求。首先,政府在公共文化服务各分支中的人力、财力、物力上投入最终转化为各种具体的公共产品和服务,通常我们只能够确定哪些产出与投入相关,至于背后的转变关系在现实中是很难被定量化和测度的;其次,公共文化服务涉及面较广,属于典型的多投入多产出情况;再者,衡量公共文化服务供给的投入和产出,很多情况下不便或者不能以货币或其他某个特定的量纲度量,而使用 DEA 恰好又能回避这一点。因

---

① 王靖,张金锁.综合评价中确定权重向量的几种方法比较[J].河北工业大学学报,2001(2):52-57.
② 杨宇.多指标综合评价中赋权方法评析[J].统计与决策,2006,(13):17-19.
③ 贺梅萍.图书馆数字资源评价指标权重赋值方法概述[J].现代情报,2016,36(10):68-73.

此,DEA 的方法将在评估公共产品政府供给效率方面具有很广阔的应用前景。

二、往年公共文化机构的评估定级标准权重分析

由于本研究的主要范围是以公共图书馆、文化馆和文化站为代表的公共文化机构,故权重分析范围也仅限于上述公共文化机构。

1. 公共图书馆

1994 年 3 月,文化部正式发出《关于在县以上公共图书馆进行评估定级的通知》,并分别制定了省、市、县三级公共图书馆评估标准①。到目前为止,我国已进行了六次全国公共图书馆评估定级工作(1994 年、1998 年、2003 年、2009 年、2012 年、2017 年),每次图书馆评估定级工作都会重新发布一版公共图书馆评估标准,对其中省级图书馆评估定级标准的基础指标权重进行总结,能够对本指标权重的设置提供参考。总的来说,前五次省级图书馆评估定级标准的一级指标相似性比较高,柯平(2015)按照政府投入、内部效率和外部满意三个维度对前五次省级图书馆评估定级标准的一级指标进行了整理归纳,具体情况见表 5 – 7。

第六次省级公共图书馆评估定级标准与前五次相比变化较大,从服务效能、业务建设、保障条件三个维度划分评估指标,呈现评估主体多元化、评估客体体系化、评估带向时代化、评估标准科学化等特点②。第六次省级公共图书馆评估标准一级指标划分维度及分值情况见表 5 – 8。

---

① 宫平,柯平,段珊珊. 我国公共图书馆服务绩效评估研究——基于五次省级公共图书馆评估标准的分析[J]. 山东图书馆学刊,2015,(6):28 – 32.
② 贾磊. 公共图书馆评估定级的新阶段——柯平教授谈第六次公共图书馆评估定级[J]. 图书馆理论与实践,2017(7):62 – 69,79.

表5-7 我国五次省级公共图书馆评估标准一级指标划分维度

	政府投入		内部效率		外部满意	
	一级指标	分值	一级指标	分值	一级指标	分值
第一次	办馆条件	205	读者服务工作	225	提高指标	50
	基础业务建设	255	理论研究、业务辅导、协调协作	135		
			管理	100		
第二次	办馆条件	230	读者服务工作	260	表彰、奖励	15
	基础业务建设	290	业务研究辅导和协作协调	110		
			管理	90		
第三次	办馆条件	210	读者服务工作	260	表彰、奖励	20
	基础业务建设	260	业务研究辅导和协作协调	135		
			管理	95		
第四次	办馆条件	180	读者服务工作	270	表彰、奖励	20
	业务基础建设	250	业务研究辅导和协作协调	120		
	文化共享工程建设	80	管理	80		
第五次	设施与设备	100	服务工作	220	—	—
	经费与人员	150	协作协调	130	—	—
	文献资源	150	管理与表彰	90	—	—
	重点文化工程	160	—	—	—	—

表 5-8　第六次省级公共图书馆评估标准一级指标划分维度

服务效能			业务建设			保障条件		
一级指标	分值		一级指标	分值		一级指标	分值	
	基本分 300	加分 150		基本分 400	加分 200		基本分 300	加分 150
基本服务	50	35	馆藏发展政策与馆藏结构	30	10	政策与法制保障	30	15
未成年人及其他特殊群体服务	20	—	编目与馆藏组织管理	50	35	章程与规划	10	5
阅读推广与社会教育	65	25	数字资源建设	20	5	经费保障	70	40
信息咨询服务	35	30	地方文献工作	35	—	文献资源保障	55	45
网络资源服务	25	20	本区域公共图书馆服务体系建设	40	5	图书馆建筑设施保障	35	20
新媒体服务	20	10	图书馆行业协作协调与社会合作	25	10	信息基础设施保障	70	5
服务管理与创新	25	20	重点文化工程	40	—	人员保障	30	20
读者评价	60	10	基层辅导与学会工作	35	10	—	—	—

续表

服务效能			业务建设			保障条件		
一级指标	分值		一级指标	分值		一级指标	分值	
	基本分 300	加分 150		基本分 400	加分 200		基本分 300	加分 150
—	—	—	行政与人力资源管理	30	—	—	—	—
—	—	—	财务、资产与档案管理	15	—	—	—	—
—	—	—	安全与环境管理	15	—	—	—	—
—	—	—	业务管理	30	5	—	—	—
—	—	—	业务研究	20	50	—	—	—
—	—	—	组织文化和表彰奖励	10	20	—	—	—
—	—	—	社会化和管理创新	5	50	—	—	—

2. 文化馆与文化站

目前为止，我国已开展五次全国范围内的各级文化馆评估定级（1994年、1998年、2011年、2015年、2020年），每次评估定级工作都会重新发布一版公共图书馆评估标准。与图书馆评估定级工作类似，前几次省级文化馆评估指标相似性较高，包含办馆条件、建设、服务、管理、荣誉等几个方面，以第三次和第四次省级文化馆评估指标为例，一级指标都包括办馆条件、队伍建设、公共服务、管理和提高指标五项。第五次省级文化馆评估定级标准中对一级指标做出了较大的调整，分为业务建设、服务效能、保障条件、改革创新、表彰奖励五项。具体分值如表5-9、表5-10所示。

表 5-9　前四次省级文化馆评估指标一级指标划分维度

第一次		第二次		第三次		第四次	
一级指标	分值	一级指标	分值	一级指标	分值	一级指标	分值
办馆条件	205	办馆条件	230	办馆条件	370	办馆条件	360
基础业务建设	255	基础业务建设	290	队伍建设	100	队伍建设	110
服务工作	255	读者服务工作	265	公共服务	430	公共服务	430
理论研究、业务辅导、协作协调	135	业务研究、业务辅导、协作协调	110	—	—	—	—
管理	100	管理	90	行政管理	100	管理	100
提高指标（表彰奖励）	50	提高指标（表彰奖励）	15	提高指标（表彰奖励）	50	提高指标（表彰奖励）	50

表 5-10　第五次省级文化馆评估指标一级指标划分维度

一级指标		分值
业务建设		400
服务效能		300
保障条件		200
提高指标	改革创新	40
	表彰奖励	60

从历次图书馆、文化馆、文化站、馆的评估定级指标划分及其权重的变化中,大致可以总结出以下规律：

1. 总分值在 1000 分左右

对六次全国省级公共图书馆评估定级标准和五次全国省级文化馆评估定级标准中各项指标进行求和,第一次省级公共图书馆评估定级总分为 970 分,第二次省级公共图书馆评估定级总分为 995 分,第三次、第四次、第五次省级公共图书馆评估定级总分均为 1000 分,第六次省级公共图书馆评估定级基础分总分 1000 分,加分项总分 500 分,合计 1500 分。第一次、第二次、第五次省级文化馆评估定级总分为 1000 分,第三次、第四次省级文化馆评估定级总分为 1050 分。三次博物馆定级评估总分均为 1000 分。

可以看出,尽管评估定级标准内部各指标之间有所变化,其总分基本上都控制在 1000 分左右,且基本上每次评估定级标准都设置了提高指标用以测评表彰与奖励情况,该项分值在 15—50 分之间浮动。

2. 评估客体系统化

柯平指出,前五次图书馆的评估定级,评估客体都是针对某一个具体的图书馆,是围绕一个机构进行业务工作的全面评估。第六次评估定级,把评估客体从区域的一个图书馆扩大到整个区域的图书馆事业,既要评图书馆的各项工作,也要评当地图书馆的体系化服务能力和水平,还要评当地政府对图书馆事业的建设与管理,通过多层级评估,促进地区公共图书馆体系化建设与发展,促进地区公共图书馆事业的整体水平提高。

3. 对服务的重视程度提高,突出效能评估

在前五次省级公共图书馆评估定级标准中,服务工作只是内部测评角度下的一个维度,分值只有 200 多分。而第六次省级公共图书馆评估定级直接把服务效能作为一个大的测评维度,其下依服务内容和方式的不同设置了 8 个一级指标来进行测评,有 300 分的基本分和 150 分的加分,总分有 450 分。与服务和效能相关指标的设置和分值变化,可以看出过去强调资源建设,现在更强调资源的利用;过去强调基本条件,现在更强调为读者服务;过去更强调业务建设,现在更强调业务效能。

三、评价指标权重

指标权重赋值是多指标综合评价研究中的一个重要问题,一般来说,确定指标权重的方法包括主观赋权法和客观赋权法两大类。这两种方法各有优缺点,其中主观权重更加符合评价主体的主观意愿,但评价结果具有很大的随意性,而客观权重虽然具有较强的数学理论依据,能避免主观因素的影响,但其计算结果有时会忽视指标本身的重要性,确定的指标权重与预期相差很远的情况[1][2]。因此在实际的评价工作中,人们往往会综合主客观评价的优势,利用权重组合的方法进行组合赋

---

① 樊治平,赵萱. 多属性决策中权重确定的主客观赋权法[J]. 决策与决策支持系统,1997,(4):89-93.

② 郭显光. 熵值法及其在综合评价中的应用[J]. 财贸研究,1994(6):56-60.

权,从而兼顾主观权重与客观权重的优点①②。

基于以上认识及对本书对效能评估所形成的共识,本书制定了指标权重浮动调整机制,即在基础指标的基础上,利用浮动权重对基础权重进行修正,最终得到修正权重,从而实现指标权重动态调整的目的。

(1) 基础权重。基础权重从本质上来说是主观权重,而确定主观权重的方法有很多,本书采用的是专家犹豫模糊集决策的方法,即首先通过专家打分的方法对各个指标进行打分,然后利用犹豫模糊偏好关系群决策方法构建专家偏好关系矩阵,并使用 HFA 算子对专家偏好关系矩阵进行集成计算,得到各指标权重,作为基础权重使用。其中,HFA 算子即为犹豫模糊平均算子,是犹豫模糊集成算子的一种③,计算公式为:

$$HFA(h_1, h_2, \cdots, h_n) = \frac{1}{n} \oplus_{i=1}^{n} h_i = \cup_{r_1 \in h_1, r_2 \in h_2, \cdots, r_n \in h_n} \{1 - \prod_{i=1}^{n}(1 - r_i)^{\frac{1}{n}}\} \quad (3)$$

(2) 浮动权重。浮动权重的目的是通过浮动权重的设立,从而建立整个指标体系的指标权重浮动调整机制,以满足指标权重根据实际需要进行浮动和动态调整的需要。在本书中,我们设计了基于数据维度上数据差异性的权重调整法,满足指标浮动权重的使用需求。

基于数据维度上数据的差异性确定浮动权重从本质上来说,就是以时间为维度,衡量在同一个评估期内各项评估指标的数据差异性。其数学原理是利用熵值法,弥补主观赋权的不足④,对指标权重进行客观修正。对于数据指标来说,由于指标的离散程度越大,该指标对综合评价的影响越大,其权重也越大⑤。所以我们认为:对于公共文化资源服务效能来说,虽然在一段时期内具有一定的稳定性,不会发生剧变,但实际上不同时期建设的侧重点也可能有所差别,而且这种差别可能与公共文化机构的公共文化资源服务效能的整体表现密切相关,且能够直接通过

---

① 陈伟,夏建华.综合主、客观权重信息的最优组合赋权方法[J].数学的实践与认识,2007(1):17-22.
② 李红,朱建平.综合评价方法研究进展评述[J].统计与决策,2012(9):7-11.
③ 徐泽水,赵华.犹豫模糊集理论及应用[M].北京:科学出版社,2018:27.
④ 徐翠枚.基本公共服务均等化水平评价指标体系研究——以海南为例[J].调研世界,2014(3):48-52.
⑤ 王晓玲.我国省区基本公共服务水平及其区域差异分析[J].中南财经政法大学学报,2013(3):23-29,158-159.

数据反映出来,数据差异越大,就说明建设侧重点差别也越大,对服务效能的影响也就越大。因此,可以根据不同年份各公共文化机构数据的差异性来调整每年公共文化资源服务效能的具体权重,数据差异性越大,权重越大。

与基础权重相同,浮动权重以公共文化资源服务效能评估指标体系不同层级的指标为单位,利用评估指标自身数据的熵值对每个层级的各个指标权重进行赋值。从数据模型上来说,设有 n 项评估指标,具体步骤如下:

①对样本数据进行[0,1]标准化处理并合成标准化指数①,并得到各标准化指数所占的比重。

$$y_i = \frac{x_i - \min(x_1, x_2, \cdots, x_n)}{\max(x_1, x_2, \cdots, x_m) - \min(x_1, x_2, \cdots, x_n)} \tag{4}$$

$$p_i = \frac{y_i}{\sum_{i=1}^{n} y_i} \tag{5}$$

②利用熵值计算公式计算每项数据的熵值 e_i。

$$e_i = -k \sum_{i=1}^{n} p_i \ln p_i \tag{6}$$

③计算各项数据的差异性系数 g_i。

$$g_i = 1 - e_i \tag{7}$$

④计算各项指标比重值 w_i,即作为该项指标的权重。

$$w_i = \frac{g_i}{\sum_{i=1}^{n} g_i} \tag{8}$$

四、权重计算流程设计

1. 指标权重的迭代计算流程

针对基础权重与浮动权重的组合问题,由于各层级指标是一个具有联系的层级架构,因此在计算各级指标权重时,需要由三级指标进行迭代计算,逐级合成二级指标权重和一级指标权重,为此设计了指标权重的迭代计算流程,如图 5-3 所示。

(1)将三级指标对应的原始数据进行标准化处理,形成三级指标标准化指数。

---

① 陈封能,斯坦巴赫,卡帕坦,等. 数据挖掘导论[M]. 段磊,张天庆译. 北京:机械工业出版社,2021.

(2)通过犹豫模糊偏好关系群决策的方法得到三级指标的基础权重,同时通过熵值法计算三级指标数据的浮动权重,再通过客观权重修正主观权重的方法将基础权重与浮动权重进行组合,计算得到三级指标的修正权重。

(3)利用三级指标修正权重和三级指标标准化指数计算得到二级指标标准化指数。

(4)采用与步骤(2)类似的方法得到二级指标修正权重。

(5)利用二级指标修正权重和二级指标标准化指数计算得到一级指标标准化指数。

(6)同样采用与步骤(2)类似的方法得到一级指标修正权重。

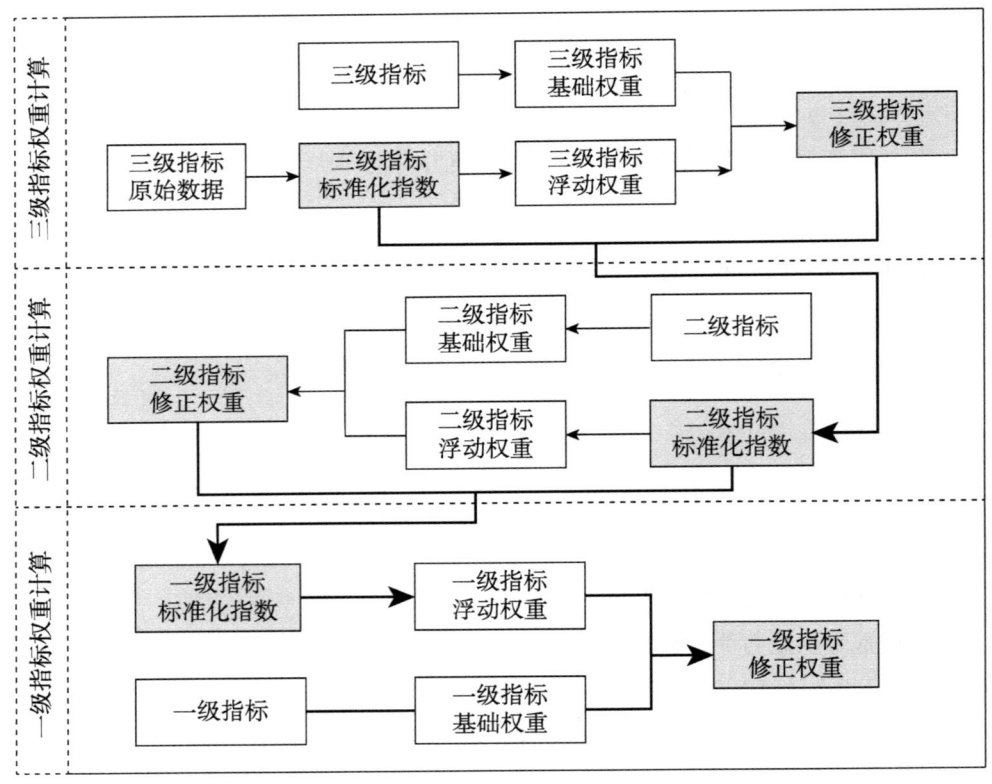

图5-3 公共文化资源服务效能评估指标权重计算流程

本指标在既有公共文化服务绩效评价的理论研究之上,结合公共文化服务绩效评价的实践经验,从理论和实践两个方面归纳公共文化服务机构绩效评价的一般原则与方法,总结公共文化服务机构绩效评价的测评维度和具体指标。

2. 对绩效评价指标的突破和创新

结合公共文化资源的特性及公共文化服务工作的环节和要素,对公共文化资源服务绩效评价指标做出以下突破和创新:

(1)从公共文化服务整体的出发,既考虑了我国公共文化服务体系建设的需要,又充分照顾了各类公共文化服务机构的特色。以往关于公共文化服务机构绩效评价的理论研究中,图书馆是主要研究对象,绩效评价的原则和方法研究多围绕图书馆机构和图书馆资源展开。在实践层面上,由于各公共文化服务机构的机构设置和职能任务的差异性,图文博美等公共文化服务机构的绩效评价工作也是依据各自不同的评价指标或定级标准,尚未形成统一的绩效评价指标。由于本指标立足公共文化服务资源,从资源出发评价绩效,可以在更大程度上重视公共文化服务资源的共性,而降低各公共文化服务机构设置和职能的差异性。故本指标是从公共文化服务体系建设的整体出发,既突出了公共文化服务资源的共性,又充分考虑了各类型公共文化服务机构的特性,适用于图文博美等各公共文化服务机构的公共文化服务资源绩效评价。

(2)兼顾公共文化服务机构的线上服务和线下服务整体性的绩效评价。在本指标的制定过程中,我们既考虑了线上和线下资源及服务的基本情况,对线上和线下的各种资源及服务的数量和类型都设置了相关指标进行绩效评价;也考虑了各项服务线上、线下各自的成效,对于部分既有线上服务也有线下服务的服务项目,同时设置了线上、线下两个维度的测评指标,兼顾线上服务和线下服务的全面性与整体性;还考虑了从线下向线上数字化转型的过程,对线下资源和服务的电子化、数字化情况进行测评。

(3)在评估理念上,结合绩效评价与成效评价的思想,在以往评估理念的基础上,突出了服务质量和社会价值方面的评估。绩效评价主要是指针对投入、过程、产出三方面进行评价,成效评价主要从公共文化机构的效率、服务质量、影响力三方面进行考察。在本指标一级指标的制定过程中,综合了绩效评价与成效评价的评价思想和理念,公共文化资源与基础设施、公共文化资源服务、公共文化机构管理与运作等三个指标主要用于测评投入、过程和产出,体现了对绩效评价思想的运用,公共文化资源服务效率、公共文化资源服务质量、公共文化资源服务影响力等三个指标主要用于测评效率、质量与影响力,体现了对成效评价思想的运用。在对社会价值的评估中,强调符合"我国国情"、突出"中国特色"的价值,是我国独特的公共文化服务评价。

（4）在指标设置上，基础指标为构造复合指标奠定基础，复合指标的选择上也有所整合创新。同时，本评价指标强调对基础指标的收集，从而为产生新的复合指标提供了机会。在对各个基础指标的具体测评指标进行考量的过程中，我们认为，对于公共文化资源与基础设施、公共文化资源服务、公共文化机构管理与运作这三项基础指标，一方面可以以部分基础统计数据（如馆藏量）作为基础指标对其进行测量，另一方面可以利用这些数据进行部分复合指标的测算（如人均馆藏量），同样也可以作为这三项的测评指标。对于公共文化资源服务效率的测评，这主要基于与人均、时均等有关的复合指标进行测评，强调对"率"的测评。

（5）指标权重设定上，以平衡计分卡的原理和方法为基础，采用基础权重和浮动权重结合的方式，制定了权重动态调整机制，充分考虑不同类型、不同等级的公共文化服务机构的特点。我国地域辽阔，各地区文化发展水平差异大，不同类型、不同等级的公共文化服务机构的发展差异巨大。各等级公共文化服务机构需要承担的社会职能也有所差别，一般来说，公共图书馆的级别越低，馆藏建设功能越弱、文化服务功能越强。与公共图书馆相比，文化馆的绩效评价更应强调服务和利用。考虑到不同类型、不同级别公共文化服务机构的差异性，利用指标权重动态调整机制，对公共图书馆、文化馆的省、市、县级分别设置了差异性、个性化的指标权重。

第六章 多维度分析模型的构建

第一节 模型构建基本算法概述

一、基于 LDA 的文本主题模型研究

文本特征的提取,在方法上分为根据词频提取特征和根据主题提取特征,其中基于词频的代表是 TF-IDF(Term Frequency - Inverse Document Frequency)算法,基于主题的是主题向量模型(Latent Dirichlet Allocation,LDA),即基于主题的文本主题特征提取[①]。本研究主要采用基于主题提取特征的方法。

LDA 模型,在 2003 年由 Blei DM 等[②]提出,他们认为一篇文档是由一组词组成的集合,词与词之间没有前后顺序关系,且语料库中的文档也没有顺序关系。LDA 模型是一个关于文档、主题、词语的三层贝叶斯概率生成模型,其核心思想是把文档看成隐含主题的一个概率分布,主题看成词语的一个概率分布。文档到主题服从多项式分布,主题到词服从多项式分布,而该多项分布的参数服从 Dirichlet 分布。

LDA 模型首先由 Dirichlet 分布得到主题分布的参数的分布,然后随机生成一个文档的主题分布,之后在该文档的每个位置,依据该文档的主题分布随机生成一

---

① 谭春辉,熊梦媛. 基于 LDA 模型的国内外数据挖掘研究热点主题演化对比分析[J]. 情报科学,2021,39(4):174-185.

② BLEI D M, NG A Y, JORDAN M I. Latent Dirichlet Allocation[J]. Journal of Machine Learning Research, 2003, 3(1): 993-1022.

个主题;然后由 Dirichlet 分布得到词语分布的参数的分布,再得到主题的词语分布,在该位置依据该主题的词语分布随机生成一个词语,直到文档的最后一个位置,生成整个文档;最后重复以上过程,生成所有的文档。LDA 主题模型过程如图 6-1 所示:

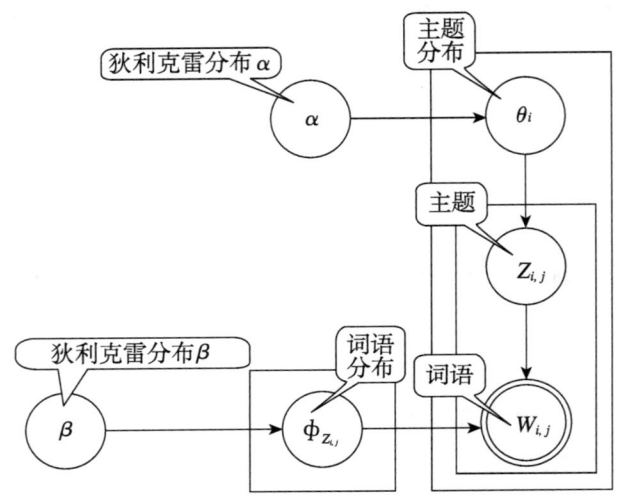

图 6-1 LDA 主题模型过程

对语料库 D 中的每篇文档,LDA 定义了如下生成过程:

(1)选择 $N,N \sim Poisson(\xi)$ 分布,这里 N 代表文档长度。

(2)选择 $\theta,\theta \sim Dir(\alpha)$ 分布,这里是 θ 列向量,表示文档主题概率分布,α 是 Dirichlet 分布的参数。

(3)对 N 个词项中的每一个:

①选择主题 $z_n,z_n \sim Multinomial(\theta)$ 分布。

②由 $p(w_n|z_n,\beta)$,选择 W。

上述过程中,β 是一个 $K \times V$ 矩阵,K 表示主题个数,V 表示词项个数。$\beta_{ij} = p(w^j=1|z^i=1)$,$z^i$ 表示某个主题生成某个词项 w^j 的概率。

θ 是 K 维 Dirichlet 随机变量,其概率密度如公式(9)所示。

$$P(\theta|\alpha) = \frac{\Gamma(\sum_{i=1}^{k}\alpha_i)}{\prod_{i=1}^{k}\Gamma(\alpha_i)}\theta_1^{\alpha_1-1}\dots\theta_k^{\alpha_k-1} \qquad (9)$$

θ 与主题 z 词汇 w 的联合分布如公式(10)所示。

$$P(\theta,z,w|\alpha,\beta) = p(\theta|\alpha)\prod_{n=1}^{N}p(z_n|\theta)p(w_n|z_n,\beta) \qquad (10)$$

如公式(11)所示，对 θ 积分，并对 z 求和，可以得到文档的边缘分布。

$$p(w|\alpha,\beta) = \int p(\theta|\alpha)(\prod_{n=1}^{N}\sum p(z_n|\theta)p(w_n|z_n,\beta))d\theta \qquad (11)$$

对公式(3)边缘概率求积，可以得到整个语料库的概率。具体计算如公式(12)所示：

$$p(D|\alpha,\beta) = \prod_{d=1}^{M}\int p(\theta_d|\alpha)(\prod_{n=1}^{N_d}\sum_{z_{dn}}p(z_{dn}|\theta_d)p(w_{dn}|z_{dn},\beta))d\theta_d \qquad (12)$$

在文本挖掘领域，主题模型的研究是一个热点。近年出现的主题模型或多或少与 LDA 模型存在一定的联系，而对于文化场馆主题挖掘来说 LDA 模型缺少一种对于热点信息的动态变化，无法达到对于热点信息实时性更新的系统需求，仅适用于对于文本挖掘的一个实验性的方法，但对以 LDA 模型为基础的后续研究提供了更多的理论基础。

二、DTM 主题模型研究

对于公众文化主题来说，不断地更新热度是这类主题词的关键之处，而一种分析话题热点变迁的主题模型正适合项目需求，如今随着 LDA 被广泛地应用，大量更为复杂的模型也随之被提出，动态主题模型①(DTM)在 2006 年由 Blei D M 和 Lafferty J D 所提出，该模型考虑了数据集时序性的特点，与传统的主题模型相比，动态主题模型将建模的焦点聚焦在数据连续性的特点上。

在 DTM 模型中，文档之间的时序特征反映了一组不断发生变化的主题②。假设数据是按时间片顺序进行划分的③，例如按年划分，使用含有 K 个主题的数据集对每个以年为单位的时间片进行建模，其中 t 时间片上的主题与 $t-1$ 时间片的主题相关联，是由 $t-1$ 时间片的主题演变而来的。DTM 模型图如图 6-2 所示：

---

① BlEI D M,LAFFERTY J D. Dynamic topic models[C]//Proc of the 23rd International Conference on Machine Learning,2006:113-120.

② 闫盛枫.融合词向量语义增强和 DTM 模型的公共政策文本时序建模与演化分析——以"大数据领域"为例[J].情报科学，2021，39(9)：146-154.

③ 闫盈盈.基于 DTM 模型的政府公文公告主题研究[J].中国管理信息化，2020，23(21)：151-155.

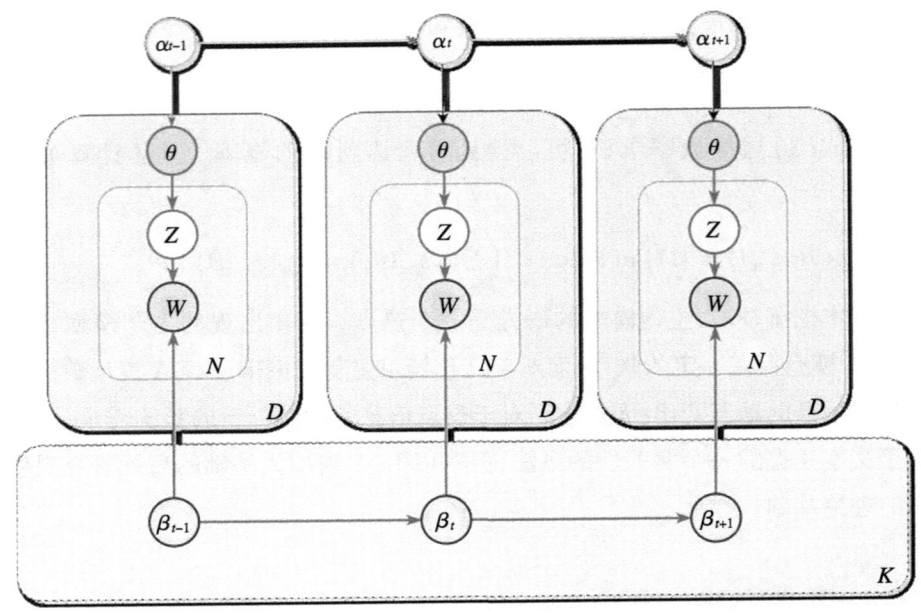

图6-2 DTM模型图

一个 V 项的 k 分量模型,用 $\beta_{t,k}$ 表示第 t 个时间片中主题 k 的自然参数 V 向量,多项式分布通常是通过其平均参数化表示。如果用 π 表示 V 维多项式的平均参数,则自然参数的第 i 个分量由映射 $\beta_i = \log(\pi_i/\pi_v)$ 给出。在典型的语言建模应用中,Dirichlet 分布用于建模单词分布的不确定性。然而,Dirichlet 不适用于序列建模。相反,将每个主题的自然参数 $\beta_{t,k}$ 链接到一个随高斯噪声演化的状态空间模型中;这种模型的最简单版本是(核心):

$$\beta_{t,k}|\beta_{t-1,k} \sim N(\beta_{t-1,k}\sigma^2 I) \tag{13}$$

因此在 DTM 中,通过链接高斯分布并将传递出的值映射到单纯行来进行随机变量序列的建模。这是 Logistic 正态分布对时间序列单形数据的扩展。

在 LDA 中,特定于文档的主题比例 θ 是从狄利克雷分布中得出的。在动态主题模型中,使用均值为 α 的 Logistic 正态来表示比例上的不确定性①。使用简单的动态模型再次捕获模型之间的顺序结构,其公式如下:

$$\alpha_t|\alpha_{t-1,k} \sim N(\alpha_{t-1,k}\delta^2 I) \tag{14}$$

---

① 蒋卓人,陈燕,高良才,等. 一种结合有监督学习的动态主题模型[J]. 北京大学学报(自然科学版),2015,51(2):367-376.

通过将主题和主题比例分布链接在一起,按顺序绑定了一组主题模型。因此,顺序语料库的切片 t 的生成过程如下:

步骤1:获取文档数据集的主题 $\beta_{t,k} | \beta_{t-1,k} \sim N(\beta_{t-1,k}, \sigma^2 I)$;

步骤2:获取 $\alpha_t \alpha_{t-1,k} \sim N(\alpha_{t-1,k}, \delta^2 I)$;

步骤3:对数据集中每一篇文档:获取 $\eta \sim N(\alpha_{t,k}, \alpha^2 I)$;

$$\pi(\beta_{ik,i},_w) = \frac{\exp(\beta_{k,i,w})}{\sum_\omega \exp(\beta_{k,i,w})} \quad (15)$$

步骤4:对于所有单词,获取主题 $Z \sim Multinomial(\pi(\eta))$,进而获取单词 $W_{idn} \sim Multinomial(\pi(\beta_{it}))$。

此外还应注意 π 映射多项式分布参数为均值参数,即当忽视掉箭头所产生的联系时,则动态主题模型便成为了多个相互独立的静态主题模型。根据 DTM 主题模型对于公共文化主题的分析与挖掘有了极大的参考意义。

三、基于双向长短期记忆网络 BiLSTM 的主题模型

BiLSTM 起源于长短期记忆网络(LSTM),LSTM 模型是为了解决循环神经网络(RNN)模型在学习长期依赖方面存在困难。基于 LSTM 的模型能够以非常干净的方式解决梯度消失问题。LSTM 模型[1]本质上扩展了 RNN 模型的内存,使它们能够保持和学习输入的长期依赖关系。这种记忆扩展具有在更长的时间内记忆信息的能力,因此能够从记忆中读取、写入和删除信息。LSTM 存储器被称为"门控"单元,其中字门的灵感来自决定保留或忽略存储器信息的能力[2]。LSTM 模型从输入中捕获重要特征,并在很长一段时间内保存这些信息。基于在训练过程中分配给信息的权重值来做出删除或保留信息的决定。

---

[1] 赵凯,王鸿源. LDA 最优主题数选取方法研究:以 CNKI 文献为例[J]. 统计与决策,2020,36(16):175-179.

[2] 霍朝光,霍帆帆,董克. 基于 LSTM 神经网络的学科主题热度预测模型[J]. 图书情报知识,2021,(2):25-34.

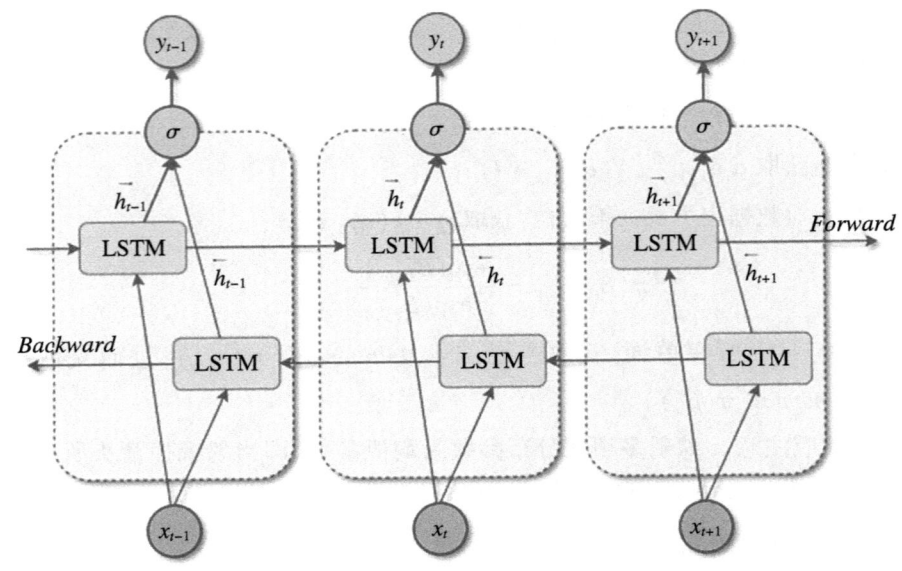

图 6-3　BiLSTM 主题模型

如图 6-3 所示,通常 LSTM 模型由三个门组成:遗忘门、输入门和输出门。遗忘门决定保留/删除现有信息,输入门指定将新信息添加到内存中的程度,输出门控制单元格中的现有值是否有助于输出。

(1)遗忘门。Sigmoid 函数通常用于此门,以决定需要从 LSTM 存储器中删除哪些信息。该决定基本上是基于 h_{t-1} 和 x_t 的值做出的。这个门的输出是 f_t,一个介于 0 和 1 之间的值,其中 0 表示完全去除学习值,1 表示保留整个值。此输出计算如下:

$$f_t = \sigma(W_{fh}[h_{t-1}], W_{fx}[x_t], b_f) \tag{16}$$

(2)输入门。该门决定是否将新信息添加到 LSTM 内存中。该栅极由两层组成:sigmoid 层和 tanh 层。sigmoid 层决定需要更新的值,tanh 层创建一个新候选值向量,该向量将添加到 LSTM 内存中。这两层的输出通过以下方式计算:

$$i_t = \sigma(W_i[h_{t-1}, x_t] + b^i) \tag{17}$$

$$\tilde{C}_t = \tanh(W_{ch}[h_{t-1}], W_{cx}[x_t], b_c) \tag{18}$$

(3)输出门。其中它表示该值是否需要被更新,并且 $\tilde{C}_t$ 指示将被添加到 LSTM 存储器中的新候选值的向量。这两个层的组合提供了对 LSTM 存储器的更新,其中使用遗忘门层通过乘以旧值(即 C_{t-1})然后加上新的候选值 $i_t * C_t$ 来遗忘当前值。下面的等式表示其数学方程：

$$O_t = \sigma(W_{oh}[h_{t-1}], W_{on}[x_t], b_o) \tag{19}$$

$$h_t = o_t \times \tanh(c_t) \tag{20}$$

其中 o_t 是输出值，h_t 表示 -1 到 1 之间的值。

双向 LSTM 是 LSTM 模型的扩展，其中两个 LSTM 应用于输入数据。在第一轮中，对输入序列（即前向层）应用 LSTM。在第二轮中，输入序列的反向形式被输入 LSTM 模型（即后向层）。两次应用 LSTM 可以改善学习的长期依赖性，从而提高模型的准确性。BiLSTM 主题模型完全可以满足对于文化场馆主题挖掘的迭代性，通过神经网络不断遗忘和生成新的模型参数，以达到主题挖掘的时效性，对于公共文化服务效能评估大数据分析挖掘系统有了技术性的支持。

四、基于约束的随机森林热度分析算法

在特征空间集合中有很多维的特征，特征间也许会有某种相关性，分类算法中要求特征之间的相关性尽可能地小。为了使得特征对模型能够有较好的效果，要将特征之间的相关性降低，也就是通常所说的白话算法。常见的衡量特征之间相关性的方法有卡方分布和基于统计系数的方法，比如皮尔逊系数。

为了评价特征的好坏，随机森林算法通过随机的调整某一个特征的部分属性值，观察结果的变化情况就可以看出特征对结果的影响情况，正如前面所讲，这种方式在一定程度上存在着不足之处。本书通过使用皮尔逊系数衡量特征间的相关程度，根据相关性的大小进行分区，将特征分为不同的区间段，在区间内的特征之间具有较高相关程度，不同区间特征相关性较低。随机森林整体构造决策树的时候选择一定比例的决策树在不同区间选择特征进行组合，形成候选特征集合，森林中其余比例的决策树还是按照传统随机森林的构造方法进行构造，使用皮尔逊系数进行特征间的相关性分析具有更好的效果。

通过皮尔逊系数对特征集合的相关性进行划分，基本思想和 K – means 聚类算法近似。首选设定划分的区间数 K，然后随机从整体的特征集合 N 中选取一个特征属性作为区间起始特征 F1，然后从剩余的特征随机选择与初始特征 F 最相近的 $N/k - 1$ 个特征，这 K 个特征就是属于第一个区间的；然后划分第二个区间的时候，依然从其余特征集合中随机选择一个特征属性作为第二个区间的初始特征 F2，选定 F2 后，从剩余特征中选择与 F2 最相近的 $N/k - 1$ 个特征，构成第二个区间的特征集合;重复进行该操作,直至全部特征都被分到相应的区间段内,最后特征区间划分完成时会生成 k 个特征区间,所有区间内特征数量为 N/k 个。

将特征集合按照皮尔逊相关性进行分区间后,构造森林中的一部分约束决策树的时候按照一定比例分别从不同区间随机选择一定数量的特征组成候选特征集。这样就会有控制特征组合的参数集合,定义为 R,如公式(21)所示。

$$R = \{r_1, r_2, \ldots, r_i\} \, (i = 0, 1, 2 \ldots) \tag{21}$$

其中,r_i 代表每个区间所抽取的特征数量占总抽取的特征候选集比例,可知 $0 \leq r_i \leq 1$ 且所有比例之和为 1。同时,会生成控制随机森林中按照两种不同方法构造决策树每部分的比例参数,定义此参数为 γ,其中 $0 \leq \gamma \leq 1$,如果 $\gamma = 1$ 那么全部按照论文新提出的不同区间特征组合进行树的生成,进而生成森林;如果 $\gamma = 0$,那么完全按照传统随机森林的方法进行构造决策树,进行生成森林。

第二节 分析方法概述

一、可视化分析方法

大数据分析的使用者有大数据分析专家,同时还有普通用户,但是他们二者对于大数据分析最基本的要求就是可视化分析,因为可视化分析能够直观地呈现大数据特点,同时能够非常容易被读者所接受,就如同看图说话一样简单明了。数据可视化是数据分析和展示的一种表现形式,它一直处在不断更新变化中。我们所获得的数据信息很大程度上依赖其表现形式,数据可视化是对数据中内容进行清洗、整合,再配合可视化图形的方式来展示数据信息属性。数据与可视化两者相辅相成,为数据分析结果的展示增添了几分灵性。

数据的可视化实现过程一般比较复杂,庞大的数据量总价值密度低,要求进行检查、清洗、整理、转换和建模数据,发现有用的信息,进行数据分析(相关分析、回归分析等)获取大数据价值链。基本思想是将获得的数据集中的每一个数据项作为单个图源元素表示大量的数据集,进而形成数据图像可视化[1]。可视化采用交互性图表为数据展示形式直观展示统计信息属性,符合大脑信息处理机制中视觉

---

[1] 李天辉. 基于 python 的数据分析可视化研究与实现[J]. 电子测试,2020(20):78-79.

信息处理更快的特点,易于被用户接受。

Echarts 是由百度公司开发的开源可视化图形工具库。它为使用者提供了丰富的图表样式、直观且可交互的处理模式及友好的环境界面。本研究将根据应用场景,将前期大数据处理的结果数据采用 Echarts 进行可视化呈现,从而提高大数据应用的直观性。

基于 Web 和 ECharts 的文化效能可视化技术近年来受到极大关注。ECharts 来源于 Enterprise Charts 的缩写,是一个纯 JavaScript 图表库,可在 PC 和移动设备上流畅运行,与当前绝大部分浏览器(IE8/9/10/11,Chrome,Firefox 等)均可兼容。底层依赖 Canvas 类库,可提供生动的、交互性强的以及可个性化定制的可视化图表。其可视化功能主要有以下特性:

(1)SVG 地图模式。该模式集成了全球的 SVG 地图。支持子区域地图扩展模式,即通过主地图可扩展浏览其包含的所有子图,该功能可输出全球 176 个国家地区和全国 600 多个省市区域的 SVG 地图。

(2)标注标线。标注标线是图表中的重要功能模块,可对曲线图上极值点、临界点和拐点等进行标注。该模块不仅提供了动态标注功能,同时还提供了图表类型切换、图例选择开关和值域漫游等组件交互功能,使图形展示更加智能、实用、方便。

(3)炫光特效。该功能利用线路炫光动画技术,可直观形象地展示线路上流通情况,是实现信息流、能量流可视化展示的最佳工具。

(4)拖拽再计算。该特性给数据统计图表用户带来了全新体验,允许用户对数据进行拖拽提取、自定义整合以及在多个图表间进行交换等,提高了对数据处理、分析和挖掘的能力。

(5)图表类型切换。虽然很多图表表达能力相似,但由于数据类型或是应用场景不同,会呈现出不同效果。该切换特性可以使用户根据特定需求选择不同图表,以达到期望显示效果。例如在折线图、饼图、柱状图、漏斗图等图表之间自定义切换。

(6)图例选择开关。可视化过程中经常需要展示多系列数据,但不同场景下用户关注的数据不同,往往只关心其中一个或部分系列数据。用户通过该功能可进行自定义切换,聚焦关注点,进行更好的研究。

(7)值域漫游。通过颜色表现元素数值的可视化图表更具形象直观特性。值域漫游功能可实现根据颜色选择内容进行显示。

（8）大数据快速加载。大数据时代的到来给可视化图像加载带来了巨大挑战，该功能可实现万级数据秒级内渲染，结合 Web 浏览器，轻松展现百万规模数据，极大提高了可视化效率。

（9）力导向布局。系统中每个节点均含有一定能量并受到其他节点的斥力，同时受到与其直接相连节点的引力。在系统平衡状态下给定一个扰动，系统受力平衡被打破，在斥力与引力不断作用下，各节点逐渐由不平衡态转向有序的平衡态，同时系统能量也在不断消耗。当达到受力平衡时，节点间不再发生相对位移，整个系统达到一种稳定的平衡态。

以上几个特点对于公共文化服务效能评估大数据分析挖掘系统中大数据可视化的处理都可以适用。大屏展示功能的实现可以将以上特点模块化地应用进项目场景，对于整体框架来说，在后端处理完数据模型后得出的计算值可以使用 ECharts 丰富的图形库进行渲染，例如，文化场馆在中国 SVG 地图上的热力图呈现模式；为各类效能信息的折线或柱状图显示添加不同的图例选择开关。整体界面使用 VUE 进行优化展示。

二、网络文化事件热度分析法

1. 网络文化事件的热度分析方法概述

目前的计算机技术可以实现对网络文化信息的热点聚类，通过把相似信息聚类，实现热点的呈现。但是现有的热度体现方式只能通过相似信息的数量来衡量，其缺点就是衡量的指标单一，从而导致对热点的判断出现偏差。为了克服上述现有技术的不足，本书的目的是提供一种网络文化事件的热度分析方法，对网络文化事件产生的数据进行采集、预处理和保存；根据收集的数据建立热点指数计算模型，最终计算出每个文化事件的热点指数。该方法挖掘网络文化事件的爆发度、网民作用度、网媒关注度的价值信息，将信息转化为可以量化的结构数据，再通过热点指数计算模型得出该文化事件的得分，实现多维度的网络文化事件的热度分析。方法总体框架图如图 6-4 所示：

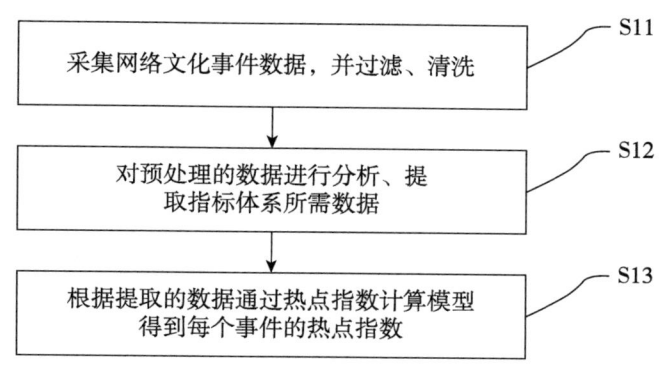

图6-4 网络文化事件的热度分析方法总体框架图

图中展示了基于网络文化事件热度分析方法的总体框架图,该框架包含以下几个环节:

S11,采集网络文化事件数据,并对数据进行过滤、清洗;

S12,对预处理过的数据进行分析,按照指标体系提取所需数据;

S13,根据提取到的数据利用事件热点指数计算模型计算每个事件的热点指数。

2. 网络文化事件的热度分析方法步骤

基于网络文化事件的热度分析方法主要包括以下步骤:

步骤1:对网络文化事件产生的数据进行采集、预处理和保存,采用指标无量纲化的方法对三级指标进行标准化,公式为:

$$B = b_{ij} - b_{i\min} / b_{i\max} - b_{i\min} \tag{22}$$

利用三级指标得分和相对权重求出 F_i 的得分,公式为:

$$F_i = \sum_{\substack{i=1 \\ j=1}}^{n} B_{ij} W_{ij} \tag{23}$$

其中,$b_{i\max}$、$b_{i\min}$ 是各级指标的最小值和最大值。

步骤2:根据收集的数据建立热点指数计算模型,采用 AHP_B 方法来计算指标权重,需要构造判断矩阵,根据每一层两两因素(i,j)的相对重要性(a_{ij})构建每一层的判断矩阵 A,两两因素之间的相对重要性可通过文化领域专家或者对用户进行服务调查,得到客观的、符合实际的结果,其次,通过 AHP_B 方法计算其最大特征根和对应该特征根的一组特征向量来计算权重,最终计算出每个文化事件的热点指数,具体步骤如下:

(1) 计算判断矩阵每行元素的乘积：

$$K_i = \prod_{j=1}^{n} a_{ij}, i = 1, 2, \cdots, n \quad (24)$$

(2) 计算 K_i 的 n 次方根：

$$\overline{w}_i = \sqrt[n]{K_i}, i = 1, 2, \cdots, n \quad (25)$$

(3) 对向量 $\overline{W} = [\overline{w}_1, \overline{w}_2, \cdots, \overline{w}_n]^T$ 归一化，如公式(26)得到特征根向量(即权重向量)为 $w = [\overline{w}_1, \overline{w}_2, \cdots, \overline{w}_n]^T$

$$w_i = \frac{\overline{w}_t}{\sum_{j=1}^{n} \overline{w}_j} \quad (26)$$

(4) 计算判断矩阵的最大特征根：

$$\lambda_{\max} = \frac{\sum_{i=1}^{n}(AW)_i}{\sum_{i=1}^{n} w_i} \quad (27)$$

(5) 一致性检验：判断矩阵 $(A_{ij})_{n \times n}$ 需要对其进行一致性检验，步骤如下：

①将矩阵 $(A_{ij})_{n \times n}$ 表示为特征矩阵 $\overline{A}(W_i/W_j)_{n \times n}$ 与扰动矩阵 $E = (\varepsilon_{ij})_{n \times n}$ 的 Hadamard 乘积；

②分析 ε_{ij} 的分布建立检验统计量如公式(28)，其中 $\alpha_{ij} = \varepsilon_{ij} - 1$；

$$\varpi^2 = \sum_{1 \leq i < j \leq n} \frac{\alpha_{ij}^2}{\sigma^2} \quad (28)$$

③建立建设检验的原假设 $H0: \sigma_2^2 < \sigma^2$；

④在显著性水平 p 下进行检验：满足 $P(\varpi^2 \leq \varpi_{1-p}^2) = 1 - p$，即 A 在显著性水平 p 时满足一致性要求；

(6) 确定最终权重。

所述的步骤(1)中，进行数据采集时，所采集的数据的基本属性包括事件的标题、主题、正文、链接地址、所属网站、所属机构。

所述的步骤(1)中，如果所采集的数据为超话、贴吧或论坛数据，所采集的数据的基本属性还包括事件的点击数量、回帖数量、评论数量、是否置为首页、是否置顶和是否推荐。

所述的事件热点指数计算模型是根据事件的多维度参数和相对权重建立的计算事件热度的模型，所述的多维度参数包括事件爆发度、网民作用度和网媒关注度。

所述的文化事件热点指数为一级指标设为 F,事件爆发度设为 F1,网民作用度为设 F2,网媒关注度设为 F3,F1、F2、F3 分别为二级指标。F1、F2、F3 为效益性指标,可利用三级指标得分和相对权重求出如公式(1),同时采用指标无量纲化的方法对三级指标进行标准化,采用公式(2);

计算后得到[0-1]区间的数值,为了使数据更加直观、标准,将所有的计算结果扩大 100 倍,得到[0-100]区间的值,便于进行比较分析得到归一化的结果;

所述的事件爆发度是反映文化事件的敏感度(F11)和事件的持续时间(F12);

所述的网民作用度是反映网络文化事件的访问量(F21)、发帖量(F22)、回帖量(F23)、跟帖量(F24);

所述的网媒关注度是反映报道该网络文化事件媒体机构数(F31)、新闻报道量(F32);

以上 F11、F12、F21、F22、F23、F24、F31、F32 为三级指标。

所述的构建的网络文化事件的热度分析指标,不难分析出三级指标涉及主观数据和客观数据。其中客观数据使用网络信息抓取技术,快速抓取网站内容,而主观数据通过专家评价法得出相关的结果。

所述的根据各级指标所确定的权重和数据的标准化,然后对各级指标进行加权求和。根据计算公式(22)、(29)最终得出网络文化事件热点指数值。

$$S = \sum_{i=1}^{n} F_i W_i \quad (29)$$

公式(29)中的 F_i 为第 i 个指标的得分;W_i 为第 i 个指标的权重;n 为指标的个数。S 为该文化事件的热度得分。

第三节　服务效能评估模型

一、全面评估模型

通过对相关文献、政策及标准规范的综合分析,本指标对于公共文化资源服务效能评估采用系统全面的评估准则,具体评估准则包括对公共文化资源服务的绩效评估准则、过程评估准则和成效评估准则。

绩效评估以评估公共文化资源的投入和产出为基本准则,一般而言,涵盖了公共文化机构的资源和服务两大方面。资源是公共文化机构所拥有的包括馆藏资源、设备设施、员工等在内的广义上的一切资源的统称。服务是指公共文化机构基于本馆资源,附加人的劳动价值(包括脑力劳动和体力劳动等)而针对用户开展的一系列服务活动的统称,包括借阅、参考咨询、举办讲座/展览等。

过程评估以评估公共文化机构为提供公共文化服务而开展的管理运行与服务效率为基本准则,涵盖了公共文化机构的管理方式、运行机制、服务效率几大方面。从公共文化机构的角度出发,过程评估关注公共文化机构的管理,主要指公共文化机构为更好地履行职能而展开的一系列保障活动,比如网络安全管理、档案管理等工作,运作主要包括各项业务在公共文化机构的内部运转过程。从业务运作的角度出发,过程评估关注各项业务的效率,包括各项业务活动涉及的各种要素的效率,服务的效率,倾向于测评资源使用和服务提供的成本,如各项服务的时间成本、经济成本、人力成本等,以及各项服务的效益情况,如参与人次等。

成效评估以评估公共文化服务的质量与影响为基本准则,涵盖了公共文化机构的质量和影响力两大方面。质量倾向于评估资源使用和服务提供的质量水平,如在多大程度上满足用户对该项服务的需求和期待。影响力倾向于评估提供公共文化资源使用或公共文化服务后产生的价值及其影响力,比如在多大程度上实现了公共文化机构的基本功能,对社会产生了多大的价值,等等。鉴于此,我们在 John and Charles 图书馆成效与绩效模型的基础上,增加了过程评估,并结合我国公共文化服务的特点完善了其中的成效评估和绩效评估,从而形成了新的系统性的评估公共文化服务绩效的评估准则和基本模型,如图 6-5 所示。

二、评估思路设计

针对公共文化资源服务效能评估,提出了一种基于"模块—综合"的评估方法,并分别构建了相应的分析模型。

1. 模块评估模型

由于公共文化资源服务效能评估可以分为绩效评估、过程评估和成效评估三大模块,每个模块又包含了两个维度,即两个一级指标,因此在建立模块评估模型时,利用模块与所属维度之间的关系建立相应的模块评估模型,如利用资源维度和服务维度建立绩效评估模块的投入产出比评估模型,重点评估各公共文化机构的服务能力与资源配置之间的关系;利用管理维度和效率维度从侧面反映公共文化资源服务的运作过程及运作效果;利用质量维度和影响力维度客观评价公共资源服务的具体成效和社会效益。

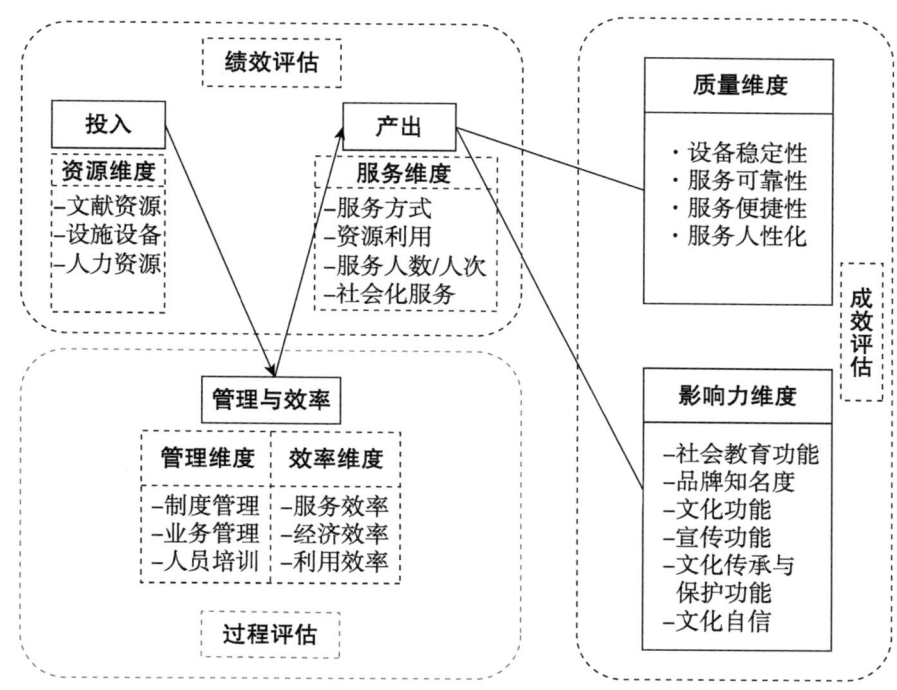

图6-5 公共文化资源服务效能全面评估模型

2. 综合评估模型

根据公共文化资源服务效能评估多维度的特点,将综合服务效能评估转化为多属性综合评估的问题,根据服务效能评估指标层级架构的特点,利用指数计算与合成的方法,从三级指标开始,逐级向上合成公共文化资源服务效能标准化综合指数,从而横向对比各领域、各地区、各层级公共文化机构的综合服务效能。

三、核心指标提取

为了提高服务效能评估指标的适用性,减少数据收集量和计算复杂度,在制定"公共图书馆文化资源服务效能评估指标体系"和"群众文化资源服务效能评估指标体系"的基础上,根据数据情况和实际的评估需求,采用指标约简的方法①分别提取相应的核心指标,形成"公共图书馆文化资源服务效能评估核心指标"和"群众文化资源服务效能评估核心指标",其中"公共图书馆文化资源服务效能评估核心指标"主要针对公共图书馆进行评估,包含3个评估模块,6个评估维度,42项核心指标;"群众文化资源服务效能评估核心指标"主要针对文化馆、文化站进行评估,包含3个评估模块,6个评估维度,共计34项核心指标,具体见表6-1、表6-2。

表6-1 公共图书馆文化资源服务效能评估核心指标

一级指标	二级指标	核心指标
公共文化机构资源	文献资源	(非数字化)馆藏资源总量
		外国文献资源
		数字资源总量(TB、数量)
		自建资源总量
		音视频资源总量
	设施设备	服务用物理空间面积
		公共座位数量(个)
		数字化服务用设备数量
		数字阅览室面积
		流动服务点数量(个)
	人力资源	员工总数量(人数)

---

① 张宁. 公共文化领域历史数据的数据重用——以我国"两馆一站"服务能力数据为例[J]. 四川图书馆学报,2023(03):1-9.

续表

一级指标	二级指标	核心指标
公共文化机构服务	服务方式	传统服务种数及名称(种)
		数字服务种数及名称(种)
	资源利用	独立用户访问数量(次)
		线上各类活动总次数
		馆藏资源流通数量(册次)
		线下各类活动举办次数
	服务人数/人次	持证用户总数(人数)
		馆藏资源外借人次(人次)
		线下各类活动总人次
		年到访用户数量(人次)
		年网站平均访问数(人次)
		线上各类活动总访问数
	服务普惠性	面向特殊人群开展活动的场次
		面向特殊人群开展活动的总参与人次
公共文化资源服务管理	人员培训	员工年培训人次(人次)
公共文化资源服务效率	服务效率	年开放时长文献平均流通数量(册次/小时)
		用户平均借阅量(册次/人)
		年开放时长接待人次(人次/小时)
		活动平均参与人次(人次/场)
		数字化资源日均使用量(人次/天)
	经济效率	资金平均服务人次(线下)(人次/元)
		资金平均服务人次(线上)(人次/元)
		馆员人均服务能力(人次/人)
		文献流通率(%)
		数字资源利用率(%)
	利用效率	物理空间使用率
公共文化资源服务质量	用户满意度	用户综合满意度(可以分为线上和线下)

续表

一级指标	二级指标	核心指标
公共文化资源服务影响力	社会教育	社会教育类活动的总参与率
	机构知名度	机构知晓率(%)
	文化传承与保护功能	文化保护与传承活动次数(次)
		文化保护与传承活动参与人次(人次)

表6-2　群众文化资源服务效能评估核心指标

一级指标	二级指标	核心指标
公共文化资源	文献资源	(非数字化)馆藏资源总量(件)
		数字资源总量(TB、数量)
	设施设备	服务用物理空间面积
		线下活动支撑设备数量(台/套)
		数字化服务用设备数量
		基础服务点数量
	人力资源	员工总数量(人数)
		志愿者数量(人数)
公共文化资源服务	服务方式	传统服务种数及名称(种)
		数字服务种数及名称(种)
	资源利用	独立用户访问数量(次)
		线上各类活动总次数
		线下各类活动总次数
	服务人数/人次	线下各类活动参与总人次
		年到访用户数量(人次)
		年网站平均访问数(人次)
		线上各类活动总访问数
	服务普惠性	面向特殊人群开展活动的场次
		面向特殊人群开展活动的总参与人次
公共文化资源服务管理	人员培训	员工年培训人次(人次)

续表

一级指标	二级指标	核心指标
公共文化资源服务效率	服务效率	年开放时长接待人次(人次/小时)
		活动平均参与人次(人次/场)
		数字化资源日均使用量(人次/天)
	经济效率	资金平均服务人次(线下)(人次/元)
		资金平均服务人次(线上)(人次/元)
		馆员人均服务能力(人次/人)
	利用效率	物理空间使用率
公共文化资源服务质量	用户满意度	品牌活动的数量(个)
		用户综合满意度(可以分为线上和线下)
公共文化资源服务影响力	社会教育功能	社会教育类活动的总参与率
	机构知名度	机构知晓率(%)
	文化传承与保护功能	文化保护与传承活动次数(次)
		文化保护与传承活动参与人次(人次)
		文化遗产数字化资源(TB)

四、犹豫模糊集—熵值法评估方法

在公共文化效能评估的过程中,通过建立犹豫模糊集将专家打分更为全面的量化,得出各公共文化指标的主观权重;通过 DEA 模型计算得出各公共文化指标的客观权重。通过将主客观权重相结合的方式,计算得出各公共文化指标的综合权重,并最终通过所建立的四阶段偏好 DEA 模型计算得出各场馆的公共文化效能评估值。该方法所得到的公共文化效能评估值相较于传统的公共文化效能评估方法更为准确,且更具有科学客观性。

如图 6-6 所示,具体算法流程说明如下:

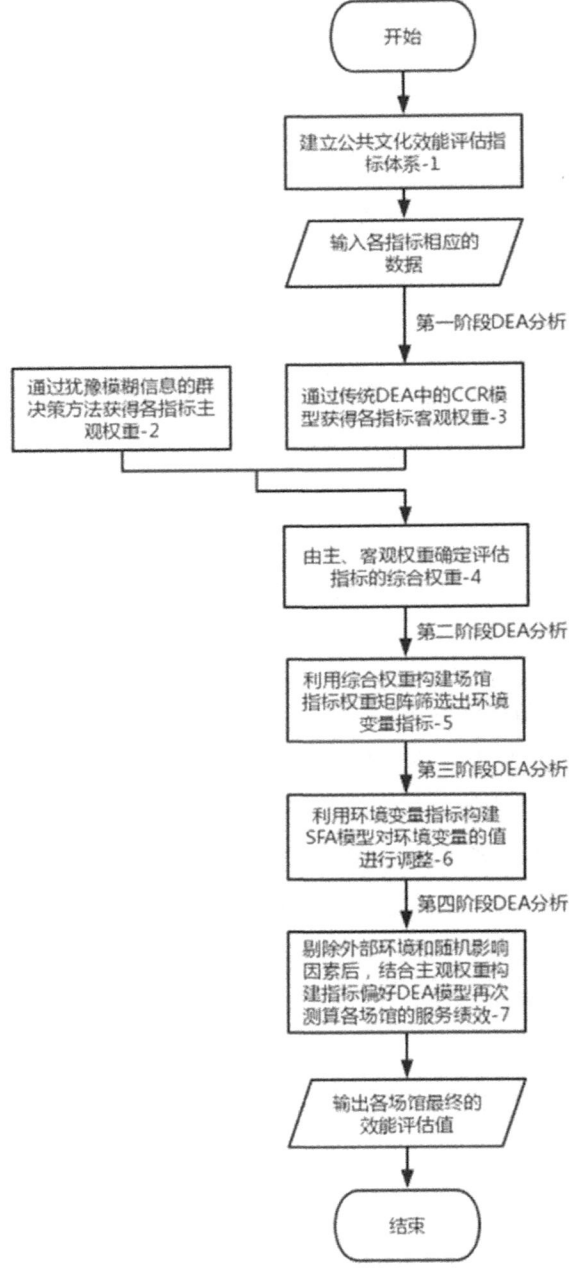

图 6-6 基于犹豫模糊四阶段 DEA 的公共文化效能评估算法流程图

1. 步骤1,考虑指标关联性以及不同地区差异性,遵循公益性、基本性、均等性以及便利性的原则,建立公共文化指标体系。根据对公共文化效能评估值所影响的导向不同,进一步将公共文化指标体系分为两个部分:投入指标 x_{ij}、产出指标 y_{ij}。其中 i 与 j 分别表示第 i 个场馆第 j 项指标。

2. 步骤2,将 w 项公共文化指标,用一个非空的离散指标集 $Z = \{Z_1, Z_2, \cdots, Z_w\}$ 来表示,则 Z 上的犹豫模糊偏好关系 H 用矩阵 $H = (h_{ij})_{w \times w}$ 表示,其中 $h_{ij} = \{h_{ij}^t | t = 1, 2, \cdots, l_{h_{ij}}\}$ 是犹豫模糊元素,表示公共文化指标 Z_i 优于公共文化指标 Z_j 的所有可能程度。h_{ij} 需满足 $h_{ij}^{\sigma(t)} + h_{ji}^{\sigma(l_{h_{ij}} - t + 1)} = 1$, $h_{ii} = \{0.5\}$, $l_{h_{ij}} = l_{h_{ji}}$, $i, j = 1, 2, \cdots, w$。

同时设 $D_k(k = 1, 2, \cdots, p_0)$ 为公共文化效能评估专家组的集合,专家组 D_k 提供每对公共文化指标间所有可能的偏好值,并建立犹豫模糊偏好关系 $H^{(k)} = (h_{ij}^{(k)})_{w \times w}$。

(1)步骤2-1,利用HFA算子集成指标 Z_i 的所有打分值 $h_{ij}^{(k)}$ ($j = 1, 2, \cdots, w$),然后得到指标 Z_i 的平均打分值 $h_i^{(k)}$:

$$h_i^{(k)} = \text{HFA}(h_{i1}^{(k)}, h_{i2}^{(k)}, \cdots, h_{iw}^{(k)}) = \frac{1}{w} \bigoplus_{j=1}^{w} h_{ij}^{(k)} \tag{30}$$

其中犹豫模糊元素 $f_1 \oplus f_2$ 的运算法则为:

$$f_1 \oplus f_2 = \bigcup_{\substack{\gamma_1 \in f_1 \\ \gamma_2 \in f_2}} \{\gamma_1 + \gamma_2 - \gamma_1 \gamma_2\} \tag{31}$$

故此处

$$h_i^{(k)} = \text{HFA}(h_{i1}^{(k)}, h_{i2}^{(k)}, \cdots, h_{iw}^{(k)}) = \frac{1}{n} \bigoplus_{j=1}^{w} h_{ij}^{(k)} = \bigcup_{\gamma_1 \in h_{i1}, \gamma_2 \in h_{i2}, \cdots, \gamma_n \in h_{iw}} \{1 - \prod_{j=1}^{w}(1 - \gamma_i)^{\frac{1}{w}}\} \tag{32}$$

(2)步骤2-2,再次利用HFA算子集成每个指标的所有平均打分值 $h_i^{(k)}$ ($k = 1, 2, \cdots, p_0$),得到指标 Z_i 优于其他所有指标的一个犹豫模糊打分值 h_i:

$$h_i = \text{HFA}(h_i^{(1)}, h_i^{(2)}, \cdots, h_i^{(p_0)}) = \frac{1}{n} \bigoplus_{k=1}^{p_0} h_i^{(k)} \tag{33}$$

(3)步骤2-3,计算 $h_i(i = 1, 2, \cdots, w)$ 的得分函数 $s(h_i)$,则为指标 Z_i 的主观权重,得分函数 $s(h_i)$ 如下:

$$s(h_i) = \frac{1}{l_{h_i}} \sum_{\gamma \in h_i} \gamma \tag{34}$$

将计算所得的 $s(h_i)$ 作为指标 Z_i 的最终主观权重。

3. 步骤3，进行第一阶段DEA分析，对所有场馆作为决策单元进行比较，以确定各项公共文化指标间的相对重要程度得出不为主观因素所影响的客观权重值，以提高公共文化效能评估结果的可靠性。

将 n 个场馆作为决策单元 $(j=1,2,\cdots,n)$，而且每个决策单元有 $m(w=m+s)$ 项相同的投入指标作为输入，其输入向量为

$$x_j = (x_{1j},x_{2j},\cdots,x_{mj})^T > 0, j=1,2,\cdots,n \tag{35}$$

每个决策单元有 s 项相同的产出指标作为输出，其输出向量为

$$y_j = (y_{1j},y_{2j},\cdots,y_{sj})^T > 0, j=1,2,\cdots,n \tag{36}$$

x_{ij} 表示第 j 个场馆在第 i 项投入指标的投入量；y_{ij} 表示第 j 个场馆在第 i 项产出指标的产出量。

为了将场馆的公共文化效能评估过程看作只有单个投入量单个产出量的简单过程，需要对其中的投入指标和产出指标进行权重设置，假设投入和产出指标的权向量分别为：$v = (v_1,v_2,\cdots,v_m)^T, u = (u_1,u_2,\cdots,u_s)^T$。$v_i$ 为第 i 项投入指标的权重，u_r 为第 r 项产出指标的权重。在此使用CCR模型构建线性规划模型，则第 j_0 个场馆的相对效率线性规划模型为：

$$\max \mu Y_0$$
$$s.t. \begin{cases} \mu^T Y_j - w^T X_j \leq 0 \\ w^T X_0 = 1 \\ w \geq 0, \mu \geq 0 \end{cases} \tag{37}$$

式中 $j=1,2,\cdots,n$。运用该CCR模型，计算获得所有指标的权向量，并且得出各场馆未经环境因素滤除的初步公共文化效能评估值供后续环节的对比和分析。

4. 步骤4，将犹豫模糊集得出的主观权重与CCR模型计算出的客观权重相结合，由于算术平均数受极端值的影响较大，故用如下公式计算得到公共文化指标 Z_i 的综合权重，计算公式如下：

$$Z_i = \frac{\sqrt{h_i v_i}}{\sum_{i=1}^{m}\sqrt{h_i v_i}}, i=1,2,\cdots,w \tag{38}$$

5. 步骤5，进行第二阶段DEA分析，受环境变量的影响，即使所有公共文化指标 Z_i 都一样，在不同环境下所得到的公共文化投入产出不相同，其最终得到的公共文化效能评估值也不会相同。因此，环境变量应选取那些对公共文化效能评估

值产生影响但不在场馆主观可控范围内的指标。在第二阶段 DEA 分析中对环境变量进行分离,Z_{nw} 为第 n 个场馆第 w 项指标所对应的权重,构建的场馆—指标权重矩阵为:

$$
\begin{array}{ccccc}
 & \text{指标}1 & \text{指标}2 & \text{指标}3 & \cdots & \text{指标}w \\
\text{场馆}1 & Z_{11} & Z_{12} & Z_{13} & \cdots & Z_{1w} \\
\text{场馆}2 & Z_{21} & Z_{22} & Z_{23} & \cdots & Z_{2w} \\
\text{场馆}3 & Z_{31} & Z_{32} & Z_{33} & \cdots & Z_{3w} \\
\vdots & \vdots & \vdots & \vdots & & \vdots \\
\text{场馆}n & Z_{n1} & Z_{n2} & Z_{n3} & \cdots & Z_{nw}
\end{array}
\tag{39}
$$

通过该矩阵从所有公共文化指标中分离出环境变量,具体步骤如下:

(1)步骤5-1,对矩阵的列向量进行变异系数与极差的复合计算,其特征在于变异系数可以很客观准确地反映同一指标在不同场馆权重数据中的离散程度,变异系数的计算公式为:

$$CV_i = \frac{SD_i}{MN_i} \tag{40}$$

其中 SD_i 为第 Z_i 项指标的标准差,MN_i 是第 Z_i 项指标的平均值。

极差 R_i 的计算公式为:

$$R_i = \max Z_i - \min Z_i \tag{41}$$

则该指标在不同场馆公共文化效能评估中对结果影响的离散程度为:

$$L_i = CV_i \times R_i \tag{42}$$

(2)步骤5-2,以矩阵的行向量作为一个数据单元进行主成分分析筛选出影响公共文化效能评估值的主要因素指标。

(3)步骤5-3,在所有指标中去除掉步骤5-2中获得的主要因素指标,剩余指标就 L_i 值进行排序,分离出 L_i 值较大的指标作为环境变量。

6. 步骤6,进行第三阶段的 DEA 分析,采用第二阶段中分离出的环境变量进行第三阶段的 DEA 分析,构造公共文化服务体系的 SFA 回归函数:

$$S_{ni} = f(P_i;\beta_n) + \upsilon_{ni} + \omega_{ni} \tag{43}$$

其中,S_{ni} 是第 n 个场馆第 i 项投入指标的松弛值;P_i 为环境变量,β_n 是环境变量的系数;$f(P_i;\beta_n)$ 表示环境变量对松弛变量的影响;$(\upsilon_{ni} + \omega_{ni})$ 表示混合误差项,

v_{ni} 表示随机干扰;ω_{ni} 表示管理无效率。其中,$v_{ni} \sim N(0, \sigma_{vn}^2)$ 是随机误差项,表示随机干扰对投入松弛变量的影响;$\omega_{ni} \sim N(0, \sigma_{\mu n}^2)$ 是管理无效率,表示管理因素对投入松弛变量的影响。

SFA 调整公式如下:

$$X_{ni} = X_{ni} + [\max(f(P_i; \hat{\beta}_n)) - f(P_i; \hat{\beta}_n)] + [\max(v_{ni}) - v_{ni}] \tag{44}$$

其中,X_{ni} 表示第 n 个场馆对第 i 项公共文化指标调整后的投入,$[\max(f(P_i; \hat{\beta}_n)) - f(P_i; \hat{\beta}_n)]$ 表示将 n 个场馆均调整至相同的环境状态;$[\max(v_{ni}) - v_{ni}]$ 表示 n 个场馆生产随机误差调整后的状态,为了避免混合误差产生随机误差,需在此基础上进行管理无效率分离,即各个场馆决策单元置于相同的运气水平。

7. 步骤 7,进行第四阶段 DEA 分析,用调整过的公共文化指标数值替换原始值,构建偏好 DEA 模型,对于 m 个投入指标和 s 个产出指标,根据指标之间客观存在的重要性差异,同时结合决策者的偏好,给出这 $w(w = m + s)$ 种指标重要程度的排序,在对输入指标进行排序时不妨假设 m 种投入指标的重要程度依次降低,同样对于 s 种产出指标的重要程度依次降低,即对应输入和输出指标权重 $\omega^T = (\omega_1, \omega_2, \cdots, \omega_m)$ 和 $\mu^T = (\mu_1, \mu_2, \cdots, \mu_s)$ 应满足:

$$\omega_i - \omega_{i+1} \geq 0, i = 1, 2, \cdots, m-1; \mu_r - \mu_{r+1} \geq 0, r = 1, 2, \cdots, s-1 \tag{45}$$

从而得到偏好 DEA 模型:

$$\max h_{j_0} = \mu^T Y_0$$

$$s.t. \begin{cases} \mu^T Y_j - \omega^T X_j \leq 0 \\ \omega^T X_0 = 1 \\ \omega_i - \omega_{i+1} \geq 0 \\ \mu_r - \mu_{r+1} \geq 0 \\ w \geq 0, \mu \geq 0 \end{cases} \tag{46}$$

最后通过该偏好 DEA 模型算出的效率值即为最终各场馆的效能评估值。

五、AHP - 偏移化熵权法评估方法

在效能评估方法方面,提出一种基于 AHP - 偏移化熵权法的公共文化服务效能评估方法,通过 AHP - 偏移化熵权法相组合进而确定指标权重,综合考虑主客观

因素的影响,从而能够得到一个全面客观的公共文化服务效能评估结果。具体流程图如图6-7所示。

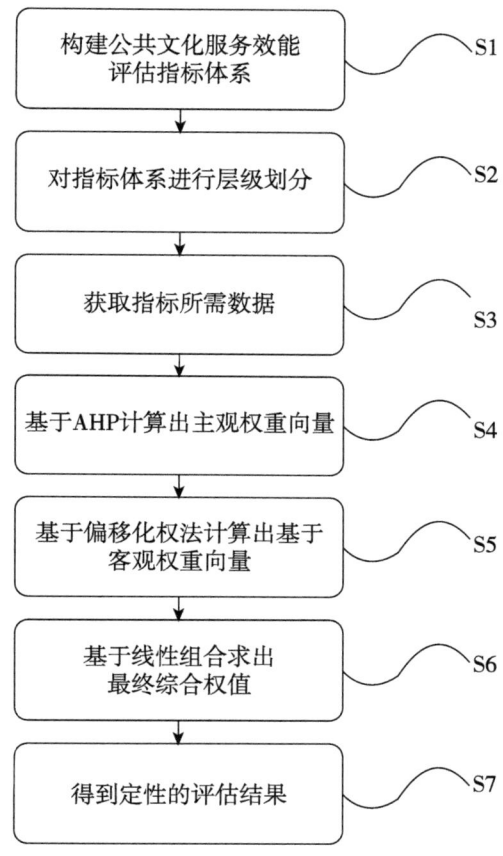

图6-7 AHP-偏移化熵权法评估流程图

1. 构建公共文化服务效能评估指标体系、对指标体系进行层级划分、获取指标体系中各个指标的数据。根据研究制定的公共图书馆文化资源服务效能评估指标体系和群众文化资源服务效能评估指标体系提取相应的核心指标。

2. 基于AHP计算出主观的权值向量。邀请领域内专家对核心指标的权重进行打分,利用AHP层析分析法综合计算专家打分的主观权重,并计算主观权重向量S,具体流程图见图6-8。

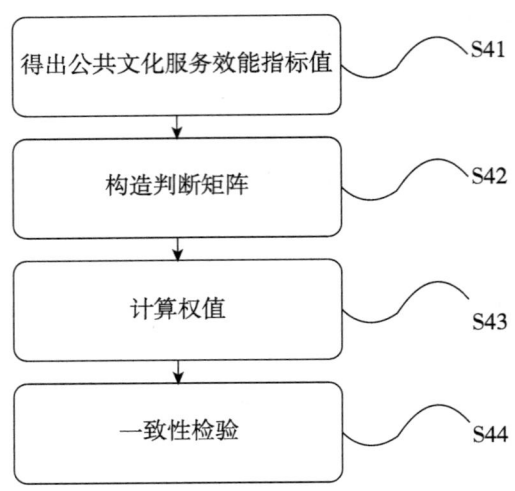

图 6-8　主观权重向量计算流程图

3. 基于偏移化熵权法计算出基于客观的权值向量。针对各核心指标的具体数据情况,利用偏移化熵权法对指标值进行计算,从而得到客观权重及客观权重向量 Q,具体计算流程见图 6-9。

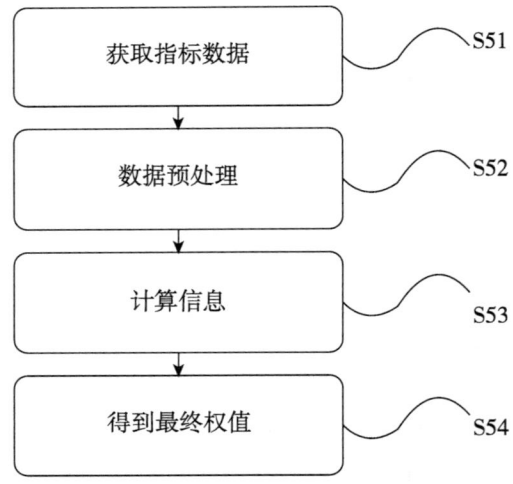

图 6-9　客观权重向量计算流程图

4. 基于线性叠加求出最终的综合权值。将得到的主观权重向量 S 和客观权重向量 Q 基于线性叠加进行合成,确定最终的综合权值 W。

5. 确定主客观权重向量的加权系数,得到定性的评估结果。

第四节　场馆热度分析模型构建

一、场馆热度分析基本方法

针对地理维度的热度分析,研究的侧重点在于其高低热度的大小,利用文本数据,提取公共文化服务相关场馆热度,以此分析用户对各场馆关注热度情况。

本研究认定的场馆关注热度为:用户在互联网上表现出的对于公共文化场馆的关注程度,以用户在网络上评价的文本信息中对场馆的关注频次作为关注热度基础评价指标,利用网络数据,挖掘这些网络信息背后潜在的信息,从而研究地理维度的热度分析方法。

1. 数据爬取

利用爬虫采集用户发布的与公共文化服务相关的数据。对已经抓取到的文本信息筛选清洗。对文本进行筛选的原则为:①删除样本中的重复文本,删除情感类描述类文本;②过滤掉含有大量图片少量文字描述的文本信息。

2. 数据清洗

考虑到文本数据内容的质量和关键词提取结果的准确性,有必要对文本信息进行进一步的清洗处理。首先,由于用户对同一公共文化服务场馆可能存在不同的表达方式,因此为了确保关键词提取的准确性,将样本中的场馆进行替换处理使同一场馆具有同样的表达方式。如:"陕图"替换为"陕西省图书馆","故宫"替换为"北京故宫博物院"。其次,删除游记样本中的表情符号以及特殊符号和无用的数字内容,只保留中文文本。最终将处理过的文本存储为 txt 格式,以此作为下一步处理的数据,增加样本分词的准确性。

3. 网络文本数据分词

采用文本分词的方式是,使用 Python 软件中的 jieba 中文分词组件进行分词。选取已经经过预处理的游记文本,采用 jieba 中文分词组件将文本进行分词。在分词的过程中为了更加准确地进行分词,添加自定义词典 userdict.txt 进行辅助分词。

为了减少多余的无意义词语,添加停用词词典 stopwords.txt,将分词后的文本中的虚词等无意义的词语进行过滤,从而得到最终的分词结果 cut_dict.txt。

4. 基于 TF-IDF 算法提取关键词

提取采用 TF-IDF 算法提取关键词的方法,将经过处理后得到的分词结果进行关键词提取并计算关键词的权重大小。TF-IDF 是一种用于信息检索与文本挖掘的常用加权技术。可以用来评估一个字词对于一个文本集合中一个文本的重要程度。

TF 是词频,表示某一关键词在文本中出现的频率,其公式为:

$$\text{TF}(w,d) = count(w,d)/size(d) \tag{47}$$

其中,$count(w,d)$ 表示词 w 在文本 d 中出现的次数;$size(d)$ 表示文本 d 中所有词出现的总次数。

IDF 是逆向文件频率,表示某一特定词语的 IDF,由总文本数目除以包含该词语的文本数目 $docs(W,D)$,再将得到的商取对数得到。如果包含这一特点词的文本越少,IDF 越大,则说明该词具有很好的区分能力,其公式为:

$$\text{IDF} = \log\left(\frac{n}{docs(W,D)}\right) \tag{48}$$

其中,n 表示文本总数,$docs(W,D)$ 表示包含 w 的文本数。

TF-IDF 为某一特定文档内的高词语频率,以及该词语在整个文件集合中的低文件频率,可以产生出高权重的 TF-IDF,其公式为:

$$\text{TF-IDF} = \text{TF} \times \text{IDF} \tag{49}$$

5. 公共文化服务场馆热度分析

文本数据是用户基于自身的感受主动发布在网站上的,对公共文化服务场馆所提供的服务的切实评价,用户对于较为热门的公共文化服务场馆会在文本信息中多次提及。因此,某一场馆在文本数据中出现次数的高低能够表明用户对于该场馆的关注程度,但是如果仅仅以场馆在文本数据中出现的频次大小来衡量用户对场馆的关注热度差异会存在片面性,忽略了不同文本内容存在长短的差异性影响。因此,采用 TF-IDF 算法,该算法既能考虑到场馆关键词在文本数据中的作用,又考虑到整个文本集合深度对关注热度的影响。利用 TF-IDF 算法,提取文本数据的公共文化服务场馆关键词,并且计算各场馆的综合权重,以综合权重的大小来衡量用户对公共文化服务场馆的关注热度。

本研究根据热度分析相关进展,针对公共文化服务效能评估热度分析模块的实际应用,提出了一种基于时间维度信息对图书馆热度分析与预测的方法,通过各个图书馆用户借阅图书与参加文化活动等信息数据计算各类信息热度值;通过各图书馆举办的公共文化类活动及研讨活动计算活动影响值;通过用户借阅行为热度值、活动影响热度值、日常活跃热度值三部分计算图书馆热度总值;根据图书馆热度总值,通过图书馆热度值周期性变化对图书馆热度总值进行预测。将所有得出的数据信息进行可视化大屏展示,完善公共文化服务效能评估热度分析模块。

此方法提供了一种基于时间维度信息对图书馆热度进行分析与预测的方法,依据用户的借阅信息与图书馆公共文化活动等信息作为数据集,通过热度分析的方法来计算图书馆热度值,判断当前图书馆受关注的程度。并且通过所计算出的热度值进行预测,判断未来图书馆受关注程度。图书馆热度分析流程图如下图6-10:

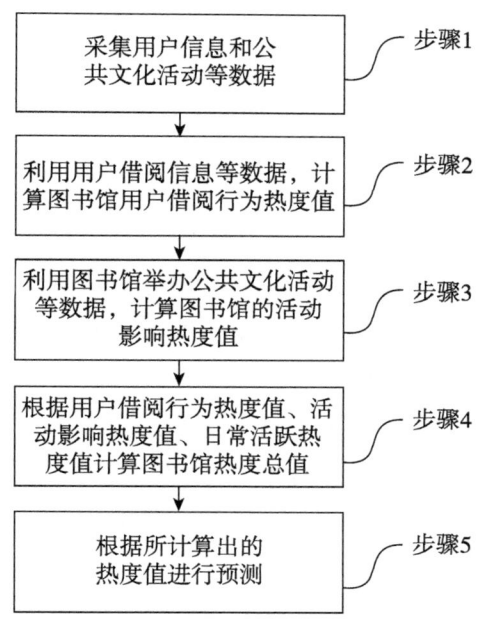

图6-10 图书馆热度分析流程图

该热度分析方法首先要采集用户信息和公共文化活动数据,此类数据已经由数据提供方给出。根据所提供的数据进行分类,利用用户借阅信息等数据计算图书馆用户借阅行为热度值;利用图书馆举办公共文化活动等数据,计算图书馆的活动影响热度值;根据用户借阅行为热度值、活动影响热度值、日常活跃度值计算图书馆热度总值;最后根据计算出的各类热度值进行预测。

二、场馆热度分析与预测步骤

本研究采用了基于时间维度信息对图书馆热度分析与预测的方法,其基本步骤如下:

(1)步骤1,采集用户进馆信息、用户借阅信息、图书馆举办公共文化活动、各类研讨理论活动、交流活动信息的基础数据,并提取用户的借阅时间、借阅时长、用户类型等信息,以及各类研讨理论活动等文本信息作为数据集;

(2)步骤2,利用图书借阅时间、借阅时长、用户类型、借阅次数等数据计算图书馆用户借阅行为热度值;其中:

①步骤21,将用户借阅日期数据转化为时间戳,精确到小时作为横坐标,将用户借阅书籍数量作为纵坐标,并进行标准化,横坐标集合 $y=(y_1,\cdots,y_n)$,纵坐标集合 $z=(z_1,\cdots,z_n)$,坐标归一化公式为:

$$y_i^{'} = \frac{y_i - y_{\min}}{y_{\max} - y_{\min}} \tag{50}$$

$$z_i^{'} = \frac{z_i - z_{\min}}{z_{\max} - z_{\min}} \tag{51}$$

②步骤22,计算所有点之间的平均距离,记为 ε,从任意一 Q 点开始,以 Q 为中心点,ε 为半径,将位于该点范围内的数据点纳入该簇中,当该簇内没有新数据点纳入时,开始随机选取下一个中心点,直至遍历所有点;

③步骤23,计算所有中心点的平均高度差,随机选取一个簇类 C_1,在垂直方向,将与簇类 C_1 中任一点的高度差处于平均高度差范围内样本点所在的簇类划分为新的类,直至所有旧的簇类被划分为新的类,记为 $C^n=(C_1^*,\cdots,C_n^*)$;

将不同的簇类分别给予权重 $\omega_1,\cdots,\omega_n$;

④步骤24,用户借阅行为热度值为 T_v 计算:

$$T_v = \sum_{i=1}^{n} \omega_i \times k \times V_0 \tag{52}$$

其中 ω_1 为第 i 类所占的权重系数,k 为第 i 类中数据的个数,V_0 为用户借阅的初始热度值。

(3)步骤3,利用图书馆举办的图书馆举办公共文化活动、各类研讨类活动、交流活动等数据,计算活动影响热度值;其中:

①步骤31,用 $x_1,\cdots,x_n$ 分别表示活动1到活动 n,并对活动文本信息中关键词

进行提取，并计算每一个关键词的权重：

$$f(x) = \frac{1}{x\sigma\sqrt{2\pi}} \times \exp\left[-\frac{(\log x - \bar{x})^2}{2\sigma^2}\right] \quad (53)$$

$$r_i = \int_a^b f(x)dx \times \exp(n_i/N) \quad (54)$$

r_i 为关键词 i 的权重，x 为关键词 i 在活动文本信息中所出现的次数，$f(x)$ 为关键词 i 在活动文本信息中数量分布的正态分布式，$\bar{x}$ 所有关键词出现的平均次数，σ 为关键词分布的标准离差，n_i 为包含关键词 i 活动信息文本数量，N 为活动信息文本总数；

②步骤32，提取与活动主题相关的书籍借阅的数量，计算活动热度影响值：

$$M = \sum_{i=1}^{n} r_i \times f_{numbers} \quad (55)$$

M 为活动热度影响值，$f_{numbers}$ 为关键词 i 类型书籍的借阅量或购买量。

（4）步骤4，计算图书馆热度值，其包括用户借阅行为热度值 T_v、日常活跃热度值 Q、活动影响热度值 M 三部分，若某图书馆热度值越高，则表示该图书馆受人们关注程度以及图书馆用户的活跃度越高，采用以下图书馆热度值计算公式计算图书馆热度值，具体计算方法如下：

$$H = \lg(\omega_1 \times T_v + 1) + \omega_2 \times Q + \sqrt{M} \quad (56)$$

其中，ω_1 为有借阅行为用户数量在总用户数量中的比重，ω_2 为没有借阅行为用户数量在总用户数量中的比值，用户借阅行为热度值为 T_v，日常活跃用户的个数记为 Q 表示日常活跃热度值，M 为活动影响热度值。

（5）步骤5，根据图书馆热度值结果对未来热度值进行预测，具体流程如下：

①步骤51，根据图书馆热度值变化规律计算出图书馆热度值的变化周期 T；

②步骤52，用向量 $\alpha_i = [\alpha_{i1}, \alpha_{i2}, \cdots, \alpha_{in}]$ 表示处于第 i 个周期时，各时刻图书馆热度值的情况，用矩阵 $A = \begin{bmatrix} \alpha_{11} & \alpha_{12} & \cdots & \alpha_{1n} \\ \alpha_{21} & \alpha_{22} & \cdots & \alpha_{2n} \\ \vdots & \vdots & & \vdots \\ \alpha_{m1} & \alpha_{m2} & \cdots & \alpha_{mn} \end{bmatrix}$ 表示图书馆热度值的总体情况；

③步骤53，用 n 个状态标记集合为 $S = \{s_1, s_2, \cdots, s_n\}$，在第 i 个周期，其处于各位置状态为 $S_i = \{S_{i1}, S_{i2}, \cdots, S_{iN}\}$；

④步骤54,根据图书馆热度值历史数据计算出周期内各位置上热度值初始概率分布,计算变化周期内各时刻图书馆热度值的状态转移概率矩阵,分别用 $P_1 = [P_{ij}]_{n \times n}$、$P_2 = [P_{ij}]_{n \times n}$、$\cdots$、$P_n = [P_{ij}]_{n \times n}$ 来表示第 i 个周期内各位置的状态转移概率;

⑤步骤55,根据周期内各位置上的状态转移概率进行预测,预测第 $i+1$ 个周期内各个位置的热度值,对于第 $i+1$ 周期内第一个位置的预测结果只与上个周期内同位置的状态相关,与其他位置的状态无关:

$$\begin{cases} S_{(i+1)1} = P_1 \times S_{i1} \\ S_{(i+1)2} = P_2 \times S_{i2} \\ \cdots \\ S_{(i+1)n} = P_3 \times S_{in} \end{cases} \quad (57)$$

根据上述公式,得到第 $i+1$ 个周期内各位置图书馆热度值的预测结果 $S_{i+1} = [S_{(i+1)1}, S_{(i+1)2}, \cdots, S_{(i+1)n}]$。

图书馆热度值预测流程图如图6-11所示:

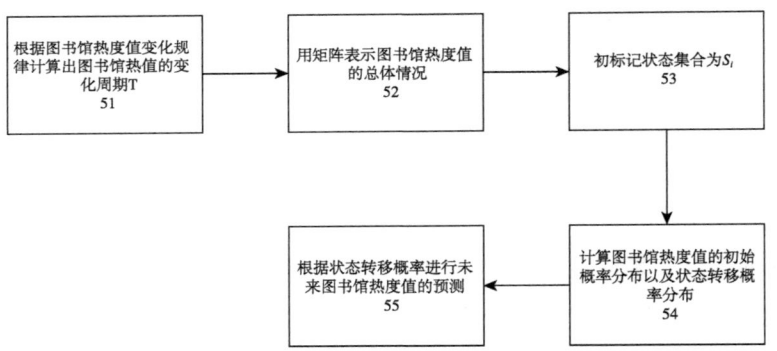

图6-11 图书馆热度值预测流程图

三、场馆热度分析模块功能实现

根据上述基于时间维度信息对图书馆热度分析与预测的方法,研究人员通过利用获取的数据集对各类文化活动测算热度值,并进行热力图可视化展示;对用户借阅信息测算热度值并展示为用户借阅热度走势曲线图;对各个场馆的信息进行热度分析同时用面板做可视化展示。具体包括以下几个功能:

点击热度分析模块直接跳转到热度分析页面,主要有以下功能:

1. 文化活动热度

文化活动热度是以时间维度作为出发点,展示某一时间段的不同公共文化活动的热度趋势,包括公益主题活动、少儿主题活动、传统文化主题活动、传承红色主题活动和地方性特色活动。

2. 用户借阅走势

用户借阅走势是以人群维度作为出发点,主要有两个功能:①展示了不同读者在某一时间段的图书借阅情况。②通过点击右上角的按钮可以切换到不同职业的读者在某一段时间的图书借阅情况。

3. 用户住址分布

用户住址分布是以地理纬度作为出发点,展示不同月份不同地区借阅用户的分布情况。

4. 文化主题活动

展示某场馆的公共文化主题活动情况。包括公益主题活动、少儿主题活动、传统文化主题活动、传承红色主题活动和地方性特色活动等。

5. 主题挖掘

通过主题挖掘技术展示场馆举办的公共文化活动的主要话题、用户的热点话题等。

6. 场馆热度评分

通过场馆举办的文化活动文本数据、活动点赞数、活动转发数、活动评论数、活动参与度、活动时长、馆藏借阅量等指标,根据热度分析方法得出场馆热度评分。

第五节 主题热度分析模型构建

一、主题热度分析的基本原理和方法

对于公共文化服务时间维度热度分析,采用基于时间序列聚类的主题方法。传统的主题发现方法,往往忽视掉了时间因素所产生的影响,多数采用基于主题词空间因素的聚类分析。考虑到公共文化服务相关数据的特点,其在时间因素上也具有巨大的分析价值,有着相同发展趋势的公共文化服务主题序列,通常相互之间具有一定的联系。较之于传统主题发现方法,基于时间序列聚类的主题方法将时

间因素考虑进去,考虑因时间因素对于主题所产生的影响。

通过共词分析找出公共文化服务数据集中高频关键词的共现矩阵①,利用 Ochiia 系数计算方法将共现矩阵转换为相似性矩阵,再使用近邻传播聚类算法发现公共文化服务主题。并同时将公共文化服务主题在某段时间内的热度进行分析并转化为反映主题热度的时间序列数据,结合时间序列聚类方法对各类公共文化服务主题数据进行分类以及演化趋势的分析,其过程示意图如图 6-12。

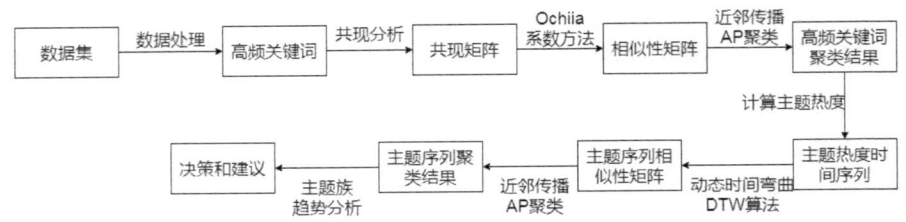

图 6-12　基于时间序列聚类的主题发现及演化分析方法过程示意图

1. 主题发现阶段

在主题发现阶段,首先对数据进行预处理,提取出高频关键词。用共现分析的方法建立共现矩阵。再用 Ochiia 系数方法将共现矩阵转换为相似性矩阵,最后使用近邻传播算法进行聚类,得到高频关键词的主题簇。传统方法在聚类步骤上使用的是多维尺度聚类或者层次聚类等方法,使用近邻传播方法,能够较好地解决聚类过程中对文献数据的主题聚类数目的确定。近邻传播方法不用提前规定结果簇的个数,可以对数据进行自动聚类,从而有效地解决了这一难题。

(1)提取高频关键词。在主题发现和演化分析的实现过程中,首先提取出数据集中关键词,统计所有关键词出现的次数,保留出现频词高于预先设定的阈值 n 的关键词及相应的频值,保存为高频关键词词集。

(2)构建相似性矩阵。使用共现分析法,对这些高频关键词进行共现统计,计算所有高频关键词两两在同一文本数据中出现的次数,构建出共现矩阵,通过 Ochiia 系数方法将其转化为相似性矩阵。

(3)聚类提取高频关键词。结合 AP 聚类方法将这些关键词自动划分为相应的簇,每一个簇表示一个主题,其中簇内关键词相关性强,簇间关键词相关性弱。

---

① 曲靖野,陈震,胡轶楠.共词分析与 LDA 模型分析在文本主题挖掘中的比较研究[J].情报科学,2018,36(2):18-23.

近邻传播聚类算法是近年提出的一种新的聚类算法,与其他聚类算法相比,其区别在于 AP 算法不需要事先指定聚类数目;相反,它将所有的数据点都作为潜在的聚类中心,通过消息传递实现聚类。它根据 n 个数据点之间的相似度进行聚类,这些相似度可以是对称的,即两个数据点互相之间的相似度一样(如欧氏距离);也可以是不对称的,即两个数据点互相之间的相似度不等。这些相似度组成 n 的相似度矩阵 S(其中 n 为数据集大小)。对于规模较大的数据集,AP 聚类是一种快速有效的聚类方法。

此外,AP 算法的具体过程如下:①先计算 n 个点之间的相似度值,将值放在 S 矩阵中,再选取 P 值(一般取 S 的中值);②设置一个最大迭代次数,迭代过程开始后,计算每一次的 r 值和 a 值;③根据 $r+a$ 值来判断聚类中心,当迭代次数超过最大值或者当聚类中心连续多少次迭代不发生改变时终止计算。

2. 主题趋势分析阶段

在主题趋势分析阶段,传统分析方法往往会针对每一个主题,通过统计主题簇中总的数据数量判断主题的热度进行分析,虽能对每一个主题进行较为客观的描述,但增加了研究者的工作量。与此同时,仅通过主题的热度去分析主题的趋势较为片面和模糊的,没有考虑时间因素带来的主题热度变化问题。为此,本研究提出的方法考虑了时间因素的影响,将主题的发展划分成多个时间段,统计每一个时间段内的主题热度,形成主题热度时间序列,以此来判断分析主题在整个发展过程中的变化。另外,新方法对主题热度时间序列进行聚类,将具有相似发展趋势的主题聚集到一起分析,在保证主题的分析质量的同时减小了研究者的工作量。

(1)生成主题热度时间序列。根据时间顺序,统计每个主题簇中所有关键词在某一时间段内出现的次数之和除以该时间段内的文本数据数量作为该时间点相应主题热度,针对每一个主题,形成一条相应的主题热度序列。

(2)构建主题序列相似性矩阵。结合 DTW 算法计算每任意两条序列的相似性,构成一个主题序列相似性矩阵,动态时间弯曲算法是一种计算时间序列之间相似度的常用方法。它运用动态搜索的原理减小了由于产生速度的变化导致的矢量差异。动态时间弯曲作为一种重要的相似性度量方法,最早应用于语音识别领域,目前在金融行业、工业、图像识别等领域也得到了广泛的应用。如预测股价、在线签名认证、动作识别、睡眠状态检测等。

此外,DTW 的具体算法过程如下:①首先需要构造一个 $n \times m$ 的矩阵网格,矩

阵元素 $D(i,j)$ 表示 l_i 和 q_i 两个点的距离（也就是序列 L 的每一个点和 Q 的每一个点之间的相似度，距离越小则相似度越高），一般采用欧氏距离；②然后定义一个累加距离 γ。从 $(1,1)$ 点开始匹配这两个序列 L 和 Q，每到一个点，之前所有的点计算的距离都会累加；③到达终点 (n,m) 后，这个累积距离就是前文说的最后的总的距离，也就是序列 L 和 Q 的相似度。累积距离 $\gamma(i,j)$ 为当前格点距离 $D(i,j)$ 与可以到达该点的最小的邻近元素的累积距离之和。

（3）聚类提取序列聚类结果。结合 AP 聚类算法，将这些序列自动划分为相应的簇，其中簇间主题序列具有相似的演化经历，针对每一个聚类簇的簇中心的演化过程，我们可以分析其簇内其他主题的演化过程，并且还可以对簇中主题的相互影响做详细的分析。

二、主题挖掘系统功能实现

在确定好主题挖掘模型后，对主题挖掘模块进行了实现，在得到清洗后的数据集后对其用 jieba 进行了分词，确保数据的干净度可以让主题挖掘结果更加准确清晰，将数据集构建完成后利用 BiLSTM 双向长短期记忆网络主题模型建模，并进行文化场馆的文本类型数据主题分析和挖掘，将其输出为可视化格式，将此模块嵌入公共文化服务效能评估大数据分析挖掘系统。

场馆主题挖掘模块可以通过后台管理系统中左侧导航栏进入，位于区域管理中的主题模型一栏，点击进入后即可获取主题挖掘模块详细分析结果。

在输入框中对主题标号进行搜索可以获得对应主题中主题边缘话题分布图的展示，如图 6-13 所示，点击"Previous Topic"可以选择搜索框中上一个主题的详细信息，"Next Topic"可以选择下一个主题的信息，点击"Clear Topic"将会默认展示第一个主题信息。

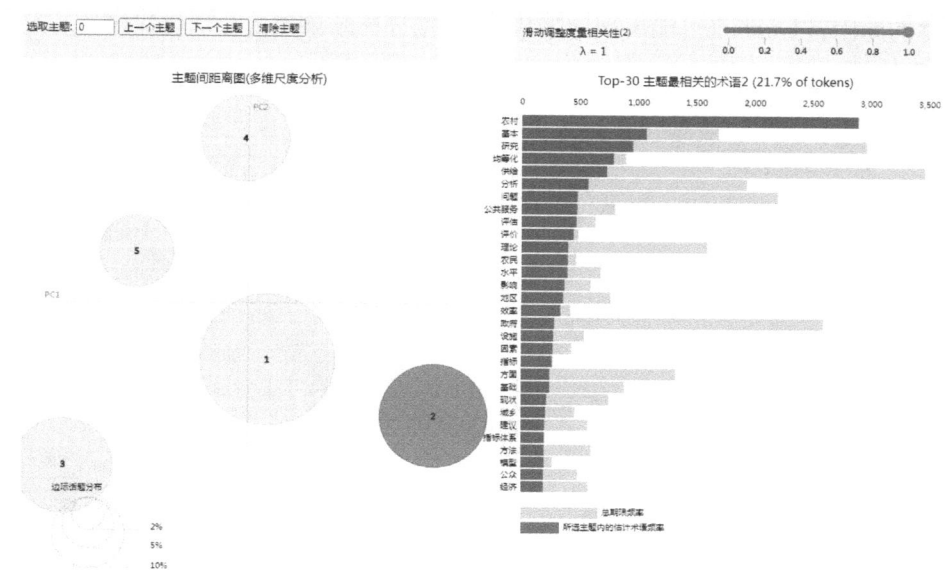

图 6-13　主题边缘话题分布图

第六节　基于人群维度的热度分析

基于人群维度的热度分析所采用的基本方法和原理与场馆热度分析、主题热度分析的基本方法和原理类似,只是研究对象和数据维度不同。

基于人群维度的热度分析以用户的基本属性为划分标准,构建人群维度的热度分析模型,分析各用户群体的借阅情况和活动的参与热度等,其中用户的基本属性包括性别、年龄、职业、地域等要素。基于人群维度的热度分析主要包括统计分析和智能分析两种模式,如图 6-14。

1. 统计分析

利用公共文化机构现存的人群相关数据,包括性别、年龄、地域、行为等数据,进行用户分析、资源情况分析和借阅行为分析等;利用评估指标补充数据,进行用户满意度分析、资源利用情况分析等。

2. 智能分析

结合第三方补充数据和背景数据,与评估指标分析结果相结合,对公共文化资源服务的现状或表现出来的明显特征进行因果分析和预测分析,从而了解事件发生的原因,以及未来可能出现的趋势,并根据分析结果提出合理化建议。

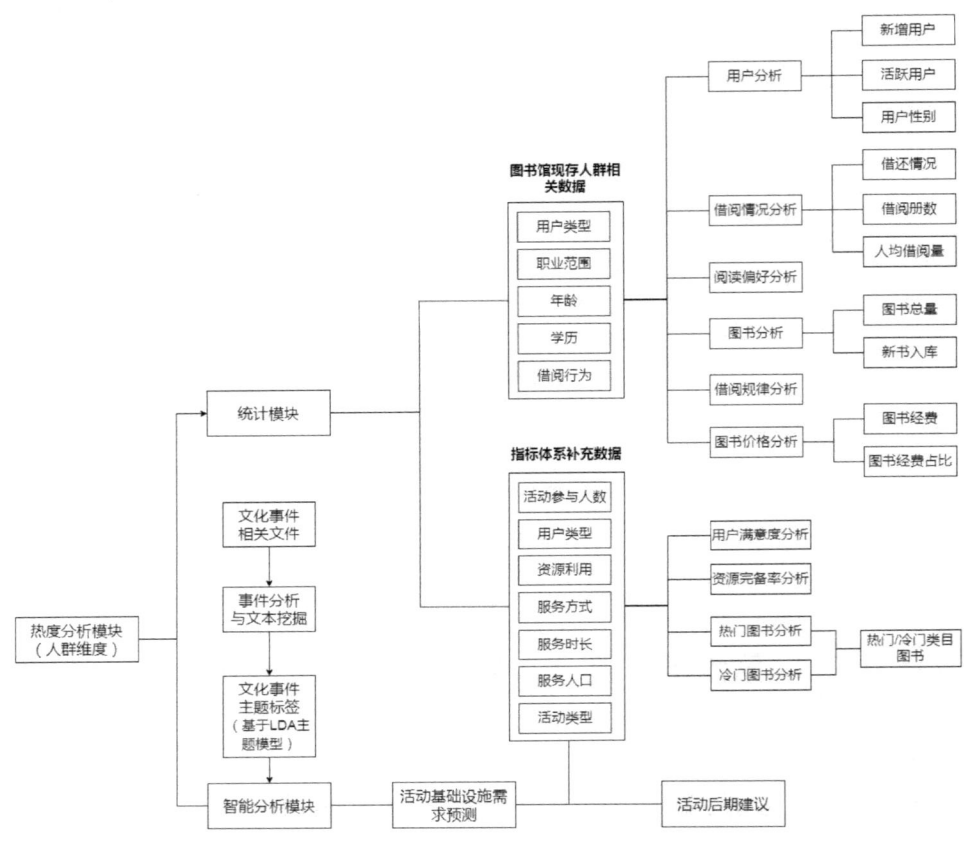

图6-14 基于人群维度的热度算法所需数据分析流程

在构建数据分析模型时,本研究根据我国公共文化资源服务的实际情况,开展服务效能评估,设计了服务效能评估思路,并分别采用了两种服务效能评估模型。同时,在热度分析方面,重点构建主题发现模型、主题趋势分析模型和场馆热度分析模型,作为公共文化资源服务效能评估的补充,也能从侧面间接地反映各公共文化机构的服务效能。

第七章 基于研究成果构建大数据智能分析与挖掘系统

第一节 系统建设意义

一、理论意义

建设现代化的公共文化服务是国家公共文化发展历程中的重要任务之一,与民生、文化发展息息相关。对公共文化机构的服务效能进行评估是提高各级场馆服务能力、改善场馆效益的有效手段。如何对不同级别、不同领域的文化机构进行客观合理的评估对提高公共文化服务质量有着重要的意义。公共文化领域的服务效能评估研究已有十余年之久,评估多以场馆基础建设为主要内容,对评估场馆服务供给能力的研究较少。服务效能与社会环境、文化发展密切相关,受时间、地理、人群等多个维度的影响,波动较大,常规的绩效模型难以准确评估,并且缺少统一的公共文化服务效能的指标体系和评估标准。因此,构建统一的指标体系、简化评估过程、提高评估准确度是当前亟待解决的问题之一。构建面向公共文化机构的服务效能评估模型,准确评估服务效益,对文化机构优化服务效益,保障服务质量有着重要意义。

二、实践意义

第六次公共图书馆评估定级已经转向以效能为导向,评估工作充分利用了数字化和信息化的手段。当前针对公共文化服务的评估大多以绩效评估为主,评估维度主要以财政投入或产出效率、人员队伍的规模、馆藏量、馆际互借效率之类的硬性指标,在服务效能的评估中应结合服务满意度相关的主观性因素,体现服务效果。同时,指标体系应当灵活运用,根据不同地区的基础设施水平动态选择评估指标,对冗余指标、数据获得性差的指标适当约简,在评估中融合主客观因素,形成评估面广、适应性强的评估方法。

第二节 系统设计

一、系统架构设计

系统主要包括可视化平台与资源信息管理平台两大核心模块,具体如下:

(1)可视化平台采用三级页面的设计,如图7-1所示,一级页面为公共文化资源服务效能概况,展示各省份公共文化活动开展与效能评估结果的整体情况,核心组件为效能热力图,通过渐变的颜色标注各省份近期开展文化活动的热度,热度的评价包括场次、参与人次、媒体报道等因素,点击地图省份板块可跳转至二级页面。支持全国所有县级以上城市的搜索和页面切换。活动报板使用爬虫对热门文化活动进行爬取和展示,其他图表展示评估的排名、整体趋势等内容。二级页面展示地区的评估概况,包括基础事业数据、文化主题挖掘、效能排名等功能,核心组件为文化效能地图,地图支持下钻至区县,并标注了公共文化机构的位置,可点击跳转三级页面。三级页面为机构的详情页面,包含机构的服务场地使用统计、资源使用情况统计、资源建设统计、主题分析、访问统计等,核心组件为评估指标矩阵拓扑图,拓扑图中展示了评估指标的关联和得分,拓扑节点的大小表示了指标权重。

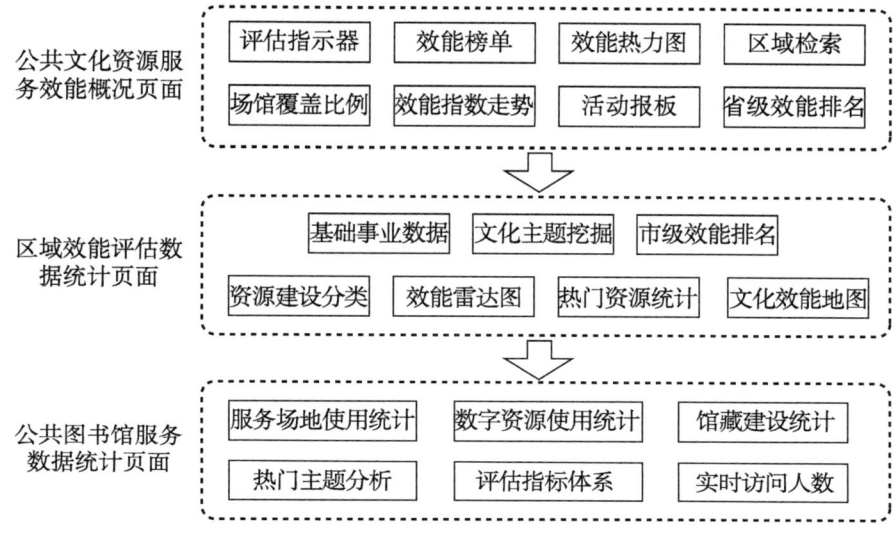

图 7-1 数据可视化平台框架设计

（2）公共文化效能评估。资源信息管理平台由以场馆管理、活动管理、馆内管理、区域管理、效能评估、系统设置等组件构成，如图 7-2 所示。其中：①场馆管理与活动管理为公开数据的统一管理，展示全国各级地方图书馆、文化馆及文化站的基本信息，支持省市县三级场馆信息联动查询；②活动管理负责统计全国各级地方文化机构主办的文化活动的信息查询，场馆与活动管理均支持省市县三级活动信息联动查询；③馆内管理为公共文化机构的资源信息管理，包含了数据管理、录入、审核等功能，审核员录入员在录入页面通过手动或表格导入的方式录入信息到缓存数据库，请求提交至机构管理员审核员进行内容审核，审核通过提交至机构管理员授权上传至数据库，人员的管理由机构管理员统一添加和管理；④区域管理为地方公共文化部门管理行政区域内的所有相关文化机构，可管理机构基本信息、授权机构管理员解决待处理事件、查看日志机构评估情况等功能；⑤效能评估为公共文化机构的详细评估情况，包含排名、评估分数概况、子项权重与得分、历史评估记录等内容，支持导出评估报告，为机构改善服务提供建议。

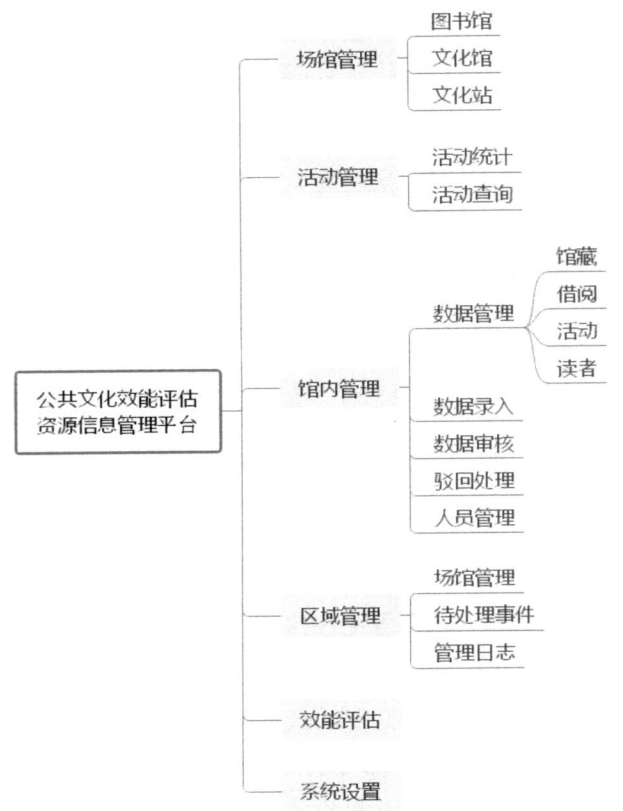

图 7-2 公共文化效能评估资源信息管理平台结构

评估算法依赖于公共文化机构的资源数据,通常公共文化机构的馆藏资源、用户行为、文化活动等信息的数据量达到百万级,单节点服务器在处理数据时需要耗费大量时间,且存储的可靠性难以保障。因此,使用多台服务器组成集群构建大数据平台,以应对系统对数据的处理需求。

大数据平台提供了系统资源分布式存储与备份功能,为数据处理和主题分析等功能提供分布式计算能力,平台基于 Cloudera 搭建的 Hadoop 环境,包含了 HDFS、Spark、Hive、Zookeeper 等组件。主要负责管理资源信息管理平台中由机构上传的各类资源数据文件,如文档、音视频、图片等内容,HDFS 的分块存储与备份功能较好地保证了资源的安全性,并保证了硬件条件的可拓展性。在处理和主题分析等算法模块中使用 Spark 组件进行文档提取、文本处理、数据预处理等功能,结合 HDFS 文件系统提高了整体的计算效率,为评估的时效性提供保障。

二、松耦合架构及分布式编程方法研究

研究了松耦合架构及分布式编程方法,并应用至系统的研发过程中,提出了涵盖系统前端、后端、大数据平台、协议接头的系统研发架构,整个研发架构主要包括三个主要部分,如图 7-3 所示:

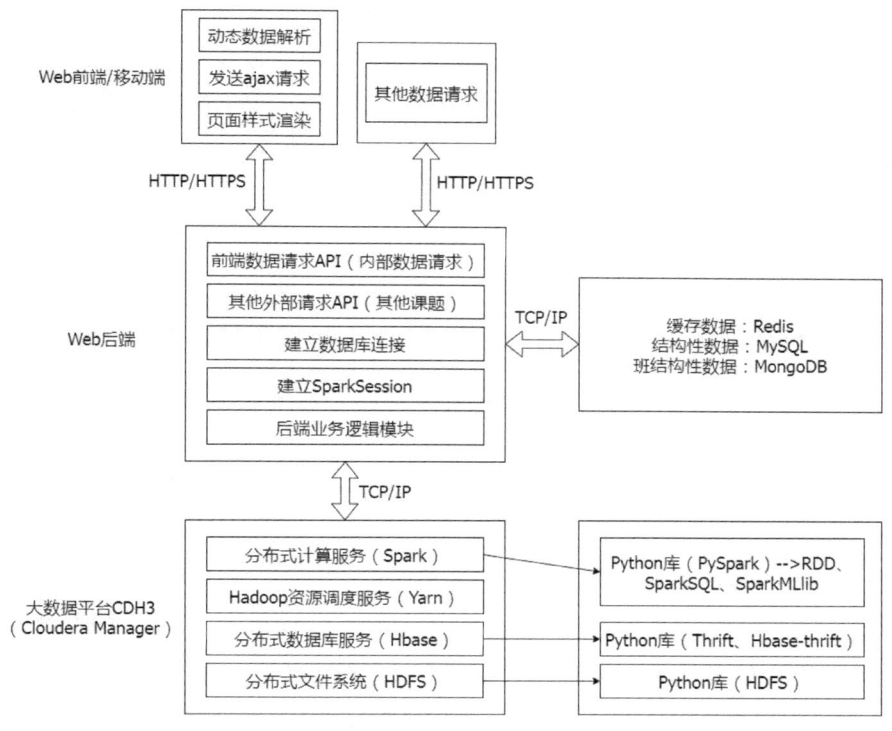

图 7-3 系统研发架构示意图

(1)大数据平台:CDH 是一个包括 Hadoop 的专门为满足企业需求而构建的开源平台发行版,是一个拥有集群自动化安装、中心化管理、集群监控、报警功能的大数据平台搭建工具,本研究利用 CDH3 搭建大数据基础平台,具体包括分布式文件系统、分布式数据库服务、资源调度服务和分布式计算服务。

(2)Web 后端:主要用于接收前端数据请求和其他外部请求、建立数据库链接和与后端业务模块进行通讯,是联系数据库与大数据平台的桥梁。

(3)Wed 前端:主要用于动态数据解析、发送请求和页面样式渲染,具体包括数据通讯模块、前端可视化展示模块和请求发送模块等。

三、分布式存储架构

在大数据平台中,最基础的需求是提供高可靠的数据存储,大数据平台选择基于 Hadoop 的第三方发行版 Cloudera Manager 作为基本环境,使用 HDFS 作为系统的分布式文件存储平台,Cloudera Manager 提供了 Hadoop 生态组件的版本统一管理,自动化部署和节点动态添加的功能使大数据平台在实际开发中具备更高的弹性拓展能力和稳定的版本更新迭代能力,同时也提供了硬件节点的资源监控和网络 I/O 监控预警。使开发人员能够更加专注于上层应用的开发,而不必过多地关注基础环境的运行状况。

1. 数据分块与备份

HDFS 是位于服务器存储系统之上的分布式文件系统,它与目前常见的存储系统存在一些相似的地方。分布式文件系统是通过网络将许多计算设备连接起来存储海量的数据,并利用文件系统内置的冗余特性对数据进行备份,从而保障数据的安全。HDFS 是为快速、容错处理而设计的,因此它对于存储设备的性能没有太高的要求。

Hadoop 用于海量数据的处理,是一种基于块的文件系统,其中的文件被分解为块。集群中所存储的文件和服务器之间并不是一对一的关系,文件可以由多个块组成,这些数据块通常并不存储在一台机器上。

由于文件的数据块随机地散布在整个集群中,这使得 Hadoop 支持存储大于单个磁盘空间的文件,文件在存储时通常还会被备份三份,当任何一台机器发生故障时,文件都可以被恢复。图 7-4 表示了客户端向 HDFS 文件系统传输文件的一般过程。

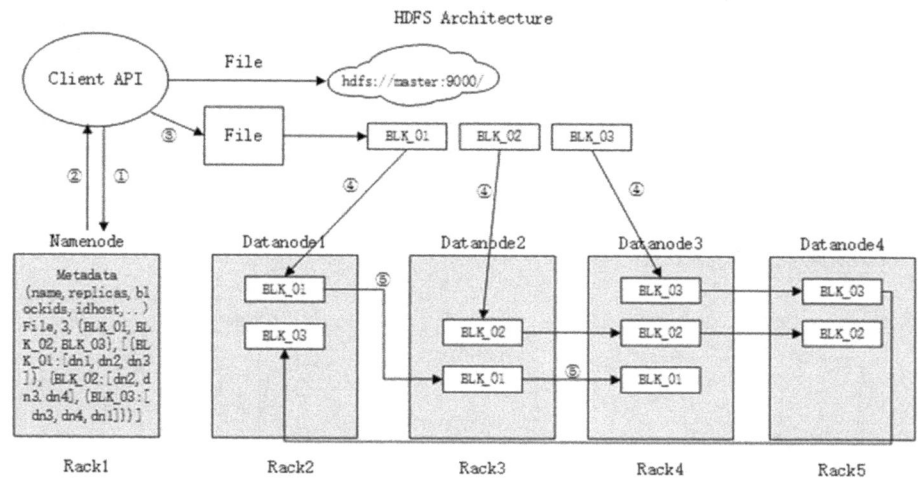

图 7-4 HDFS 数据块存储过程

● 主节点(NameNode)读取数据节点(DataNode)信息,若满足存储条件,则为文件分配存储地址,将元数据(MetaData)写入 Edits(事务日志文件),同时返回地址信息。元数据(MetaData)中包括文件名、文件备份数、数据块 ID、数据块存储节点等存储文件的主要信息。如:Metadata(filename, replication, block - id, id - host, …)。

● Edits 为存放运行日志(包含元数据信息)的容器,默认大小为 64MB。

● Client 将文件分割为数据块(Hadoop2 数据块默认大小为 128MB,Block Size 可在 HDFS 配置文件中修改)。

● Client 将数据块按照分配的地址写入数据节点。写入完成后主节点将元数据(MetaData)写入内存,方便再次查询调用。

● HDFS 根据每个数据节点的使用情况将数据块再次备份至其他两个节点(配置文件中 replication 为 3,则在文件系统中保存三个副本,备份副本数可在 HDFS 配置文件中修改)。注:备份时会在写入的第一份数据块就近的节点寻找允许存储的节点,优先写入不同机柜(Rack)的节点。备份完成后,再由备份的数据块继续在就近满足条件的节点再次备份。在不同机柜进行备份是为了防止整个机柜发生宕机的情况。

2. 分布式计算

在进行数据分析之前需要对源数据进行清洗,通常省级场馆的行为源数据规模可达百万条以上,使用常规的计算型服务器需要数十个小时才能清洗完场馆数据,而效能评估中,评估结果具有很强的时效性,所以需要借助分布式计算框架将计算任务分配在多台设备上,并行计算能够线性地提高计算效率,甚至通过虚拟机构建的分布式计算集群也能大大提高计算性能。系统使用 Spark 作为分布式计算框架,Spark 是一种基于内存的计算框架,支持 Scala、Java、Python 等多种语言。

Spark 架构组成图如图 7-5:

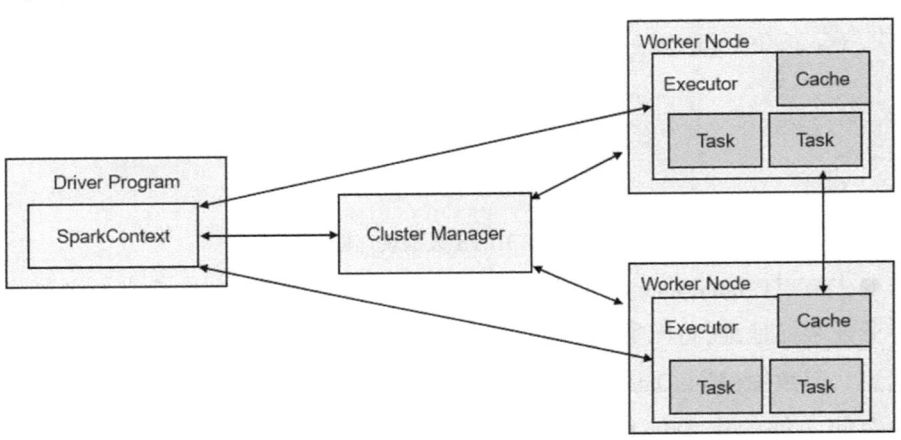

图 7-5 Spark 架构的组成

图 7-5 中 Driver Program 指 Spark 驱动程序,负责执行开发人员编写的代码来创建 SparkContext、RDD 以及执行 RDD 转换和操作。主要功能:

(1) 把用户程序转为作业(Job);

(2) 跟踪 Executor 的运行状况;

(3) 为执行器节点调度任务;

(4) UI 展示应用运行状况。

Cluster manager 集群资源管理器,指在集群上获取资源的外部服务,目前有三种类型:

(1) Standalone:Spark 原生的资源管理器,由 Master 负责资源的分配;

(2) Hadoop Yarn:由 Yarn 中的 ResourceManager 负责资源的分配;

(3) Mesos:由 Mesos Master 负责资源管理。

Worker node 是 Spark 的工作节点,指集群中任何可以运行 Application 代码的节点。

Spark Executor 是一个工作进程,负责在 Spark 作业中独立地运行任务,任务间相互独立。Spark 应用启动时,Executor 节点将同时启动,并在 Spark 应用程序的整个生命周期内继续运行。如果某个 Executor 节点失败或崩溃,Spark 应用程序可以继续,将任务从失败节点调度到另一个 Executor 节点以继续运行。

Executor 的主要功能为:

(1)负责运行组成 Spark 应用程序的任务,并将结果返回给驱动器进程;

(2)通过自身的块管理器为需要缓存的用户程序中的 RDD 提供内存存储。RDD 式直接缓存存储在 Executor 进程中,因此任务可以在运行时充分利用缓存的数据来加速计算。

3. 高可用架构

NameNode 是 HDFS 集群的主要入口,当 NameNode 发生故障时整个集群的文件将无法被读取,此外,若集群服务需要更新时,NameNode 节点也将无法工作,集群将会陷入瘫痪状态,即单点故障问题。该问题在 Hadoop2.0 版本中得到有效解决。

在 Hadoop2.0 版本中,引入了 HDFS HA(High Avaliability,HA)用于解决单点故障问题。在 HA 集群中会设置两个 NameNode 节点,分别为 NameNode(Active)和 NameNode(Standby),当 NameNode(Active)出现问题无法正常工作时会基于预设规则切换至 NameNode(Standby)保证集群服务的正常运作。

在 HA 集群中,两个 NameNode 基于 JournalNameNode 服务实现状态同步。集群中的 DataNode 同时向两个 NameNode 汇报信息,Zookeeper 为分布式应用提供一致性,从而确保集群只有一个 NameNode 对外服务。

图 7-6 中,工作状态下 DataNode 同时向 NameNode(Active)和 NaneNode(Standby)汇报信息。Zookeeper 会启动两个 FailoverController(ZooKeeper 故障恢复控制器)服务监听两个 NameNode 节点的状态,并向 ZooKeeper 进行汇报。当 NameNode(Active)状态异常时,由 JournalNameNode 进行仲裁,判断当前工作的 NameNode 是否故障,如果无法恢复则切换至备用 NameNode,保证集群正常工作。

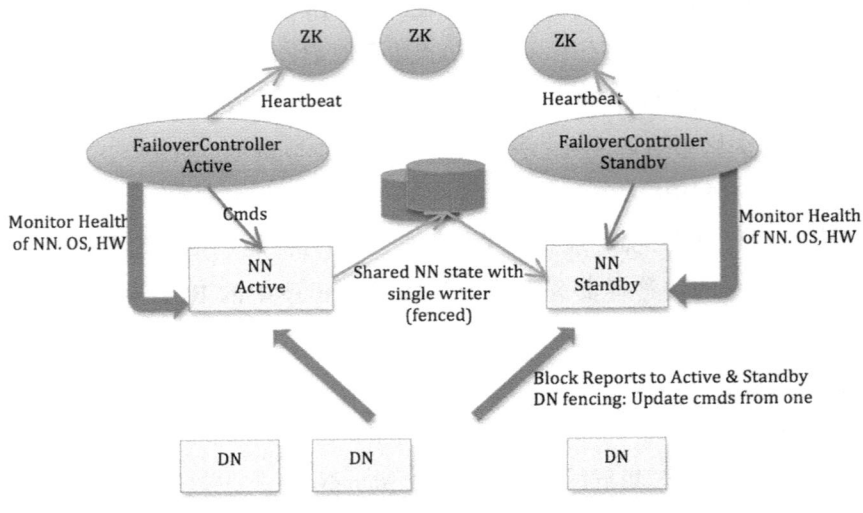

图7-6　HDFS HA 架构

四、大数据平台架构

（一）数据处理框架

在大数据分析过程中，不同功能模块对于数据的精度、格式有着不同的要求，系统针对不同阶段的数据需求构建了数据处理流程，包括对脏数据的清洗、异构数据的格式统一、文本数据信息提取等，不同的处理结果存放在不同层的数据仓库中以供其他业务使用。数据处理框架（图7-7）的构建有助于原始数据的充分利用，使数据得到有效使用。

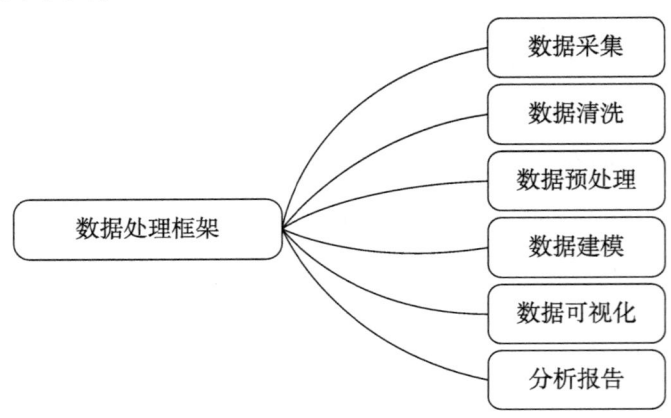

图7-7　数据处理框架

在模型评估时,场馆提供的数据通常为 Excel 表格,存在大量冗余信息,如场馆联系方式等内容,此外不标准的数据字段无法在数据模型中进行计算,因此在所有数据使用前都需要进行预处理。

(1) 数据采集

单位名称	人口数（万人）(2019)	机构数	从业人员				藏量				
			专业技术人才				图书		古籍		
			正高级职称	副高级职称	中级职称			盲文图书		善本	报刊
			人	人	人	人	册、件	册	册	册	件
		*	11	12	13	14	15	16	17	18	19	20	21
北京市	2170.7	23	1,229	1,018	13	88	372	28,764,311	26,399,560	3,696	469,837	70,292	575,426
天津市	1556.87	29	1,047	902	18	141	371	18,672,911	16,621,255	11,796	588,873	111,379	814,457
上海市	2418.33	23	2,110	1,789	49	153	729	78,942,099	35,996,446	16,523	2,002,960	194,566	3,953,091
重庆市	3048.43	43	1,002	611	24	85	262	18,079,372	14,669,377	43,055	677,254	93,379	1,713,533

图 7 - 8 数据样例

如在上述样例数据中(图 7 - 8),行数据中包括省份合计数据、区/县合计数据和场馆统计数据,在算法模型中只需要场馆统计数据,则需要对数据条目进行提取。该表中场馆数据存在场馆评级字段,因此只需要扫描该字段,对包含字段的数据条目进行提取和存储即可。

(2) 数据清洗

在获取信息和数据的过程中,会存在各类的原因导致数据丢失和空缺。这些缺失值的处理方法主要是基于变量的分布特性和变量的重要性(信息量和预测能力)采用不同的方法。

异常值是数据分布的常态,处于特定分布区域或范围之外的数据通常被定义为异常或噪声。异常分为两种:"伪异常",由于特定的业务运营动作产生,正常反映业务的状态,而不是数据本身的异常;"真异常",不是由于特定的业务运营动作产生,数据本身分布异常,即离群点。系统通常会基于聚类算法,对远离其他簇的数据进行剔除或修正。

噪声指观测点和真实点之间的误差,即 $obs = x + \varepsilon$。通常的处理办法:对数据进行分箱操作,等频或等宽分箱,然后用每个箱的平均数、中位数或者边界值(不同数据分布,处理方法不同)代替箱中所有的数,起到平滑数据的作用。另外一种做法是建立该变量和预测变量的回归模型,根据回归系数和预测变量,反解出自变量的近似值。

(3)数据规约

在效能评估过程中,指标字典是衡量场馆发展建设水平的主要参照,为了在评估中尽可能对所得到的场馆的综合效能进行反馈,通常指标字典的设计规模会很大。但在实际评估时,存在大量冗余指标,不仅使数据采集的难度变大,也导致计算模型复杂度变高,效率降低。此外,存在指标字典数据不可获得或者由于场馆自身建设的原因,部分数据收集难度较大等导致的数据缺失,所以,数据归约是大规模数据集应用的必要环节。

数据归约技术可以用来得到数据集的归约表示,它小得多,但仍尽可能地保持原数据的完整性。这样,在归约后的数据集上挖掘将更有效,并产生相同(或几乎相同)的分析结果。用于数据分析的数据可能包含数以百计的属性,其中大部分属性与挖掘任务不相关,是冗余的。维度归约通过删除不相关的属性,来减少数据量,并保证信息的损失最小。

在字段选择时,会首先进行属性子集的选择,目标是找出最小属性集,使得数据类的概率分布尽可能地接近使用所有属性的原分布。在压缩的属性集上挖掘还有其他的优点,它减少了出现在发现模式上的属性的数目,使得模式更易于理解。在面向地区的数据分析时,存在场馆发展不平衡导致数据标准化后的数据倾斜问题,为避免此类问题,数据通常会经过 z-score 处理,即 $x^* = \dfrac{x-\mu}{\sigma}$。

(4)数据可视化

数据分析结果通常会以可视化的形式展示出来,选择合适的图表形式和样式对数据包含的信息进行表达,相比较分析报告更加直观。

(二)系统功能架构

系统整体架构分为前端系统模块、后端业务系统模块、数据仓储模块、分布式存储计算模块和算法模型调用模块,具体见图 7-9。

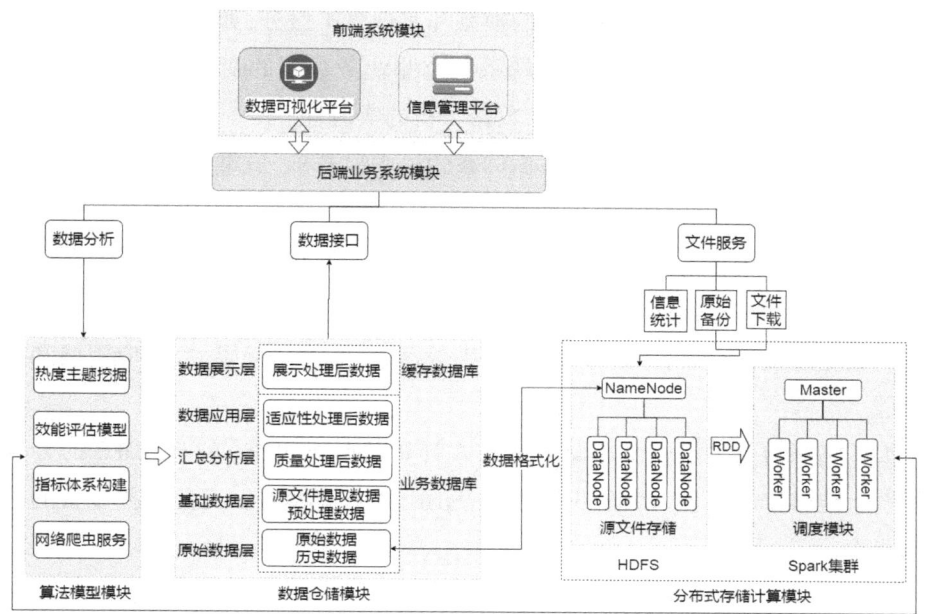

图7-9 公共文化效能评估大数据分析平台架构图

前端系统部署在Nginx服务器上,通过反向代理机制将路由指向前端系统资源,利用Nginx负载均衡机制实现高并发的访问需求。前端系统采用Vue.js框架,页面使用HTML5/Sass编写,通过axios向后端发送异步网络请求,后端系统根据API响应数据。Vue.js是一种MVVM模式的前端系统框架,基于JavaScript的defineProperty方法实现数据的实时响应,前端数据可视化平台是基于Echarts与ElementUI设计的动态图表页面,通过丰富的图表样式展示系统统计与分析结果。信息管理平台是数据集中管理的中心,可以在该平台中对系统中使用的数据进行上传、修改、删除等一系列操作,也支持各种文件的上传、下载和备份等功能。

系统后端使用SpringBoot框架开发,主要为其他Web服务提供数据接口,后端通过Mybatis与Druid实现与MySQL数据库的交互,后端对每个对象创建DAO方法,并通过Mapper文件与DAO对数据库进行操作。在文件系统中,当用户发起资源存储的请求时,后端系统通过Hadoop集群接口将资源存储在HDFS集群中,存储和备份完成后会将存储信息返回NameNode,后端读取NameNode中的文件索引确认文件是否完成存储,存储完成后,将资源信息写入数据库并向用户返回完成存储的提示。

算法模型调用模块管理训练好的模型和其他脚本服务,如爬虫、神经网络模型等,该模块由后端业务系统调用,后端系统监测业务数据的变化,在数据发生变化时调用分析模型重新计算结果,保证数据分析的实时性。

数据仓库的设计和建设是大数据体系建设中最基础、最重要的工作之一,它决定了大数据分析体系对已有数据的兼容能力、数据操作的运行效率和未来的扩容能力。本研究在进行仓储设计时,引入"模块化"的设计思想,按照"数据分层"的原则对数据仓储进行设计和组织,即根据数据的来源、主题和类型,将数据存储分为五大数据层次,分别为原始数据层、基础数据层、汇总分析层、数据应用层和数据展示层。

大数据平台是系统资源存储与分布式计算的基础设施,基于 HDFS 的分布式文件系统能够给予文件强大的灾备能力,Spark 计算集群可以充分挖掘设备的并行计算能力。

五、数据组织与存储

数据组织与存储是大数据体系建设中最基础、最重要的工作之一,它决定了大数据分析体系对已有数据的兼容能力、数据操作的运行效率和未来的扩容能力。本研究在进行仓储设计时,引入"模块化"的设计思想,按照"数据分层"的原则对数据仓储进行设计和组织,即根据数据的来源、主题和类型,将数据存储分为五大数据层次,分别为原始数据层、基础数据层、汇总分析层、数据应用层和数据展示层,具体如图 7 – 10 所示:

图 7 – 10　数据仓储设计图

1. 原始数据层。其主要目的是为了存放收集的原始数据和历史数据,作为整个分析平台的数据基础。其中原始数据中存储的是与数据源数据结构一致的数据,其目的是方便数据追溯,以及源数据向数据仓储中过渡。

2. 基础数据层。原始数据层里的数据经过数据预处理后存入基础数据层,其中本研究数据预处理包括数据表合并、数据格式与数据类型转换、数据脱敏处理、数据加密处理等。

3. 汇总分析层。汇总分析层是针对基础数据层数据,是进行数据加工、处理后数据的存储层。这里的数据处理仅仅是针对数据质量问题的处理,其目的是解决已收集数据存在的质量问题,包括完整性、唯一性、权威性、合法性和一致性检查。

4. 数据应用层。该层主要是针对数据模型和具体需求,抽取汇总分析层中的数据,采取一系列提高数据适用性的措施进行处理,并将处理后的数据按照不同颗粒度和不同主题等分类进行组织和存储的数据层。其目的是提高数据的适用性以便于进行数据分析,常用的处理措施包括调整数据维度、删除冗余信息、统一数据量纲和量级、指标派生与合成等。

5. 数据展示层。该层主要针对数据可视化需求,根据实际需要存储相应的数据维度,以提高前端的应用访问率而设置的数据层,其主要的数据处理措施包括数据分组、数据库表及字段的拆分与合并、数据展示维度的调整、展示指标计算等。

六、数据流设计

本书中数据流情况如图 7-11 所示,整个数据流分为三个部分:数据采集区、数据处理区和数据利用区,其中数据采集区为各类源数据;数据处理区包括原始数据层、基础数据层和汇总分析层;数据利用区包括数据应用层和数据展示层。具体流程如下:

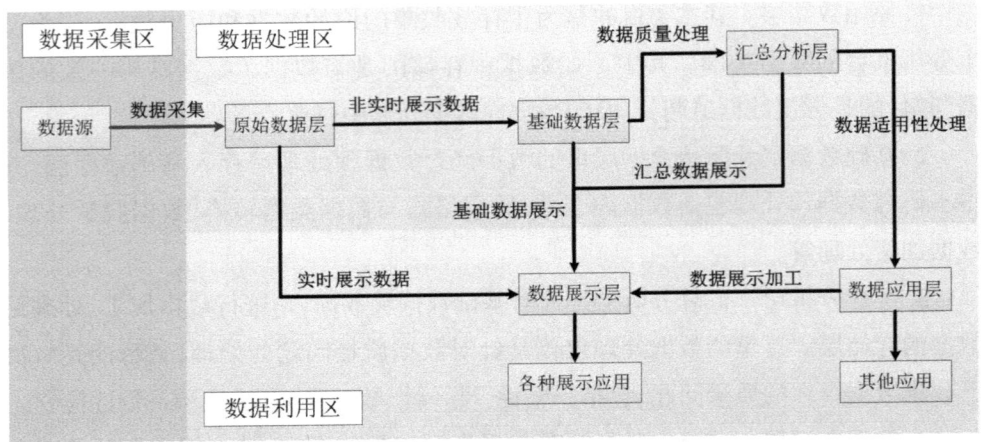

图 7-11 数据流示意图

(1) 通过各种采集方式从数据采集区采集数据存入原始数据层；

(2) 原始数据层数据按照展示的时效性分为实时展示数据和非实时展示数据，其中实时展示数据直接从原始数据层进入数据展示层进行实时数据展示；非实时展示数据则进入基础数据层；

(3) 基础数据层中的数据来源于原始数据层，对于有展示需求的数据，进入数据展示层进行基础数据展示，如无展示需求，则经过质量处理后进入汇总分析层；

(4) 汇总分析层的数据来源于基础数据层，对于有展示需求的数据，进入数据展示层进行汇总数据展示，如无展示需求，则经过适用性处理后进入数据应用层；

(5) 数据应用层的数据来源于汇总分析层，对于有展示需求的数据，按照展示需求进行展示性加工后存入数据展示层进行应用数据展示，如无展示需求，为其他各种应用提供数据支撑。

(6) 数据展示层的数据根据展示需要分别来源于原始数据层、基础数据层、汇总分析层和数据应用层，该层数据根据展示逻辑和展示内容的设计对数据进行重新组织和存储，以提高展示应用的访问效率和访问速度。

第三节　系统实现

一、数据可视化平台

根据不同层级的服务效能评估需求,设计适合的可视化组件,从多个维度对服务效能相关数据进行展示,支持"省—地区—场馆"三级地图下钻,分别从省、地区和场馆三个角度对数据和服务效能进行组织和展示。

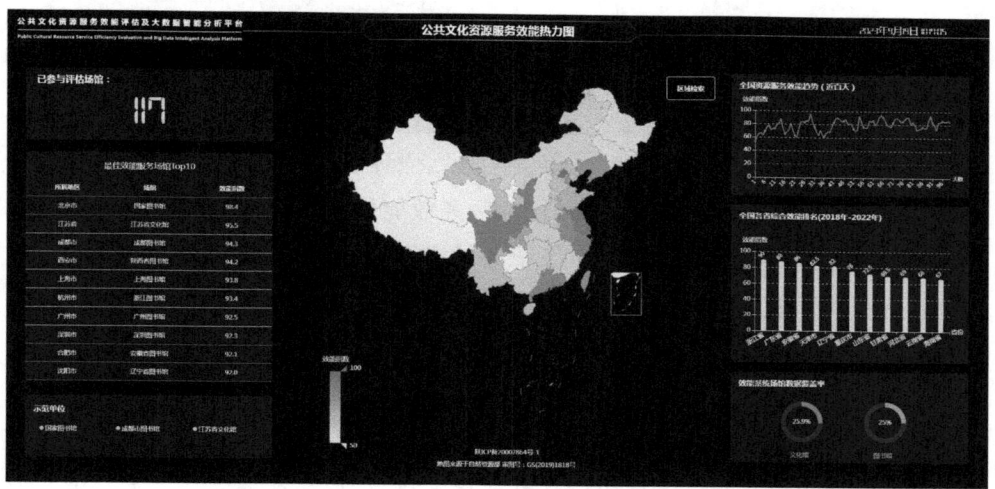

图 7-12　公共文化效能评估热力图页面

数据可视化平台采用三级页面结构,首页表示宏观效能信息,包括公共文化热点资讯、公共文化热力地图、场馆效能排名、地区效能排名、场馆参评率、效能走势以及地区搜索等功能模块,公共文化热点资讯是基于后台爬虫系统实时爬取的全国各地区场馆关注度最高的资讯内容,模块定时更新数据,循环滚动播放。

公共文化热力地图是首页的主要功能模块,如图 7-12 所示,通过颜色区别各地区的文化活动热度,可以通过选择条筛选指定热度的地区,点击热力地图的省份可以跳转至该地区的二级页面,也可以通过搜索模块跳转任意地区的二级页面。场馆综效能排名会根据后台评估的效能得分展示最佳与较差的 5 个场馆。地区效能排名是全国各省份的综合效能指数排名,排名根据后台数据实时更新,滚动播放。场馆参评率反映当前全国参与系统评估的场馆占比。效能走势展示我国近百天的整体效能指数,可反映近期文化发展的趋势。

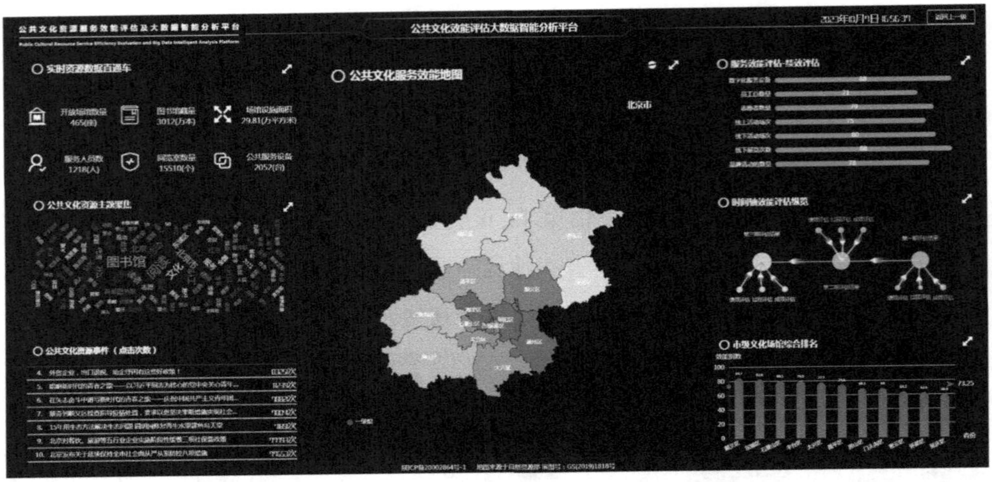

图 7-13 公共文化区域效能评估页面

二级页面是各地区的详情页面,包括服务效能地图、实时数据直通车、公共文化主题聚焦、市级文化场馆排名、多级服务效能评估等,如图 7-13 所示。服务效能地图标记了系统内经过评估的场馆位置,用户可通过点击场馆位置跳转至场馆三级页面,显示详细的评估内容。实时数据直通车是该地区公共文化场馆基础建设相关信息,会根据各个场馆的发布信息进行统计并实时更新。文化主题聚焦是针对文化事件的主题挖掘,分析出群众广泛关注的内容,并通过词云进行展示。市级文化场馆排名是该省所有地级市的效能指数排名,反映各地区的服务效能。多级服务效能评估是对该地区不同维度服务供给能力的评估结果,反映该地区的综合服务效能,将各子项得分通过柱状图更加直观地表示出来。

三级页面是各场馆的效能评估详情页面,包括过程评估、成效评估、绩效评估、服务效能评估指标、热度分析,图 7-14 以公共图书馆的效能评估页面为例。效能评估通过过程、成效、绩效三个维度进行展示。服务效能评估指标是系统针对场馆采集数据的分析,经过对指标字典约简得到的场馆实际评估时的指标矩阵,使用拓扑结构表示各指标之间的关联,通过拓扑节点的大小反映该指标的权重。热度分析通过对场馆内容感染力、场馆影响力、传播影响力三个方面进行评分。

第七章 基于研究成果构建大数据智能分析与挖掘系统

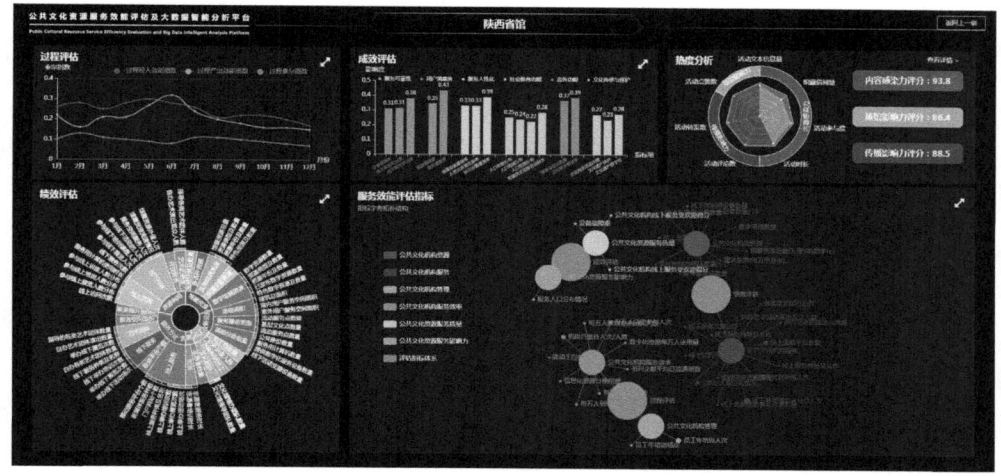

图7-14 公共图书馆效能评估页面

二、资源信息管理界面

信息管理平台主要用于对效能评估相关数据进行管理以及展示评估细则,管理数据包含公共数据与内部数据两部分,公共数据包括场馆管理、活动管理模块,场馆管理包含三类公共文化机构基本信息,活动管理包含所有公开的文化事件统计信息和活动内容,均支持自定义搜索。

内部数据用于对机构自身建设与发展相关数据进行管理,用户仅能查看所属机构的相关数据,系统权限划分为文化部门管理员、机构管理员和数据录入员。录入员负责对馆藏、借阅、活动和读者数据进行录入与上传操作,操作记录在临时数据表中,系统支持从excel表格中导入或导出数据,导入时会提供标准导入模板,由录入员根据模板调整字段,系统会对所有数据操作进行本地缓存,因此可以多次导入或编辑。机构管理员在数据审核模块中对录入信息进行集中审核,审核通过的数据将同步至云数据库,审核不通过的提交则被驳回,录入员可在驳回处理中查看被驳回的内容与原因。

效能评估模块首页展示最新一期的评估结果,也可在历史记录中查看往期评估内容,展示内容包括效能指数、效能排名、各维度得分、指标子项得分及变化趋势,便于机构根据评估结果优化服务质量。

第八章 应用示范

第一节 示范范围与内容

为了保证研究成果的适用性,本书经过调研与沟通,共选取了三家不同领域、不同级别的公共文化机构作为本研究的应用示范单位,分别是国家图书馆、成都市图书馆和江苏省文化馆,应用示范的内容主要为公共文化资源服务效能评估,具体见表8-1。

表8-1 应用示范单位

序号	示范单位名称	级别	所属领域	应用示范内容
1	国家图书馆	国家级	公共图书馆	公共图书馆服务效能评估
2	成都市图书馆	地市级	公共图书馆	
3	江苏省文化馆	省级	群众文化	群众文化服务效能评估

第二节 示范点数据情况

目前,已经完成了三家示范点的数据收集、整理工作,其中国家图书馆的数据内容涵盖年鉴数据、aleph数据及读者门户数据,成都市图书馆包括年鉴数据和流通数据,江苏省文化馆为指标调查数据,具体见表8-2。

表 8-2 示范点数据收集情况

序号	示范单位名称	数据内容	时限
1	国家图书馆	年鉴数据	2003—2018 年
		aleph 数据	—
		读者门户数据	—
2	成都市图书馆	年鉴数据	2018—2021 年
		流通数据	2019—2021 年
3	江苏省文化馆	指标调查数据	2021—2022 年

第三节 示范方案设计

由于公共图书馆、文化馆及文化站开展的业务具有明显的差异性，二者的侧重点各不相同，因此为了保证研究制定的评估指标的适用性，分别针对公共图书馆、群众文化领域制定了标准化的应用示范方案。

（1）公共图书馆标准化评估方案。由于本书制定的评估指标具有层级架构，因此在制定公共图书馆应用示范方案时，根据评估指标的层级架构设计了"综合评估+模块评估+热度分析"的标准化方案。其中综合评估指通过评估指标的多属性复合计算，利用一定的算法将各属性指标合成服务效能综合指数的方法；模块评估指的是按照评估指标的三大评估模块，对公共文化资源服务分别进行绩效评估、成效评估和过程评估，从不同的侧面对公共文化资源服务进行单独评估。

（2）群众文化标准化评估方案。根据文化馆、文化站的实际业务需求以及数据情况，设计了"效能评估+主题分析+实时数据"的标准化方案，其中效能评估指利用服务效能评估指标进行综合效能评估；主题分析指按照公共文化活动的主题，利用本书研究构建的主题分析模型进行主题发现分析、主题趋势分析；实时数据展示指收集文化馆、文化站的场馆、活动等实时信息，构建实时数据直通车展示模块。

国家图书馆、成都市图书馆、江苏省文化馆作为公共文化智能共建共享与管理平台公共文化资源服务效能评估分析应用示范点，利用服务效能评估大数据智能分析系统对其进行服务效能评估和重点资源数据进行分析。在数据满足分析条件的基础上，利用场馆、软硬件数量、人员、活动等综合数据，结合效能评估指标体系，对现有的公共文化资源服务建立科学有效的效能评估模型,进而进行评估打分。此外,通过获取用户对各类文化资源的使用情况、利用率,用户参与围绕场馆所举办的活动等指标建立主题评估模型,综合评定公共文化服务的受欢迎程度。该方案使用可视化展示的示范方案,最后在现有展示页面进行集成展示。

服务效能评估业务流程:

①分别采集国家图书馆、成都市图书馆、江苏省文化馆示范点的综合数据,重点采集各自举办的特色公共文化活动热度等相关数据,对采集到的数据进行整合清洗,得到效能评估所需的数据清单。

②根据公共文化效能评估指标体系、各指标主观权重以及各指标所涉及的实时数据进行分析,建立公共文化效能评估数学模型以及热度分析模型,根据实时数据完成数据分析与算法模型训练,得出场馆效能评估结果和热度分析结果;

③将评估分析结果进行反馈,制定服务效能评估方案进而提升服务效能,根据热度分析结果提供热度排名。

场馆服务效能评估主要包括了场馆的过程评估、成效评估、绩效评估、热度分析以及服务效能评估指标。

●多维热度分析:包括文化活动热度、用户借阅量热度、用户分布、场馆热度评分、文化主题活动以及主题挖掘。

●区域服务效能评估:包括实时数据直通车、公共文化主题聚焦、公共文化事件、多级服务效能评估、时间轴效能评估纵览、市级文化场馆综合排名以及公共文化服务效能地图。

公共文化服务侧重于具有地方特色的公共文化活动的热度质量等指标。

第四节　示范方法及技术路径

利用服务效能评估大数据智能分析系统对国家图书馆、成都市图书馆、江苏省文化馆三个示范点进行服务效能评估和重点资源数据进行分析。

一、系统架构

系统整体框架如图 8-1 所示,系统采用松耦合架构设计,由系统前端、系统后端与数据仓储构成,各业务模块之间相互分离,使用数据接口进行通信。在系统集成时,可实现单独业务功能的集成。数据分析模块包含公共文化服务效能评估模型、热度分析等支撑示范应用的关键技术,通过可视化大屏对计算分析后的结果进行展示。可视化平台遵循开放访问原则,后端引入相关数据流接口和缓存数据库即可。

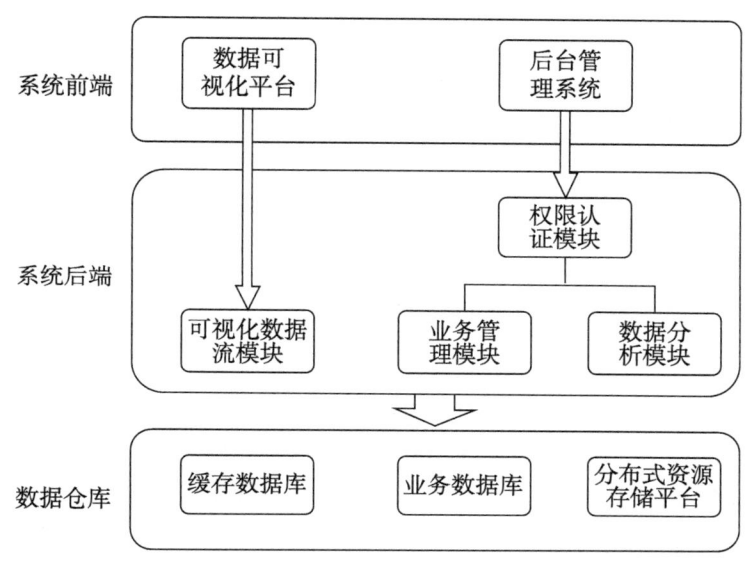

图 8-1 服务效能评估示范系统整体框架

二、技术路线

公共文化服务效能评估技术路线分为数据采集分析、计算效能评估指数以及热度分析三步。

根据公共文化资源服务效能制定的标准化应用示范方案,设计了相应的技术路径,具体为:

(1)构建效能评估模型。获取公共文化效能评估指标体系、各指标主观权重以及各指标数据,经过数据分析计算后得出公共文化效能评估数学模型。

(2)计算效能评估指数。根据公共文化效能评估数学模型构建评估算法模型,得到效能评估结果,该分析结果能够为场馆对未来资源调整提供分析依据。其中需要计算的指数包括服务效能综合指数、绩效评估指数、过程评估和成效评估指数。

(3)热度分析。本系统热度分析算法模块借助场馆所提供的数据,从时间、地理、人群三个维度出发进行数据清洗,并作为模型中底层各项指标组成部分,利用 HankerNews 排名算法构建热度分析模型,计算出模型中各分部影响力的大小,给予不同权重计算出场馆热度。该模型可有效地完成场馆热度排名的计算,为场馆热度分析提供了一个多维度计算模型。

(4)成果共享。本书的成果共享主要体现在数据共享和方法共享两个方面,其中数据共享指利用标准数据接口接收和对外提供数据,以及通过 URL 对外提供展示页面;方法共享指将分析模型或分析算法进行打包或封装,按照相应的权限对外提供使用接口供第三方调用。

三、实施步骤

实施步骤分为数据存储方式以及部署方式两方面。

(一)数据存储方式

方案一:该方案采用课题研发的完整系统框架,首先需要获取江苏省文化馆现有指标体系数据〔包括主观权重(即专家打分)及指标真实数据〕、用户相关信息;然后将数据存放到国家文化云数据池中,系统远程调用数据池中的数据在现有展示页面进行集成展示。

方案二:该方案采用课题研发的完整系统框架,首先需要获取江苏省文化馆现有指标体系数据〔包括主观权重(即专家打分)及指标真实数据〕、用户相关信息;然后将数据存放到开发环境本地数据库中,系统调用本地数据库中的数据在现有展示页面进行集成展示。

(二)部署方式

方案一:将系统部署到国家图书馆、成都市图书馆、江苏省文化馆三个示范点,直接进行应用示范。

方案二:将系统部署到西安工程大学,国家图书馆通过外链的方式访问系统进行应用示范。

第五节 服务效能评估指标优化

根据应用示范点的基本情况,本书重新设计了评估指标体系,具体如表 8-3、表 8-4 所示。

表 8-3 公共文化服务指标体系

编号	指标名称	指标描述
1	(非数字化)馆藏资源总量/件	评估年度内公共文化机构保存的实体馆藏的总量,为图书、小册子、报刊、缩微制品、视听资料、书画资料、文物等实体馆藏的总和
2	(非数字化)图书数量/册	评估年度内公共文化机构保存的图书实体馆藏的总册数
3	(非数字化)图书数量/种	评估年度内公共文化机构保存的不同种图书实体馆藏的总数
4	(非数字化)小册子数量/册	评估年度内公共文化机构保存的小册子实体馆藏的数量
5	(非数字化)小册子数量/种	评估年度内公共文化机构保存的不同种类的小册子实体馆藏的种数
6	(非数字化)报刊数量/份	评估年度内公共文化机构保存的报刊(含合订本)实体馆藏的份数(一期报刊为一份)
7	(非数字化)报刊数量/种	评估年度内公共文化机构保存的不同种类的报刊(含合订本)实体馆藏的种数
8	(非数字化)缩微制品数量/卷	评估年度内公共文化机构保存的缩微制品实体馆藏的数量
9	(非数字化)视听资料数量/件	评估年度内公共文化机构保存的视听资料实体馆藏的数量
10	(非数字化)书画资料数量/幅	评估年度内公共文化机构保存的书画(含手稿)实体馆藏的数量
11	(非数字化)文物数量/个	评估年度内公共文化机构保存的文物(含古籍)实体馆藏的数量
12	资源主题分类及数量/种	评估年度内公共文化机构的资源按照资源主题进行分类并统计,其中图书馆实体资源按中图法一级类目分类、文化馆实体资源按发展中心分类法一级类目分类、博物馆和美术馆实体资源按照四部四项分类法一级类目分类

续表

编号	指标名称	指标描述
13	古籍年份及数量/册	评估年度内公共文化机构保存的古籍实体资源在各年份的数量
14	民国出版物年份及数量/册	评估年度内公共文化机构保存的民国时期出版物实体资源在各年份的数量
15	建国后出版物年份及数量/册	评估年度内公共文化机构保存的建国后出版物实体资源在各年份的数量
16	地方主题实体资源数量/册	评估年度内公共文化机构保存的地方主题实体资源的数量
17	红色实体资源数量/册	评估年度内公共文化机构保存的红色实体资源的数量
18	少数民族语言实体资源数量/件	评估年度内公共文化机构保存的少数民族语言实体资源的数量
19	外国文献资源/件	评估年度内公共文化机构保存的本国以外出版的实体资源总量,为外国出版或制作的图书、小册子、报刊、缩微制品、视听资料、书信手稿等实体馆藏的总件数
20	其他语种资源数量/件	评估年度内公共文化机构保存的以非中文、英语、法语、俄语、阿拉伯语或西班牙语的其他语言为主要文本的实体资源的数量,包括该语种的图书、小册子、报刊、缩微制品、视听资料、书信手稿等实体馆藏的总件数
21	数字资源总量/TB、数量	评估年度内公共文化机构保存的以数字形式存储的带有特定内容的信息单元总量
22	外购数字资源总成本/元	评估年度内公共文化机构用于外购数字资源所花费的经费
23	自建电子图书资源数量/TB、册	评估年度内公共文化机构保存的电子图书资源的数量
24	自建电子报刊资源数量/TB、份	评估年度内公共文化机构保存的电子报刊资源的数量

续表

编号	指标名称	指标描述
25	自建电子论文数量/TB、个	评估年度内公共文化机构保存的电子论文的数量
26	自建电子图片资源数量/TB、张	评估年度内公共文化机构保存的电子图片资源的数量
27	数字形式存储的音频资源总容量/TB	评估年度内公共文化机构保存的数字形式存储的音频资源总容量
28	数字形式存储的音频资源时长/小时	评估年度内公共文化机构保存的数字形式存储的音频资源时长
29	数字形式存储的视频资源总容量/TB	评估年度内公共文化机构保存的数字形式存储的视频资源总容量
30	数字形式存储的视频资源时长/小时	评估年度内公共文化机构保存的数字形式存储的音频资源时长
31	本馆数字化的数字资源总数量/TB	评估年度内公共文化机构数字化的数字资源总数量
32	本馆当年数字化的数字资源总数量/TB	评估年度内由公共文化机构当年完成数字化的数字资源的总数量
33	新发布数字资源数量/TB	评估年度内公共文化机构新对外发布的数字资源数量
34	地方主题数字资源数量/TB	评估年度内公共文化机构保存的地方主题数字资源的数量
35	红色数字资源数量/TB	评估年度内公共文化机构保存的红色数字资源的数量
36	少数民族语言数字资源数量/TB	评估年度内公共文化机构保存的少数民族语言数字资源的数量
37	建筑总面积/平方米	评估年度内公共文化机构实际使用的房屋建筑面积（不含职工宿舍和正在扩建尚未竣工的建筑面积）
38	室内用户服务用房面积/平方米	评估年度内公共文化机构可为用户提供服务的室内用房总面积

续表

编号	指标名称	指标描述
39	室内阅览室空间面积/平方米	评估年度内公共文化机构可为用户提供服务的阅览室空间面积
40	室内文化活动场地面积/平方米	评估年度内公共文化机构可为用户提供服务的文化活动场地面积
41	公共座位数量/个	评估年度内公共文化机构提供给用户阅读和学习的座位,无论是否有其他设施
42	用户服务用计算机数量/个	评估年度内公共文化机构拥有的、供用户直接使用的计算机设备
43	提供传统服务用的服务器数量/个	评估年度内公共文化机构用于提供传统服务的各种服务器数量
44	提供数字服务用的服务器数量/个	评估年度内公共文化机构用于直接提供用户数字服务的各种服务器数量
45	网络设备数量/个	评估年度内公共文化机构拥有的用于提供数字化服务的网络设备,含中继器、网桥、路由器、网关、防火墙、交换机等
46	服务区无线网络覆盖率/%	评估年度内公共文化机构提供网络连接服务的用户服务区的面积/用户服务区的总面积×100%
47	网络宽带/Mbps	评估年度内公共文化机构接入的因特网宽带
48	数字化阅读服务设备数量/台/套	评估年度内图书馆其他用于提供数字化阅读且被用户直接使用的设备,含电子阅览设备、移动阅读设备、多媒体展示互动设备等
49	分馆数量/个	评估年度内公共文化机构系统中根据读者需要或藏书特点分设的、与中心馆分离的辅助服务场所数量
50	流动服务点数量/个	评估年度内各种流动文化服务点的数量,含流动图书车、流动舞台、流动展厅等非固定服务点
51	员工总数量/人数	评估年度内公共文化机构中有编制的工作人员的总数量

续表

编号	指标名称	指标描述
52	人事代理、劳务派遣人员总数量/人数	评估年度内公共文化机构由劳务派遣机构与派遣劳工订立劳动合同,把劳动者派向公共文化机构,再由公共文化机构向派遣机构支付一笔服务费用的用工形式的人员数量
53	高级职称员工数量/人数	评估年度内公共文化机构按职称统计的高级职称员工数量
54	中级职称员工数量/人数	评估年度内公共文化机构按职称统计的中级职称员工数量
55	初级职称员工数量/人数	评估年度内公共文化机构按职称统计的初级职称员工数量
56	传统服务种数及名称/种	评估年度内公共文化机构开展的传统服务种类数量及名称,图书馆包括文献借阅、信息检索、参考咨询、讲座、培训、展览、阅读推广、政府信息公开、地方文献服务、流动与自助服务、特殊群体服务等;文化馆包括开展群众文化活动、实施辅导与培训、组织群众文艺创作、组建群众文化队伍、民族民间(非物质)文化遗产保护与传承等;文化站包括举办展览与讲座、组织文体活动、文献借阅、民族民间(非物质)文化遗产保护与传承等
57	数字服务种数及名称/种	评估年度内公共文化机构开展的数字服务种类数量及名称,图书馆包括网站服务、电子阅览服务、新媒体服务、线上活动等;文化馆包括信息服务(文化信息检索、文化信息报道与发布、文化信息咨询及反馈)、网络培训、网上活动、实体数字空间等
58	服务平台个数(网站)/个	评估年度内公共文化机构为用户提供文化服务的系统平台、网站、应用等的数量

续表

编号	指标名称	指标描述
59	新媒体服务种数/种	评估年度内公共文化机构为用户提供服务的新媒体服务平台的数量,含数字电视、手机客户端、微博、微信等
60	移动服务平台个数/个	评估年度内公共文化机构为用户提供移动服务的平台数量
61	独立用户访问数量/次	评估年度内公共文化机构的各种网页、应用、App的独立用户总访问数量
62	电子图书资源使用量/次	评估年度内公共文化机构保存的电子图书资源的页面点击量
63	电子报刊资源使用量/次	评估年度内公共文化机构保存的电子报刊资源的页面点击量
64	电子论文资源使用量/次	评估年度内公共文化机构保存的电子论文资源的页面点击量
65	电子图片资源使用量/次	评估年度内公共文化机构保存的电子图片资源的页面点击量
66	数字形式存储的音频资源完播量/次	评估年度内公共文化机构保存的数字形式存储的音频资源的总完播量
67	数字形式存储的音频资源浏览总时长/小时	评估年度内公共文化机构保存的数字形式存储的音频资源的浏览时长
68	数字形式存储的视频资源完播量/次	评估年度内公共文化机构保存的数字形式存储的视频资源的总完播量
69	数字形式存储的视频资源浏览总时长/小时	评估年度内公共文化机构保存的数字形式存储的视频资源的浏览时长
70	地方主题数字资源使用量/次	评估年度内公共文化机构保存的地方主题数字资源的页面点击量
71	红色数字资源使用量/次	评估年度内公共文化机构保存的红色数字资源的页面点击量
72	少数民族语言数字资源使用量/次	评估年度内公共文化机构保存的少数民族语言数字资源的页面点击量

续表

编号	指标名称	指标描述
73	线上举办活动场次/场	评估年度内公共文化机构举办线上公共文化活动的总次数
74	线上举办培训次数/场	评估年度内公共文化机构举办线上培训的总次数
75	线上举办展览次数/场	评估年度内公共文化机构举办线上展览的总次数
76	线上活动的参与人次/人次	评估年度内公共文化机构举办的线上活动的总参与人次
77	线上培训的参与人次/人次	评估年度内公共文化机构举办的线上培训的总参与人次
78	线上展览的参与人次/人次	评估年度内公共文化机构举办的线上展览的总参与人次
79	物理访问次数/次	评估年度内用户到访公共文化机构所属的各类场馆、服务点、流动服务点、配建广场以获得公共文化机构提供的某项服务的总次数
80	服务用计算机使用时长/小时	评估年度内公共文化机构服务用的计算机被用户使用的总时长
81	馆藏资源流通数量/册次	评估年度内公共文化机构(含所属各级固定场所、流动服务点等)各类馆藏文献流通的总册次(不含馆内阅读或使用)
82	馆藏资源续借数量/册次	评估年度内用户发起的续借的公共文化机构(含所属各级固定场所、流动服务点等)各类馆藏文献的总册数(不含馆内阅读或使用)
83	(周)开放时长/小时	评估年度内公共文化机构每周面向用户开放的总时长
84	线下举办活动场次/场	评估年度内公共文化机构举办线下公共文化活动的总次数,包含自办艺术团体演出的数量
85	线下举办培训次数/场	评估年度内公共文化机构举办线下培训讲座的总次数
86	线下举办展览次数/场	评估年度内公共文化机构举办线下展览的总次数

续表

编号	指标名称	指标描述
87	当年注册用户数/人数	评估年度之内在公共文化机构注册为正式用户的总数量
88	持证用户总数/人数	评估年度内拥有该公共文化机构数字或实体用户证(卡)的用户数量
89	媒体报道总数量/次	当年主流的传统或网络媒体对公共文化机构及其服务的报道总数量。
90	活动媒体报道率	当年公共文化机构举办的公共文化活动中,被媒体报告的活动场次与总活动场次的比例。
91	文化传承活动次数	当年公共文化机构举办的文化保护相关主题活动的总数量
92	文化遗产保护/种	公共文化机构保存的优秀文化的种类和数量
93	文化遗产数字化/TB	公共文化机构保存的各类数字化的优秀文化资源的总数量

表 8-4　用户数据信息

字段	描述
id	用户唯一标识
gender	用户性别
birthday	用户出生日期
job	用户职业
adress	用户住址
activity	主题活动
user_activity	用户参加的活动
user_activity_detail	活动的描述

第六节　应用示范成果

本书在研究成果应用示范方面,根据制定的群众文化标准化评估方案,采用了"省级—地市—场馆"三级架构进行展示,从多个维度分别从省、地区和场馆三个角度对数据和服务效能进行组织和展示。

一、国家图书馆应用示范

利用公共文化资源服务效能评估与大数据智能分析平台对国家图书馆进行服务效能评估和重点资源数据进行分析。利用国家图书馆场馆、软硬件数量、人员、活动等综合数据,结合效能评估指标体系,对现有的公共文化资源服务建立科学有效的效能评估模型,进而进行评估打分。此外,通过获取用户对各类图书资源的使用情况、利用率等信息,主要围绕图书的热度、借阅率等指标建立主题评估模型,综合评定公共文化服务的受欢迎程度,并展示相关热力图。

二、成都市图书馆应用示范

利用服务效能评估大数据智能分析系统对成都图书馆进行服务效能评估和重点资源数据进行分析。在数据满足分析条件的基础上,利用成都图书馆场馆、软硬件数量、人员、活动等综合数据,结合效能评估指标体系,对现有的公共文化资源服务建立科学有效的效能评估模型,进而进行评估打分。此外,通过获取用户对各类图书资源的使用情况、利用率等信息,主要围绕图书的热度、借阅率等指标建立主题评估模型,综合评定公共文化服务的受欢迎程度,并展示相关热力图。

三、江苏省文化馆应用示范

针对江苏省文化馆,利用公共文化资源服务效能评估与大数据智能分析平台对江苏省文化馆进行服务效能评估和重点资源数据进行分析。利用江苏省文化馆场馆、软硬件数量、人员、活动等综合数据,结合效能评估指标体系,对现有的公共文化资源服务建立科学有效的效能评估模型,进而进行评估打分。此外,通过获取用户参与各种文化活动的情况主要围绕场馆所举办的活动等指标建立主题评估模型,综合评定公共文化服务的受欢迎程度,并展示相关热力图。

第七节 应用示范展示

在成果展示方面,本研究分别进行了服务效能总览、区域服务效能评估、场馆服务效能评估和多维热度分析。此外,还开发了后端数据接口,便于对效能评估信息实现实时推送和展示。

访问路径

国家公共文化云→聚行业→集成应用示范→效能评估；

（1）公共文化服务效能总览。公共文化服务效能总览页面主要展示了参与评估场馆数量、效能服务场馆Top榜、全国资源服务效能趋势、全国各省效能动态排名、效能场馆数据覆盖率以及公共文化资源服务效能热力图，通过点击热力图或者区域检索的功能可跳转至区域服务效能评估页面。展示界面如图8-2所示。

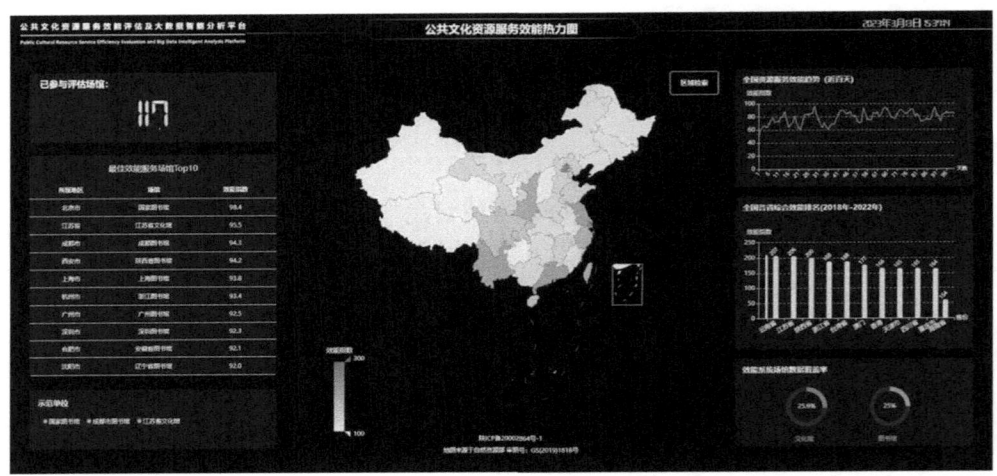

图8-2 公共文化服务效能总览页面

（2）区域服务效能评估。区域服务效能评估页面主要展示的是区域的服务效能评估，其中包括了实时数据直通车、公共文化主题聚焦、公共文化事件、多级服务效能评估、时间轴效能评估纵览、市级文化场馆综合排名以及公共文化服务效能地图。通过点击地区的服务效能地图中具体场馆可以进入场馆服务效能评估页面，如图8-3所示。

（3）场馆服务效能评估。场馆服务效能评估页面主要包括了场馆的过程评估、成效评估、绩效评估、热度分析以及服务效能评估指标，如图8-4所示。

（4）多维热度分析。当点击热度分析查看详情按钮可以跳转到多维热度分析页面，其中包括了文化活动热度、用户参与活动热度、用户分布、场馆热度评分、文化主题活动以及主题挖掘，如图8-5所示。

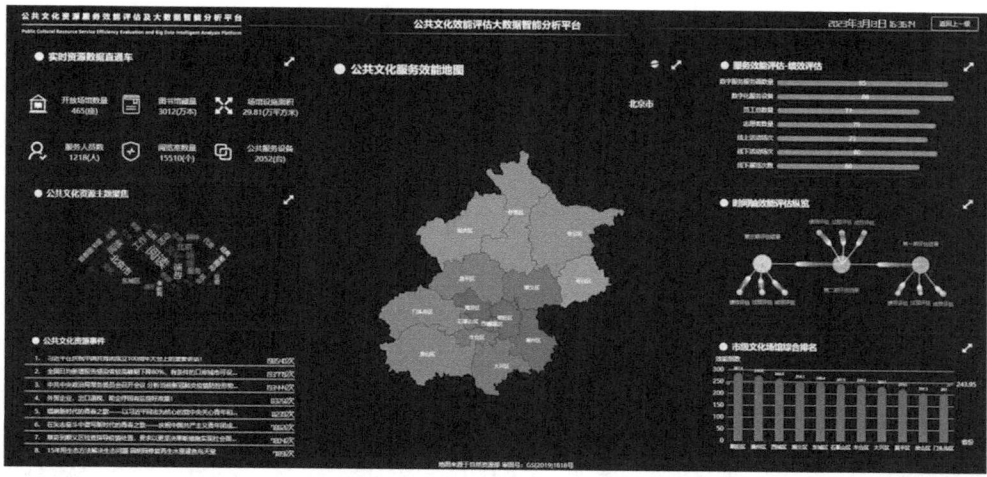

图8-3 区域服务效能评估页面

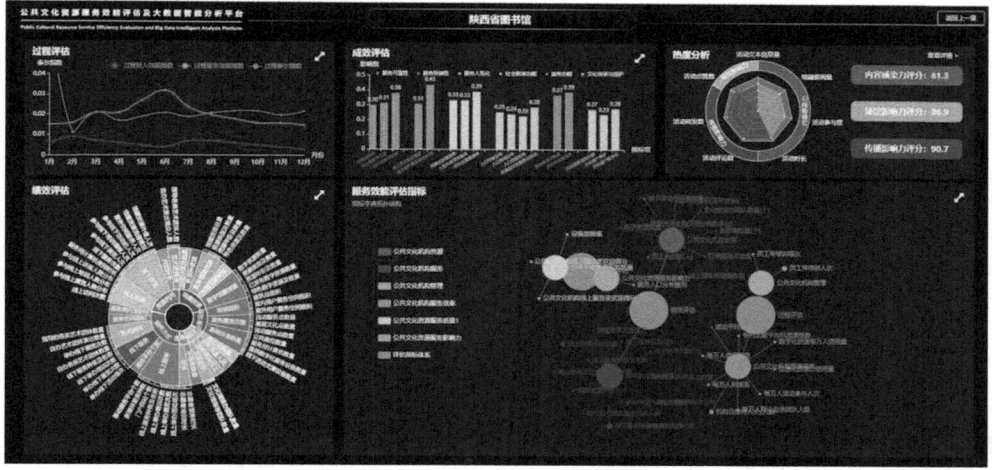

图8-4 场馆服务效能评估页面

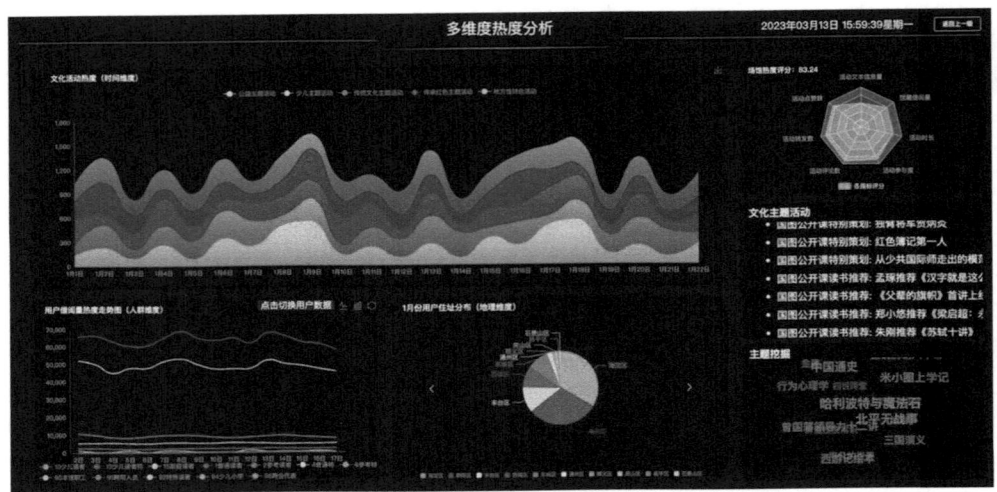

图 8-5　多维热度分析页面

第八节　应用示范结论

国家图书馆、成都市图书馆、江苏省文化馆作为公共文化服务资源效能评估及大数据智能分析平台应用示范点，通过利用服务效能评估大数据智能分析与挖掘系统对其进行了服务效能评估和对其重点资源数据进行了有效分析。在数据满足分析条件的基础上，利用场馆、软硬件数量、人员、活动等综合数据，结合效能评估指标体系，对现有的公共文化资源服务建立科学有效的效能评估模型，进而进行了评估打分。此外，通过获取用户对各类文化资源的使用情况、利用率等相关数据，以及借助用户参与围绕场馆所举办的活动等指标建立了主题评估模型，综合评定了公共文化服务的受欢迎程度。对应用示范点的文化效能评估结果采用了可视化展示的方案，即在现有展示页面进行了集成展示。

通过基于研究成果以及借助大数据智能分析与挖掘系统，实现了对应用示范点进行服务效能评估结果的展示。借鉴西方国家的经验，结合我国公共文化服务基本现状，在进行公共文化服务效能评估的流程上，我们验证了目前按照制定评估总体方案、明确评估对象、构建评估指标体系、搜集评估数据、选择评估方法、进行评估等六个具体步骤循序渐进地开展公共文化服务效能评估工作是合理有效的。

针对具体的应用示范点，按照以下步骤开展业务流程，最终完成了公共文化资源服务效能评估：

①采集国家图书馆、成都市图书馆、江苏省文化馆三个应用示范点的综合数据，重点采集公共文化资源相关数据，对采集到的数据进行整合清洗；

②根据公共文化效能评估指标体系、各指标主观权重以及各指标所涉及的实时数据进行分析，建立公共文化效能评估数学模型以及热度分析模型，根据实时数据完成数据分析与算法模型训练，得出场馆效能评估结果和热度分析结果；

③将评估分析结果进行反馈，制定服务效能评估方案进而提升服务效能，根据热度分析结果提供热度排名。

第九节　应用示范意义

一、理论意义

作为以开展文化效能评估工作为主的应用示范点，改善与优化了文化服务效能评估的方法体系，深入开展了政府公共文化产品供求规律的研究，丰富拓展了公共文化服务效能评估方面的相关知识理论和实践经验。

二、现实意义

借助搭建好的公共文化资源智能共建共享和管理集成平台及其展示的效能评估分析结果，对于应用示范点的当地政府来说，有助于研究在发展经济的同时，思考如何进行文化保护以及对公共文化建设发展进行更有效的资源配置，为后续制定相关政策以解决当前存在的公共文化服务相关的问题提供指导，同时也能够优化政府在公共文化服务上的财政支出。对于应用示范点的当地居民来说，通过政府经过科学指导制定的惠民政策，能够获得更多文化教育机会和参加由公共部门提供的基础且多样化的文化活动，满足人民的文化需求，保障公民在享受公共文化资源的同时获取知识的权利。

通过获取该平台展示的效能评估分析结果，有助于政府从宏观上把握当前在公共文化服务投入产出效率的基本情况，提升政府公共文化服务的水平，有利于加快实现我国的地方公共文化服务水平均等化，同时也为公众积极参与公共文化服务提供理论依据，并提供相关数据分析支持。

建立有效统一的公共文化服务绩效评价体系,客观评价且对比全国三十一个省级单位的公共文化服务绩效,有利于财政支出和相关资产更合理有效地流动运营。同时,也能够督促保证公共文化服务自身的公平性和均等性。

总的来说,通过效能评估的实证分析结果,科学地引导政府以公共文化服务绩效评价为标杆,推动公共文化服务体系科学化、规范化发展,更好地实现大众的文化权益,同时带动各级政府职能部门绩效评估工作的开展,加快公共服务型政府建设。

第九章　结语

　　自2012年以来,我国的图书情报学界就已开始关注公共文化机构资源及服务效能的相关问题,党的二十大报告中提到文化近30次,指出要繁荣发展文化事业和文化产业,坚持以人民为中心的创作导向,推出更多增强人民精神力量的优秀作品,健全现代公共文化服务体系,实施重大文化产业项目带动战略;并且要健全基本公共服务体系,提高公共服务水平,增强均衡性和可及性,扎实推进共同富裕。2022年5月22日,国务院办公厅印发《关于推进实施国家文化数字化战略的意见》,强调各地要把推进实施国家文化数字化战略列入重要议事日程,因地制宜制定具体实施方案,相关部门要细化政策措施。各地区各有关部门要加强对《关于推进实施国家文化数字化战略的意见》实施情况的跟踪分析和协调指导,注重效果评估。如何提升公共文化机构资源及服务水平,通过智能化手段对文化机构的服务效能进行评估,成为当下非常重要又亟待解决的问题之一。

　　本书在剖析公共文化服务相关概念及内涵的基础上,依托绩效评估、过程评估和成效评估三类服务效能评估的基本准则,结合我国公共文化机构的实际情况及服务效能评估指标体系建设的实际要求,从服务提供者、服务提供过程和服务受益者三个方面构建我国公共文化资源服务效能全面评估的理论框架和指标体系。基于指标体系及评估模型构建大数据智能分析与挖掘系统,并分别在国家、省、市、镇级文化单位开展应用示范,将理论研究与科学实践相结合,客观、高效、直观地进行评估及展示。

　　我们认为,对于不同地区、不同层级、不同服务对象、不同特色的场馆,以及同一场馆的不同侧重、不同时期,其服务效能评估的方案也必然存在差异,如果采用相同的评估方案,或指标及权重不完全合理,得到的分数和排名并不具有参考意义和现实价值。对此,我们提出利用浮动权重动态调整以实现开展符合现实需求的效能评估的目的。并且,在之后的示范过程中,将计划开展系统评估结果与机构自身的评估数据进行比对,不断调整和修正评估指标和权重,不断完善研究评估的客观及准确性,以期为公共文化服务效能评估提供辅助决策支持,为智能化开展服务效能评估提供新的方法和实践。

附 录

参考文献

[1]习近平.高举中国特色社会主义伟大旗帜 为全面建设社会主义现代化国家而团结奋斗——在中国共产党第二十次全国代表大会上的报告[M].北京:人民出版社,2022.

[2]辞海编辑委员会.辞海[M].上海:上海辞书出版社,1999.

[3]阿伦特.文化与公共性[M].刘锋译.北京:生活·读书·新知三联书店,1998.

[4]哈贝马斯.公共领域的结构转型[M].曹卫东等译.上海:学林出版社,1999.

[5]高丙中.公共文化的概念及服务体系建设的双元主体问题[J].广西民族大学学报(哲学社会科学版),2016,38(06).

[6]荣跃明.公共文化的概念、形态和特征[J].毛泽东邓小平理论研究,2011,(03).

[7]陈亮.论公共文化的基本特性[J].山东行政学院山东省经济管理干部学院学报,2005,(12).

[8]乔治·弗雷德里克森.公共行政的精神[M].张成福等译.北京:中国人民大学出版社,2013.

[9]陈威.公共文化服务体系研究[M].深圳:深圳报业集团出版社,2006.

[10]周晓丽,毛寿龙.论我国公共文化服务及其模式选择[J].江苏社会科学,2008(01).

[11]中共中央办公厅,国务院办公厅.国家"十二五"时期文化改革发展规划纲要[M].北京:人民出版社,2012.

[12]国家统计局.中华人民共和国2022年国民经济和社会发展统计公报[N].2023-03-01(009).

[13]财务司.中华人民共和国文化和旅游部2021年文化和旅游发展统计公报[N].中国文化报,2022-06-30(004).

[14]吴理财.社会力量参与公共文化服务概论[M].北京:北京师范大学出版社,2021.

[15]全国PPP综合信息平台项目管理库[EB/OL].(2022-12-23)[2022-12-24].https://www.cpppc.org:8082/inforpublic/homepage.html#/projectPublic.

[16]中共中央办公厅,国务院办公厅.关于推进实施国家文化数字化战略的意见[J].国家图书馆学刊,2022,31(004).

[17]熊远明.围绕国家文化数字化战略积极推进全国智慧图书馆体系建设[J].中国图书馆学报,2022,48(004).

[18]白雪华.依托公共文化云落实国家文化数字化战略[J].中国图书馆学报,2022,48(004).

[19]傅才武,彭雷霆.中国公共文化服务发展指数报告(2019)[M].北京:社会科学文献出版社,2019.

[20]彭雷霆,欧阳样,张灵均.公共文化服务发展水平探析——基于全国31个省(区、市)2015—2018年的实证分析[J].决策与信息,2021(12).

[21]董帅兵,邱星.供给侧视角下我国农村公共文化服务的有效振兴——基于全国31省267个村庄的调查分析[J].图书馆学研究,2021(002).

[22]金家厚.公共文化机构绩效评估及其机制优化[J].重庆社会科学,2011(11).

[23]光明网.文化和旅游部:基层综合性文化服务中心基本实现全覆盖[EB/OL](2022-02-09)[2022-12-25].https://m.gmw.cn/baijia/2022-02/09/35505313.html.

[24]韩业庭.这十年,文化文艺这样见证新时代新征程[N].光明日报,2022-08-19(004).

[25]中国网.中共中央宣传部就推动新时代文化和旅游高质量发展有关情况

举行发布会[EB/OL](2022-08-24)[2022-12-25]. https://www.chinanews.com/shipin/spfts/20220823/4312.shtml.

[26]王珏.全国重点文物保护单位数量10年增长115%[N].人民日报,2022-07-27(1).

[27]新华社,全国科普统计数据[EB/OL](2022-12-31)[2023-01-20]. http://www.news.cn/tech/20221231/4d2cb59da51f4bb699bed7b04037fc07/c.html.

[28]国家市场监督管理局,中国国家标准管理委员会.GB/T 36309—2018,公共文化资源分类[S].北京:中国标准出版社,2018.

[29]吴建南,马亮,杨宇谦.比较视角下的效能建设:绩效改进、创新与服务型政府[J].中国行政管理,2011(003).

[30]圣章红.中国公共文化服务体系的现代性解读与建设路径[J].湖北大学学报(哲学社会科学版),2016,43(004).

[31]王雪丽,王瑞文.基层公共文化服务效能困境:成因与破局——基于"三圈理论"的阐释[J].图书馆工作与研究,2020(002).

[32]邱冠华.公共图书馆提升服务效能的途径[J].中国图书馆学报,2015,41(004).

[33]DCMS, Benchmarking Framework for library services[EB/OL](2017-09-15)[2023-01-29]. https://www.gov.uk/government/publications/benchmarking-framework-for-library-services..

[34]喻锋,徐盛,颜丽清.绩效评价指标设计的价值理性与工具理性探析——基于中英公共文化服务评价的比较[J].甘肃行政学院学报,2015,107(001).

[35]美国公共部门绩效评价[EB/OL](2022-06-23)[2023-01-30]. https://www.guayunfan.com/baike/222354.html.

[36]周志忍,徐艳晴.政府绩效管理的推进机制:中美比较的启示[J].中国行政管理,2016,370(004).

[37]肖婷.美国公共文化服务体系建设研究[D].湖北大学,2014.

[38]田倩飞,A.S.CHOW,唐川等.美国公共图书馆的绩效评估理论演进与实践[J].图书与情报,2016,172(006).

[39]苑珂珂.日本公共文化服务绩效评估制度研究[D].华中师范大学,2022.

[40]袁娟.日本政府绩效评估模式研究[M].北京:知识产权出版社,2010.

[41]张正慧,崔竞烽,郑德俊.国际标准《信息和文献——国家图书馆的质量评估》(ISO 21248:2019)解读[J].图书馆学研究,2022,516(001).

[42]银晶,冯玲.国际标准 ISO 16439:2014《信息与文献——图书馆影响力评估的方法与流程》解读与分析[J].山东图书馆学刊,2017,160(002).

[43]向勇,喻文益.公共文化服务绩效评估的模型研究与政策建议[J].现代经济探讨,2008,313(001).

[44]朱旭光,王莹.公共文化服务绩效评估体系研究:基本框架与政策建议[J].中国出版,2016,398(21).

[45]谢媛.我国公共文化服务绩效评估的理论与实践研究综述[J].四川行政学院学报,2012,76(004).

[46]翟小会.公共文化服务绩效评估理论、实践及未来展望[J].洛阳师范学院学报,2021,40(008).

[47]严贝妮,刘琳佳,肖平.我国公共文化服务评估研究动向(2010—2020 年)[J].文化软实力研究,2021,6(002).

[48]王学琴,陈雅.国内外公共文化服务绩效评估比较研究[J].情报资料工作,2014,201(006).

[49]胡税根,莫锦江,李军良.公共文化资源整合绩效评估指标体系构建与实证研究[J].理论探讨,2018,201(002).

[50]郭宇,李俊.少数民族地区公共文化服务建设研究——基于 DEA 实证研究的绩效评估[J].太原城市职业技术学院学报,2014,152(003).

[51]毛炳聪,汪仕龙.乡镇公共文化服务动态评估探析[J].上海文化,2014,109(002).

[52]柯平,潘雨亭,张海梅.机遇与挑战:第七次公共图书馆评估的环境与意义[J].图书馆杂志,2023,42(003).

[53]朱美霖.投入产出视角下的公共图书馆文化服务效能评估模型研究[J].图书馆研究与工作,2021,200(002).

[54]金胜勇,周文超.面向用户评估的公共图书馆评估指标体系构建[J].图书馆工作与研究,2010(002).

[55]汤金羽,朱学芳.我国公共文化云微信公众平台服务效率评估[J].图书

馆论坛,2019,39(009).

[56] 曹国凤. 公共数字文化服务效能评估探析——基于六何分析框架[J]. 河南图书馆学刊,2021,41(006).

[57] 吴高,林芳,韦楠华. 公共数字文化服务绩效评价现状、问题及对策分析[J]. 图书情报工作,2019,63(002).

[58] 谭秀阁,王峰虎. 基于DEA的我国公共文化投入效率研究[J]. 科技管理研究,2011,31(13).

[59] 韦景竹,李率男. 基于DEA模型的公共文化云平台运营效率研究[J]. 情报资料工作,2020,41(004).

[60] 傅利平,何勇军,李小静. 城市公共文化服务的综合评价模型[J]. 统计与决策,2013,388(16).

[61] 曾志杰,梁新潮. 福建省九地市公共文化服务支出绩效评价——基于AHP的实证研究[J]. 集美大学学报(哲社版),2017,20(001).

[62] 张广钦,李剑. 基于平衡计分卡的公共文化机构绩效评价统一指标体系研究[J]. 图书馆建设,2017,279(009).

[63] 余晓忠. 基于平衡计分卡构建新疆农村广播电视公共服务绩效评价体系的研究[J]. 广播与电视技术,2016,43(001).

[64] 胡税根,李幼芸. 省级文化行政部门公共文化服务绩效评估研究[J]. 中共浙江省委党校学报,2015,31(001).

[65] 苏祥,周长城,张含雪. "以公众为导向"的公共文化服务绩效评估:理论基础与指标体系[J]. 黑龙江社会科学,2016,158(005).

[66] 胡守勇. 公共文化服务效能评价指标体系初探[J]. 中共福建省委党校学报,2014,405(002).

[67] 张楠. 农村公共文化服务绩效评估缺失及其改进——基于江苏乡镇文化站的考察[J]. 湖南农业大学学报(社会科学版),2012,13(003).

[68] 彭益民. 构建农村公共文化服务评估指标体系的探讨[J]. 武陵学刊,2015,40(005).

[69] 石雨,聂继凯. 农村公共文化服务绩效评估指标体系研究——基于农民获得视角[J]. 经营与管理,2021,448(10).

[70] 白海燕. 陕西省公共文化服务供给均等化有效评估模式研究[J]. 佳木斯

职业学院学报,2018,183(002).

[71] 朱丽华,魏翠玲,袁贞. 基本公共文化服务均等化评估指标体系探讨[J]. 中小企业管理与科技(下旬刊),2011,294(007).

[72] 金家厚. 公共文化机构绩效评估及其机制优化[J]. 重庆社会科学,2011,204(11).

[73] 任鹏飞. 农村公共文化服务第三方评估研究:理论溯源、功能审视与实践反思[J]. 图书馆建设,2018,293(11).

[74] 芦苇. 公共文化服务评估中的公民参与度探讨——基于马克·霍哲的公民介入框架[J]. 新余学院学报,2012,17(006).

[75] 晓明. 回顾·激励·展望——全国公共图书馆评估工作总结会综述[J]. 图书馆,1995(001).

[76] 宫平,柯平,段珊珊. 我国公共图书馆服务绩效评估研究——基于五次省级公共图书馆评估标准的分析[J]. 山东图书馆学刊,2015,152(006).

[77] 文化和旅游部办公厅. 文旅部关于开展第七次全国县级以上公共图书馆评估定级工作的通知[EB/OL](2022-06-02)[2022-12-25]. https://zwgk.mct.gov.cn/zfxxgkml/ggfw/202206/t20220602_933319.html.

[78] 广东省文化和旅游厅. 广东省地市、县(市、区)公共文化服务评价指标体系(2020年度)的通知[EB/OL](2021-12-05)[2022-12-26]. http://whly.gd.gov.cn/special/xy/scgl/content/post_3678695.html..

[79] 北京市朝阳区创建国家公共文化示范区情况汇报[EB/OL](2019-03-29)[2022-12-25]. https://www.mct.gov.cn/whzx/bnsj/ggwhs/201903/t20190329_841026.htm.

[80] 北京朝阳自测公共文化服务建设[EB/OL].(2012-10-12)[2022-12-24]. https://news.12371.cn/2012/10/12/ARTI1350033901800466.shtml.

[81] 浙江省基层公关文化服务评估指标数据(2017年度),浙江省文化厅.

[82] 浙江省文化厅. 浙江:建立全国首个农村公共文化服务评估指标体系[J]. 山东经济战略研究,2010,245(007).

[83] 浙江省文化和旅游厅. 浙江省文化厅关于开展2016年度基层公共文化服务评估工作的通知[EB/OL](2017-04-01)[2022-12-25]. http://ct.zj.gov.cn/art/2017/4/1/art_1229678760_2422477.html.

[84]嘉兴市人民政府.2022年8月公共文化绩效评价结果[EB/OL](2022-08-26)[2022-12-28]. https://www.jiaxing.gov.cn/art/2022/8/26/art_1228967725_59548197.html.

[85]东莞市人民政府办公室.关于印发《东莞市公共文化服务体系绩效评估办法》的通知[J].东莞市人民政府公报,2014,135(009).

[86]昆明市人民政府,全市开展基层公共文化服务效能绩效评价[EB/OL](2021-09-29)[2022-12-27]. https://www.km.gov.cn/c/2021-09-29/4107473.shtml.

[87]中华人民共和国公共图书馆法[EB/OL](2017-11-5)[2022-4-10]. http://www.gov.cn/xinwen/2017-11/05/content_5237326.htm.

[88]文化部.关于群众艺术馆、文化馆管理办法[J].1992.

[89]CAFARELLA M, CUTTING D. Building Nutch: Open source search[J]. Queue, 2004,2(002).

[90]SANJAY G, HOWARD G, SHUN-TAK L. The Google file system[J]. In: Proc. of the SOSP, 2003.

[91]DEAN J, GHEMAWAT S. MapReduce: Simplified data processing on large clusters[J]. Communications of the ACM, 2008,51(001).

[92]KONSTANTIN S, HAIRONG K, SANJAY R, et. The Hadoop distributed file system[J]. In: Proc. of the MSST, 2010.

[93]WHITE T. Hadoop: The Definitive Guide. 4th ed[M]. O'Reilly Media. Inc, 2015.

[94]HAKIM W, JOHN K. Erasure coding vs. replication: A quantitative comparison[J]. In: Proc. of the IPTPS Workshop, 2001.

[95]XIA M Y, MOHIT S, MARIO B, et. A tale of two erasure codes in HDFS[J]. In: Proc. of the FAST, 2015.

[96]曹鹏.基于Spark平台的聚类算法的优化与实现[D].北京交通大学,2016.

[97]吴稀钰.基于Spark的谱聚类算法及其在QAR数据中的应用[D].中国民航大学,2017.

[98]张宁,李雪.国家图书馆数据管理与分析平台建设[J].国家图书馆学

刊，2016，25(6).

[99]中华人民共和国公共文化服务保障法[N].人民日报,2017-2-3.

[100]潘澍.公共文化管理机制与服务效能[J].党政干部学刊,2013,(11).

[101]张永新.构建现代公共文化服务体系的重点任务[J].行政管理改革,2014,(4).

[102]李锋.农村公共文化产品供给侧改革与效能提升[J].农村经济,2018,(9).

[103]胡守勇.公共文化服务效能评价指标体系初探[J].中共福建省委党校学报,2014,(2).

[104]李国新.提升公共文化服务效能思考[J].新世纪图书馆,2016,(8).

[105]杨永恒,龚璞,潘雅婷.公共文化服务效能评估:理论与方法[M].北京:科学出版社,2018.

[106]吴江,申丽娟,魏勇.贫困地区公共文化服务均等化:政策演进、效能评价与提升路径[J].西南大学学报(社会科学版),2019,45(5):51-58,198.

[107]李国新.现代公共文化服务体系建设与公共图书馆发展——《关于加快构建现代公共文化服务体系的意见》解析[J].中国图书馆学报,2015,41(3):4-12.

[108]关于加快构建现代公共文化服务体系的意见[N].人民日报,2015-1-15.

[109]范子艾,东晓.地方公共文化服务效能的构成要素与影响机制研究[J].领导科学论坛,2020,(15).

[110]张军华.图书馆绩效管理述略[J].中国科技信息,2007,(18).

[111]李建霞.图书馆绩效评价研究综述[J].图书情报知识,2011,(5).

[112]KARUNARATNE N D. Assessing performance in libraries[J]. Long Range Planning, 11(2).

[113]Richard ORR R. Measuring the Goodness of Library Services[J]. Journal of Documentation, 1973(3).

[114]RUBIN R J. Demonstrating results:using outcome measurement in your library[R]. For the PLA(Public Library Association) spring symposium, Mar,2007[R].

[115]张红霞.国际图书馆服务质量评价:绩效评估与成效评估两大体系的形

成与发展[J]. 中国图书馆学报, 2009, 35(1).

[116]文化和旅游部关于群众艺术馆、文化馆管理办法[EB/OL](2020-1-14)[2022-4-10]. http://www.gaozhou.gov.cn/mmgzwhgdj/gkmlpt/content/0/740/post_740895.html?jump=false#3204.

[117]PARASURAMAN A, ZEITHAMl V A, BERRY L L. SERVQUAL: A multiple-item scale for measuring consumer perceptions of service quality[J]. 64(1).

[118]初景利. 应用SERVQUAL评价图书馆服务质量[J]. 大学图书馆学报, 1998(5).

[119]吴冬曼, 郭依群. LibQUAL+©的演进与我国本地化研究与实践[J]. 图书情报工作, 2012, 56(15).

[120]谢培. 平衡计分卡在绩效考核管理中的应用策略探析[J]. 商讯, 2021(10).

[121]张广钦, 李剑. 基于平衡计分卡的公共文化机构绩效评价统一指标体系研究[J]. 图书馆建设, 2017(9).

[122]张定安. 平衡计分卡与公共部门绩效管理[J]. 中国行政管理, 2004(6).

[123]颜爱民, 胡丕志, 廖伟. 平衡计分卡思想和DHP方法在公共图书馆绩效评估中的应用[J]. 图书馆, 2005(3).

[124]赵莹, 秦青. 多部门企业平衡记分卡的开发[J]. 软科学, 2003(2).

[125]卡普兰, 阿特金森. 高级管理会计[M]. 大连: 东北财经大学出版社, 1999.

[126]宋永明. 基于犹豫偏好关系的群决策方法研究[D]. 电子科技大学, 2018.

[127]王新鑫, 杨雁, 徐泽水, 等. 基于专家对应准则的犹豫模糊多属性群决策方法[J]. 模糊系统与数学, 2017, 31(1).

[128]Xia M M, Xu Z S Managing hesitant information in GDM problems under fuzzy and multiplicative preference relations[J]. International Journal of Uncertainty, Fuzziness and Knowledge-Based Systems, 2013, 21(6).

[129]王靖, 张金锁. 综合评价中确定权重向量的几种方法比较[J]. 河北工业大学学报, 2001, (2).

[130]杨宇.多指标综合评价中赋权方法评析[J].统计与决策,2006(13).

[131]贺梅萍.图书馆数字资源评价指标权重赋值方法概述[J].现代情报,2016,36(10).

[132]宫平,柯平,段珊珊.我国公共图书馆服务绩效评估研究——基于五次省级公共图书馆评估标准的分析[J].山东图书馆学刊,2015(6).

[133]贾磊.公共图书馆评估定级的新阶段——柯平教授谈第六次公共图书馆评估定级[J].图书馆理论与实践,2017(7).

[134]樊治平,赵萱.多属性决策中权重确定的主客观赋权法[J].决策与决策支持系统,1997(4).

[135]郭显光.熵值法及其在综合评价中的应用[J].财贸研究,1994(6).

[136]陈伟,夏建华.综合主、客观权重信息的最优组合赋权方法[J].数学的实践与认识,2007(1).

[137]李红,朱建平.综合评价方法研究进展评述[J].统计与决策,2012(9).

[138]徐泽水,赵华.犹豫模糊集理论及应用[M].北京:科学出版社,2018.

[139]徐翠枚.基本公共服务均等化水平评价指标体系研究——以海南为例[J].调研世界,2014(3).

[140]王晓玲.我国省区基本公共服务水平及其区域差异分析[J].中南财经政法大学学报,2013(3).

[141]陈封能,斯坦巴赫,卡帕坦,等.数据挖掘导论[M].段磊,张天庆译.北京:机械工业出版社,2021.

[142]谭春辉,熊梦媛.基于LDA模型的国内外数据挖掘研究热点主题演化对比分析[J].情报科学,2021,39(4).

[143]BLEI D M,NG A Y,JORDAN M I. Latent Dirichlet Allocation[J]. Journal of Machine Learning Research,2003,3(1).

[144]BLEI D M,LAFFERTY J D. Dynamic topic models[C]//Proc of the 23rd International Conference on Machine learning,2006.

[145]闫盛枫.融合词向量语义增强和DTM模型的公共政策文本时序建模与演化分析——以"大数据领域"为例[J].情报科学,2021,39(9).

[146]闫盈盈.基于DTM模型的政府公文公告主题研究[J].中国管理信息

化,2020,23(21).

[147]蒋卓人,陈燕,高良才,等.一种结合有监督学习的动态主题模型[J].北京大学学报(自然科学版),2015,51(2).

[148]赵凯,王鸿源.LDA最优主题数选取方法研究:以CNKI文献为例[J].统计与决策,2020,36(16).

[149]霍朝光,霍帆帆,董克.基于LSTM神经网络的学科主题热度预测模型[J].图书情报知识,2021(2).

[150]李天辉.基于python的数据分析可视化研究与实现[J].电子测试,2020(20).

[151]张宁.公共文化领域历史数据的数据重用——以我国"两馆一站"服务能力数据为例[J].四川图书馆学报,2023(03).

[152]曲靖野,陈震,胡轶楠.共词分析与LDA模型分析在文本主题挖掘中的比较研究[J].情报科学,2018,36(2).

公共图书馆文化资源服务效能评估指标

一级指标	二级指标	三级指标	指标说明
公共文化机构资源	文献资源	(非数字化)馆藏资源总量/件	评估年度内公共文化机构保存的实体馆藏的总量,为图书、小册子、报刊、缩微制品、视听资料、书画资料、文物等实体馆藏的总和
		(非数字化)图书数量/册	评估年度内公共文化机构保存的图书实体馆藏的总册数
		(非数字化)图书数量/种	评估年度内公共文化机构保存的不同种图书实体馆藏的总数
		(非数字化)小册子数量/册	评估年度内公共文化机构保存的小册子实体馆藏的数量
		(非数字化)小册子数量/种	评估年度内公共文化机构保存的不同种的小册子实体馆藏的种数
		(非数字化)报刊数量/份	评估年度内公共文化机构保存的报刊(含合订本)实体馆藏的份数(一期报刊为一份)
		(非数字化)报刊数量/种	评估年度内公共文化机构保存的不同种的报刊(含合订本)实体馆藏的种数
		(非数字化)缩微制品数量/卷	评估年度内公共文化机构保存的缩微制品实体馆藏的数量
		(非数字化)视听资料数量/件	评估年度内公共文化机构保存的视听资料实体馆藏的数量
		(非数字化)书画资料数量/幅	评估年度内公共文化机构保存的书画(含手稿)实体馆藏的数量
		(非数字化)文物数量/个	评估年度内公共文化机构保存的文物(含古籍)实体馆藏的数量
		资源主题分类及数量/种	评估年度内公共文化机构的资源按照资源主题进行分类并统计,按中图法一级类目分类

续表

一级指标	二级指标	三级指标	指标说明
公共文化机构资源	文献资源	古籍年份及数量/册	评估年度内公共文化机构保存的古籍实体资源在各年份的数量
		民国出版物年份及数量/册	评估年度内公共文化机构保存的民国时期出版物实体资源在各年份的数量
		建国后出版物年份及数量/册	评估年度内公共文化机构保存的建国后出版物实体资源在各年份的数量
		地方主题实体资源数量/册	评估年度内公共文化机构保存的地方主题实体资源的数量
		红色实体资源数量/册	评估年度内公共文化机构保存的红色实体资源的数量
		少数民族语言实体资源数量/件	评估年度内公共文化机构保存的少数民族语言实体资源的数量
		外国文献资源/件	评估年度内公共文化机构保存的本国以外出版的实体资源总量,包括外国出版或制作的图书、小册子、报刊、缩微制品、视听资料、书信手稿等实体馆藏的总件数
		英语资源数量/件	评估年度内公共文化机构保存的以英语为主要文本的实体资源的数量,包括英语图书、英语小册子、英语报刊、英语缩微制品、英语视听资料、英语书信手稿等实体馆藏的总件数
		法语资源数量/件	评估年度内公共文化机构保存的以法语为主要文本的实体资源的数量,包括法语图书、法语小册子、法语报刊、法语缩微制品、法语视听资料、法语书信手稿等实体馆藏的总件数

续表

一级指标	二级指标	三级指标	指标说明
公共文化机构资源	文献资源	俄语资源数量/件	评估年度内公共文化机构保存的以俄语为主要文本的实体资源的数量,包括俄语图书、俄语小册子、俄语报刊、俄语缩微制品、俄语视听资料、俄语书信手稿等实体馆藏的总件数
		阿拉伯语资源数量/件	评估年度内公共文化机构保存的以阿拉伯语为主要文本的实体资源的数量,包括阿拉伯语图书、阿拉伯语小册子、阿拉伯语报刊、阿拉伯语缩微制品、阿拉伯语视听资料、阿拉伯语书信手稿等实体馆藏的总件数
		西班牙语资源数量/件	评估年度内公共文化机构保存的以西班牙语为主要文本的实体资源的数量,包括西班牙语图书、西班牙语小册子、西班牙语报刊、西班牙语缩微制品、西班牙语视听资料、西班牙语书信手稿等实体馆藏的总件数
		其他语种资源数量/件	评估年度内公共文化机构保存的以非中文、英语、法语、俄语、阿拉伯语或西班牙语的其他语言为主要文本的实体资源的数量,包括该语种的图书、小册子、报刊、缩微制品、视听资料、书信手稿等实体馆藏的总件数
		数字资源总量/TB、数量	评估年度内公共文化机构保存的以数字形式存储的带有特定内容的信息单元总量
		外购数字资源总成本/元	评估年度内公共文化机构用于外购数字资源所花费的经费

续表

一级指标	二级指标	三级指标	指标说明
公共文化机构资源	文献资源	自建电子图书资源数量/TB、册	评估年度内公共文化机构保存的电子图书资源的数量
		自建电子报刊资源数量/TB、份	评估年度内公共文化机构保存的电子报刊资源的数量
		自建电子论文数量/TB、个	评估年度内公共文化机构保存的电子论文的数量
		自建电子图片资源数量/TB、张	评估年度内公共文化机构保存的电子图片资源的数量
		数字形式存储的音频资源总容量/TB	评估年度内公共文化机构保存的数字形式存储的音频资源总容量
		数字形式存储的音频资源时长/小时	评估年度内公共文化机构保存的数字形式存储的音频资源时长
		数字形式存储的视频资源总容量/TB	评估年度内公共文化机构保存的数字形式存储的视频资源总容量
		数字形式存储的视频资源时长/小时	评估年度内公共文化机构保存的数字形式存储的音频资源时长
		本馆数字化的数字资源总数量/TB	评估年度内公共文化机构数字化的数字资源总数量
		本馆当年数字化的数字资源总数量/TB	评估年度内由公共文化机构当年完成数字化的数字资源的总数量
		新发布数字资源数量/TB	评估年度内公共文化机构新对外发布的数字资源数量
		地方主题数字资源数量/TB	评估年度内公共文化机构保存的地方主题数字资源的数量
		红色数字资源数量/TB	评估年度内公共文化机构保存的红色数字资源的数量
		少数民族语言数字资源数量/TB	评估年度内公共文化机构保存的少数民族语言数字资源的数量

续表

一级指标	二级指标	三级指标	指标说明
公共文化机构资源	设施设备	建筑总面积/平方米	评估年度内公共文化机构实际使用的房屋建筑面积(不含职工宿舍和正在扩建尚未竣工的建筑面积)
		室内用户服务用房面积/平方米	评估年度内公共文化机构可为用户提供服务的室内用房总面积
		室内阅览室空间面积/平方米	评估年度内公共文化机构可为用户提供服务的阅览室空间面积
		室内文化活动场地面积/平方米	评估年度内公共文化机构可为用户提供服务的文化活动场地面积
		公共座位数量/个	评估年度内公共文化机构提供给用户阅读和学习的座位,无论是否有其他设施
		提供传统服务用的服务器数量/个	评估年度内公共文化机构用于提供传统服务的各种服务器数量
		提供数字服务用的服务器数量/个	评估年度内公共文化机构用于直接提供用户数字服务的各种服务器数量
		网络设备数量/个	评估年度内公共文化机构拥有的用于提供数字化服务的网络设备,含中继器、网桥、路由器、网关、防火墙、交换机等
		服务区无线网络覆盖率/%	评估年度内公共文化机构提供网络连接服务的用户服务区的面积/用户服务区的总面积×100%
		网络宽带/Mbps	评估年度内公共文化机构接入的因特网宽带
		用户服务用计算机数量/个	评估年度内公共文化机构拥有的、供用户直接使用的计算机设备

续表

一级指标	二级指标	三级指标	指标说明
公共文化机构资源	设施设备	数字化阅读服务设备数量/台/套	评估年度内图书馆其他用于提供数字化阅读且被用户直接使用的设备,含电子阅览设备、移动阅读设备、多媒体展示互动设备等
		数字阅览室面积	专门提供数字服务的阅览室总面积
		分馆数量/个	评估年度内公共文化机构系统中根据读者需要或藏书特点分设的、与中心馆分离的辅助服务场所数量
		流动服务点数量/个	评估年度内各种流动文化服务点的数量,含流动图书车、流动舞台、流动展厅等非固定服务点
	人力资源	员工总数量/人数	评估年度内公共文化机构中有编制的工作人员的总数量
		人事代理、劳务派遣人员总数量/人数	评估年度内公共文化机构由劳务派遣机构与派遣劳工订立劳动合同,把劳动者派向公共文化机构,再由公共文化机构向派遣机构支付一笔服务费用的用工形式的人员数量
		高级职称员工数量/人数	评估年度内公共文化机构按职称统计的高级职称员工数量
		中级职称员工数量/人数	评估年度内公共文化机构按职称统计的中级职称员工数量
		初级职称员工数量/人数	评估年度内公共文化机构按职称统计的初级职称员工数量
		研究生及以上学历员工数量/人数	评估年度内公共文化机构按学历统计的含硕士和博士的研究生及以上学历的员工数量
		本科学历员工数量/人数	评估年度内公共文化机构按学历统计的本科学历的员工数量

续表

一级指标	二级指标	三级指标	指标说明
公共文化机构资源	人力资源	专科学历员工数量/人数	评估年度内公共文化机构按学历统计的专科学历的员工数量
		高中及以下学历员工数量/人数	评估年度内公共文化机构按学历统计的高中学历的员工数量
公共文化机构服务	服务方式	传统服务种数及名称/种	评估年度内公共文化机构开展的传统服务种类数量及名称,图书馆包括文献借阅、信息检索、参考咨询、讲座、培训、展览、阅读推广、政府信息公开、地方文献服务、流动与自助服务、特殊群体服务等;文化馆包括开展群众文化活动、实施辅导与培训、组织群众文艺创作、组建群众文化队伍、民族民间(非物质)文化遗产保护与传承等;文化站包括举办展览与讲座、组织文体活动、文献借阅、民族民间(非物质)文化遗产保护与传承等
		数字服务种数及名称/种	评估年度内公共文化机构开展的数字服务种类数量及名称,图书馆包括网站服务、电子阅览服务、新媒体服务、线上活动等;文化馆包括信息服务(文化信息检索、文化信息报道与发布、文化信息咨询及反馈)、网络培训、网上活动、实体数字空间等
		服务平台个数(网站)/个	评估年度内公共文化机构为用户提供文化服务的系统平台、网站、应用等的数量
		新媒体服务种数/种	评估年度内公共文化机构为用户提供服务的新媒体服务平台的数量,含数字电视、手机客户端、微博、微信等

续表

一级指标	二级指标	三级指标	指标说明
公共文化机构服务	服务方式	移动服务平台个数/个	评估年度内公共文化机构为用户提供移动服务的平台数量
	资源利用	独立用户访问数量/次	评估年度内公共文化机构的各种网页、应用、App 的独立用户总访问数量
		电子图书资源使用量/次	评估年度内公共文化机构保存的电子图书资源的页面点击量
		电子报刊资源使用量/次	评估年度内公共文化机构保存的电子报刊资源的页面点击量
		电子论文资源使用量/次	评估年度内公共文化机构保存的电子论文资源的页面点击量
		电子图片资源使用量/次	评估年度内公共文化机构保存的电子图片资源的页面点击量
		数字形式存储的音频资源完播量/次	评估年度内公共文化机构保存的数字形式存储的音频资源的总完播量
		数字形式存储的音频资源浏览总时长/小时	评估年度内公共文化机构保存的数字形式存储的音频资源的浏览时长
		数字形式存储的视频资源完播量/次	评估年度内公共文化机构保存的数字形式存储的视频资源的总完播量
		数字形式存储的视频资源浏览总时长/小时	评估年度内公共文化机构保存的数字形式存储的视频资源的浏览时长
		地方主题数字资源使用量/次	评估年度内公共文化机构保存的地方主题数字资源的页面点击量
		红色数字资源使用量/次	评估年度内公共文化机构保存的红色数字资源的页面点击量
		少数民族语言数字资源使用量/次	评估年度内公共文化机构保存的少数民族语言数字资源的页面点击量
		服务用计算机使用时长/小时	评估年度内公共文化机构服务用的计算机被用户使用的总时长

续表

一级指标	二级指标	三级指标	指标说明
公共文化机构服务	资源利用	线上举办活动场次/场	评估年度内公共文化机构举办线上公共文化活动的总次数
		线上举办培训次数/场	评估年度内公共文化机构举办线上培训的总次数
		线上举办展览次数/场	评估年度内公共文化机构举办线上展览的总次数
		物理访问次数/次	评估年度内用户到访公共文化机构所属的各类场馆、服务点、流动服务点、配建广场以获得公共文化机构提供的某项服务的总次数
		馆藏资源流通数量/册次	评估年度内公共文化机构(含所属各级固定场所、流动服务点等)各类馆藏文献流通的总册次(不含馆内阅读或使用)
		馆藏资源续借数量/册次	评估年度内用户发起的续借的公共文化机构(含所属各级固定场所、流动服务点等)各类馆藏文献的总册数(不含馆内阅读或使用)
		(周)开放时长/小时	评估年度内公共文化机构每周面向用户开放的总时长
		线下举办活动场次/场	评估年度内公共文化机构举办线下公共文化活动的总次数,包含自办艺术团体演出的数量
		线下举办培训次数/场	评估年度内公共文化机构举办线下培训讲座的总次数
		线下举办展览次数/场	评估年度内公共文化机构举办线下展览的总次数

续表

一级指标	二级指标	三级指标	指标说明
公共文化机构服务	服务人数/人次	当年注册用户数/人数	评估年度之内在公共文化机构注册为正式用户的总数量
		持证用户总数/人数	评估年度内拥有该公共文化机构数字或实体用户证(卡)的用户数量
		0—16岁服务人口数/人数	评估年度内公共文化机构0—16岁年龄段的服务人口总数
		17—39岁服务人口数/人数	评估年度内公共文化机构17—39岁年龄段的服务人口总数
		40—59岁服务人口数/人数	评估年度内公共文化机构40—59岁年龄段的服务人口总数
		60岁及以上服务人口数/人数	评估年度内公共文化机构60岁及以上年龄段的服务人口总数
		省内且服务范围内服务人口数/人数	评估年度内公共文化机构省内且在服务范围内的服务人口总数
		省内但服务范围外服务人口数/人数	评估年度内公共文化机构省内但不在服务范围内的服务人口总数
		省外服务人口数/人数	评估年度内公共文化机构省外的服务人口总数
		男性服务人口数/人数	评估年度内公共文化机构的男性服务人口总数
		女性服务人口数/人数	评估年度内公共文化机构的女性服务人口总数
		服务空间服务人次/人次	评估年度内公共文化机构各种活动空间接待用户的人次,有条件的情况可记录用户使用的时长
		馆藏资源外借人次/人次	评估年度内公共文化机构书刊文献等资源的外借总人次(含所属各级固定场所、流动服务点等)

续表

一级指标	二级指标	三级指标	指标说明
公共文化机构服务	服务人数/人次	参与线下活动人次/人次	评估年度内参与公共文化机构举办的线下活动的总人次
		参与线下培训人次/人次	评估年度内参与公共文化机构举办的线下培训讲座等课程的总人次
		参与线下展览人次/人次	评估年度内参与公共文化机构举办的线下展览的总人次
		年到访用户数量/人次	评估年度内用户到访公共文化机构以使用其资源、设施或服务的用户总人次
		阅览室年接待人次/人次	评估年度内公共文化机构阅览室接待的用户总人次
		年网站平均访问数/人次	评估年度内访问公共文化机构网站的各网页的独立访客数量总和/网站数（网页数）
		年网站独立IP访问数/IP数	评估年度内访问公共文化机构网站的各网页的独立IP数量总和
		线上活动年网站独立IP访问数/IP数	评估年度内访问公共文化机构举办的线上公共文化活动的各网页的独立IP数量总和
		线上培训年网站独立IP访问数/IP数	评估年度内访问公共文化机构举办的线上培训的各网页的独立IP数量总和
		线上展览年网站独立IP访问数/IP数	评估年度内访问公共文化机构举办的线上展览的各网页的独立IP数量总和
		线上活动年网站访问数/人次	评估年度内访问公共文化机构举办的线上公共文化活动的各网页的独立访客数量总和
		线上培训年网站访问数/人次	评估年度内访问公共文化机构举办的线上培训的各网页的独立访客数量总和

续表

一级指标	二级指标	三级指标	指标说明
公共文化机构服务	服务人数/人次	线上展览年网站访问数/人次	评估年度内访问公共文化机构举办的线上展览的各网页的独立访客数量总和
	服务普惠性	面向老年人举办活动次数/次	评估年度内公共文化机构面向老年群体开展的社会教育活动的总次数(涵盖老年用户培训或辅导、老年志愿者培训、专门面向老年人群体开展的讲座和展览活动次数)
		面向老年人举办活动参与人次/人次	评估年度内公共文化机构面向老年群体开展的社会教育活动的参与总人次
		面向农民工群体举办的社会教育活动次数/次	评估年度内公共文化机构面向农民工群体开展的社会教育活动的总次数(涵盖农民工用户培训或辅导、农民工志愿者培训、专门面向农民工群体开展的讲座和展览活动次数)
		面向农民工群体举办的社会教育活动参与人次/人次	评估年度内公共文化机构面向农民工群体开展的社会教育活动的参与总人次
		面向未成年人举办的社会教育活动次数/次	评估年度内公共文化机构面向未成年人开展的社会教育活动的总次数(涵盖未成年人用户培训或辅导、未成年人志愿者培训、专门面向未成年人群体开展的讲座和展览活动次数)
		面向未成年人举办的社会教育活动参与人次/人次	评估年度内公共文化机构面向未成年人开展的社会教育活动的参与总人次

续表

一级指标	二级指标	三级指标	指标说明
公共文化机构服务	服务普惠性	线上展览年网站访问数/人次	评估年度内访问公共文化机构举办的线上展览的各网页的独立访客数量总和
		面向残疾人举办的社会教育活动次数/次	评估年度内公共文化机构面向残疾人群体开展的社会教育活动的总次数（涵盖残疾人用户培训或辅导、残疾人志愿者培训、专门面向残疾人群体开展的讲座和展览活动次数）
		面向残疾人举办的社会教育活动参与人次/人次	评估年度内公共文化机构面向残疾人群体开展的社会教育活动的参与总人次
	向社会力量购买服务	向社会组织购买服务项数/种	评估年度内公共图书馆向社会组织购买的服务种类总和
		向社会组织购买服务资金量/万元	评估年度内公共图书馆向社会组织购买的服务所花费的资金总和
		服务承接方举办活动次数/场	评估公共图书馆购买服务的承接方年度内举办公共文化活动的总次数
		服务承接方举办培训次数/场	评估公共图书馆购买服务的承接方年度内举办培训活动的总次数
		服务承接方举办展览次数/场	评估公共图书馆购买服务的承接方年度内举办展览活动的总次数
		服务承接方举办活动参与人数/人次	评估公共图书馆购买服务的承接方年度内举办公共文化活动的总参与人次

续表

一级指标	二级指标	三级指标	指标说明
公共文化机构管理	制度管理	管理规范与制定完善情况	评估年度内公共文化机构的管理制度与规范,有一项得一分,包括: a 建立业务发展规划和年度计划制度 b 建立覆盖主要业务工作及业务环节的监督检查与考核评价制度 c 建立业务协调、指导与培训工作制度 d 建立业务调查研究工作制度 e 建立业务统计与档案管理工作制度
	业务管理	业务数据统计与发布情况	评估年度内公共文化机构业务数据统计与发布情况,有一项得一分,包括: a 建立馆内业务工作数据报送制度 b 馆内各业务部门指定专人进行业务工作数据的统计和汇总 c 主要业务统计数据定期收集和分析,作为馆内业务工作评估的重要依据 d 通过自动化、手工等形式对馆内主要业务工作数据进行搜集、汇总、整理、统计和分析 e 参照相关要求,及时向社会公布整理统计后的业务数据
	人员培训	员工年培训场次/场次	评估年度内公共文化机构开展员工培训的总场次评估年度内公共文化机构对在编员工开展培训的总场次
		员工年培训时长/小时	评估年度内公共文化机构开展员工培训的总时长评估年度内公共文化机构对在编员工开展培训的总时长
		员工年培训人次/人次	评估年度内参与公共文化机构员工培训的总人次评估年度内参与公共文化机构对在编员工开展的培训的总人次
		志愿者培训时长/小时	评估年度内公共文化机构为其登记在册的志愿者提供的培训总时长

续表

一级指标	二级指标	三级指标	指标说明
公共文化资源服务效率	服务效率	年开放时长文献平均流通数量/册次/小时	评估年度内公共文化机构馆藏文献在开放时间内平均被外借的册次（含所属各级固定场所、流动服务点等），计算公式：年流通总量/年开放总时长
		用户平均借阅量/册次/人	评估年度内公共文化机构每位注册用户平均借阅的文献册次，计算公式：年借阅总数/注册用户总数
		年开放时长机构平均接待人次/人次/小时	评估年度内公共文化机构每年在开放时间内平均接待的用户人次，计算公式：公共文化机构年接待注册用户数/总开放时长
		年开放时长阅览室平均接待人次/人次/小时	评估年度内公共文化机构阅览室每周在开放时间内平均接待的用户人次，计算公式：阅览室年接待注册用户数/总开放时长
		活动平均参与人次/人次/场	评估年度内公共文化机构举办的活动的平均每场参与人次，计算公式：公共文化机构各种线上线下各类活动参与的总人次/活动总场次
		网站日均访问量/次/天	评估年度内公共文化机构各类网站的平均每天访问量、点击量
		移动端日均使用量/小时/天	评估年度内公共文化机构移动端各种应用平均每天的使用量或使用时长
		数字资源平均点击量/非音视频类/次	评估年度内公共文化机构非音视频类数字资源的平均点击量，计算公式：当年发布的数字资源（非音视频类）总点击量/当年发布的数字资源（非音视频类）总数量

续表

一级指标	二级指标	三级指标	指标说明
公共文化资源服务效率	服务效率	数字资源平均播放时长(音视频类)/时长	评估年度内公共文化机构音视频类数字资源的平均播放时长,计算公式:当年发布的数字资源(音视频类)播放总时长/当年发布的数字资源(音视频类)总数量
		人均借阅册数/册/人	评估年度内公共文化机构总外借册次/服务范围人口数
		线上人均访问量(非移动端)/次/人	评估年度内公共文化机构网站或系统应用的现实访问量(非移动端)/服务范围人口数
		移动端人均访问量/次/人	评估年度内公共文化机构网站或系统的移动端访问总量/服务范围人口数
	经济效率	资金平均服务人次(线下)/人次/元	评估年度内公共文化机构传统服务总人次/传统服务投入资金量
		资金平均服务人次(线上)/人次/元	评估年度内公共文化机构数字服务总人次/数字服务投入资金量
		馆员人均服务能力/人次/人	评估年度内公共文化机构服务人次/馆员数量
	利用效率	文献流通率/%	评估年度内公共文化机构文献外借总册次/文献总藏量×100%
		数字资源利用率/%	评估年度内公共文化机构发布的数字资源的页面浏览总量/发布的数字资源总数量×100%
		年阅览室利用率/%	评估年度内公共文化机构阅览室的利用率,计算公式:阅览室年接待用户总人次/阅览室面积×100%

续表

一级指标	二级指标	三级指标	指标说明
公共文化资源服务效率	利用效率	基层服务中心利用率/%	评估年度内公共文化机构基层服务中心的利用率,有两种计算方式,第一种为每个基层服务中心服务人次:基层服务中心年服务总人次/基层服务中心总数量,第二种为单位面积基层服务中心服务人次:基层服务中心年服务总人次/基层服务中心总面积
		人均到馆率/%	评估年度内公共文化机构总物理到馆人次/服务范围人口数
		服务用计算机平均使用时长/小时/台	评估年度内公共文化机构供服务使用计算机的年使用时长/服务用计算机数量
公共文化资源服务质量	服务稳定性	传统服务设备故障时长/小时	评估年度内公共文化机构用户可通过物理访问直接使用的设备处于故障期的平均时长,计算公式:设备故障期总时长/维修设备数
		传统服务设备故障率/%	评估年度内公共文化机构用户可通过物理访问直接使用的设备发生故障的概率,计算公式:发生故障设备数/设备总数
		品牌活动的数量/个	评估年度内公共文化机构品牌活动的数量(品牌活动是指连续开展三年以上、覆盖全辖区、产生较广泛影响、群众喜爱、参与面广的活动或项目。需附上相关材料)
		服务器访问被拒率/%	评估年度内公共文化机构主页服务器访问被拒绝次数/当年度服务访问总次数

续表

一级指标	二级指标	三级指标	指标说明
公共文化资源服务质量	服务稳定性	信息化基础设施保障能力/分	评估年度内公共文化机构购置或租用的服务器、存储、网络及安全、互联网接入等设备,具备支撑网站、资源建设与管理、办公自动化等业务正常运转的保障能力,其中,有无线 WIFI 接入互联网加一分;磁盘阵列可用容量以 5TB 为基准得一分,每多 5TB 多加一分
	服务可靠性	可外借馆藏的可获得性/%	评估年度内公共文化机构用户预约可外借馆藏资源的比例,计算公式:评估年度内公共文化机构用户预约可外借馆藏总数/评估年度内公共文化机构外借馆藏总数
		排架准确率/%	评估年度内公共文化机构数据库中所记录的资源的位置与该资源正确摆放在其位置上的比例,计算公式:摆放正确的资源数量/资源总量
		馆际互借成功率/%	评估年度内公共文化机构用户馆际互借成功的概率,计算公式:评估年度内用户馆际互借成功的次数/馆际互借服务申请数
		馆藏资源缺失数/个	评估年度内公共文化机构登记的馆藏缺失总数量
		用户预约满足率/%	评估年度内公共文化机构用户预约资源、场馆、设施设备的满足率,计算公式:评估年度内公共文化机构未能满足用户预约的数量/评估年度内公共文化机构用户预约总数量

续表

一级指标	二级指标	三级指标	指标说明
公共文化资源服务质量	服务可靠性	专职用户服务工作人员投入用户服务的平均时长/小时/人	评估年度内公共文化机构专职用户服务工作人员投入用户服务的总时长/专职用户服务的工作人员数量。其中,对图书馆而言,用户服务仅限读者服务,对文化馆而言,用户服务包括群众文化活动、辅导培训、文艺创作、民间民族(非物质)文化遗产推广
	服务便捷性	主页平均响应速度/s	评估年度内公共文化机构主页的访问响应时间
		上门服务或下基层服务总人次/人次	评估年度内公共文化机构提供的上门服务或者下基层服务的总服务人次
		馆际互借速度/小时/次	评估年度内公共文化机构工作人员接到请求到成功完成馆际互借或文献传递的小时数,计算公式:完成特定数量的馆际互借或文献传递请求的总小时数/馆际互借和文献传递请求的总数量
		参考咨询速度/小时/次	评估年度内公共文化机构工作人员接到请求到成功完成参考咨询工作的小时数,计算公式:完成特定数量的参考咨询请求的总小时数/参考咨询请求的总数量
	服务人性化	残障设施覆盖率/%	评估年度内用户通过使用公共文化机构场馆范围内的残障设施可以到达场馆范围的覆盖率,计算公式:通过残障设施可到达的场馆面积/场馆总面积×100%

续表

一级指标	二级指标	三级指标	指标说明
公共文化资源服务质量	服务人性化	无障碍服务阅览座位比率/%	评估年度内公共文化机构设置的可供无障碍服务的阅览座位比率,计算公式:可供无障碍服务的阅览座位数量/公共座位总数量×100%
		被投诉情况/次	评估年度内用户通过意见箱或网上意见反馈栏、公开监督电话、公众座谈会对公共文化机构各种资源、设备、服务等提出的投诉的总数量
		被表扬情况/次	评估年度内用户通过意见箱或网上意见反馈栏、公开监督电话、公众座谈会对公共文化机构各种资源、设备、服务等提出的表扬的总数量
		标识设置情况	评估年度内公共文化机构各种方位指引和标识的设置情况,即各服务空间、路口的覆盖率。评估年度内公共文化机构各种标识是否符合以下质量要求,有一项加一分: a 合规性,符合法律法规,标识中语言文字及标点符号的使用符合国家相关法律法规和标准的要求 b 美观性,体现本馆特色,设计美观,风格统一 c 便捷性,设置醒目,易于辨识,方便读者理解和使用

续表

一级指标	二级指标	三级指标	指标说明
公共文化资源服务质量	用户满意度	建立群众需求和反馈机制	评估年度内公共文化机构建立群众需求和反馈机制的情况,有一项加一分： a 在网站设立意见反馈栏 b 设立意见箱 c 公开监督电话 d 建立馆长接待日 e 定期召开公众座谈会 f 建立公众意见反馈机制
		对馆藏资源的满意度/%	评估年度内由公共文化机构主管部门组织第三方考评,进行一次馆藏资源的公众满意度调查(调查表发放数量不少于300份,回收率不低于80%)
		对设施设备的满意度/%	评估年度内由公共文化机构主管部门组织第三方考评,进行一次设施设备的公众满意度调查(调查表发放数量不少于300份,回收率不低于80%)
		对服务内容的满意度/%	评估年度内由公共文化机构主管部门组织第三方考评,进行一次服务内容的公众满意度调查(调查表发放数量不少于300份,回收率不低于80%)
		对服务方式的满意度/%	评估年度内由公共文化机构主管部门组织第三方考评,进行一次服务方式的公众满意度调查(调查表发放数量不少于300份,回收率不低于80%)
		对员工素质的满意度/%	评估年度内由公共文化机构主管部门组织第三方考评,进行一次员工素质的公众满意度调查(调查表发放数量不少于300份,回收率不低于80%)

续表

一级指标	二级指标	三级指标	指标说明
公共文化资源服务质量	用户满意度	用户再次使用图书馆服务的意愿/%	评估年度内由公共文化机构主管部门组织第三方考评,进行一次用户再次使用图书馆意愿的调查(调查表发放数量不少于300份,回收率不低于80%)
公共文化资源服务影响力	社会教育	政府公开信息服务情况	评估年度内公共文化机构政府信息公开服务情况,有一项加一分: a 有查询专区,提供纸质查询 b 提供电子查询
		年社会教育总场次/场次	评估年度内公共文化机构举办的各种社会教育活动的总场次(涵盖线上线下举办的用户培训或辅导活动、志愿者培训活动、讲座活动和展览活动的总次数)
		人均社会教育活动参与量/次/人	评估年度内公共文化机构平均每位用户参与公共文化机构举办的活动的情况,计算公式:评估年度内活动参与总量/持证用户总数量(涵盖线上线下举办的用户培训或辅导活动、志愿者培训活动、讲座活动和展览活动的总次数)
		人均培训参与量/次/人	评估年度内公共文化机构平均每位用户参与公共文化机构举办的培训的情况,计算公式:评估年度内培训参与总量/持证用户总数量
		人均展览参与量/次/人	评估年度内公共文化机构平均每位用户参与公共文化机构举办的展览的情况,计算公式:评估年度内展览参与总量/持证用户总数量

续表

一级指标	二级指标	三级指标	指标说明
公共文化资源服务质量	机构知名度	展览借用量/册次	评估年度内其他公共文化机构借用用于展览的本馆馆藏数量
		新增用户增长率/%	评估年度内公共文化机构新增注册用户的增长速度,计算公式:当年新增注册用户数/上一年度新增注册用户数×100% − 1
		服务覆盖率增长情况/%	评估年度内公共文化机构服务人口覆盖度较上一年度变化,计算公式:当年服务人次/当年公共文化机构所在地常住人口数×100% − 上一年度服务人次/上一年度公共文化机构所在地常住人口数×100%
		机构知晓率/%	评估年度内,在公共文化机构所在地开展社会调查时(发放问卷数量不少于300份,回收率不低于80%),公众对该公共文化机构的知晓程度
		机构认可率/%	评估年度内,在公共文化机构所在地开展社会调查时(发放问卷数量不少于300份,回收率不低于80%),公众对该公共文化机构的认可程度
	宣传功能	参与国家、国际信息网络项目情况/个	评估年度内,公共文化机构在国家和国际基础上从事信息网络事务,与图书馆和博物馆及档案馆等其他文化机构进行国内和国际合作的项目总次数
		媒体报道总数量/次	评估年度内,县级和县级以上宣传部门直接负责的传统媒体或网络媒体对公共文化机构及其服务的报道总数量

续表

一级指标	二级指标	三级指标	指标说明
公共文化资源服务质量	宣传功能	获得上级部门授予的荣誉称号情况	评估年度内公共文化机构及其工作人员被上级党委、政府授予的集体或个人荣誉和称号的名称及数量
		受文化和旅游部命名、表彰情况	评估年度内公共文化机构及其工作人员获得全国文化系统先进集体(个人)、文化部"群星奖"(含作品类、项目类和群文之星)等命名、表彰和文化馆榜样人物等奖项的名称及数量
		年红色实体资源流通率/%	评估年度内公共文化机构保存的红色实体资源的流通率,计算公式:红色实体资源借阅总册次/红色实体资源总数量×100%
		年红色数字资源平均点击量/次	评估年度内公共文化机构发布的红色数字资源的网页点击总次数/红色数字资源总量
		年红色服务总人次/人次	评估年度内公共文化机构举办的红色资源和活动服务的总服务人次
	文化传承与保护功能	文化保护与传承活动次数/次	评估年度内公共文化机构举办的文化保护与传承相关主题活动的总数量
		文化保护与传承活动参与人次(人次)	评估年度内公共文化机构举办的文化保护与传承相关主题活动的总参与人次
		文化遗产保护	评估年度内公共文化机构保存的优秀文化的种类和数量
		文化遗产数字化资源/TB	评估年度内公共文化机构保存的各类数字化的优秀文化资源的总数量

群众文化资源服务效能评估指标

一级指标	二级指标	指标描述	三级指标	指标说明
公共文化资源	文献资源	公共文化机构保存的各类文献和非文献资料，包括图书、手稿、缩微、地图、乐谱、视听资料、图片、专利、其他成套材料、电子书、其他数字资料、数据库、现刊、免费网络资源等	（非数字化）馆藏资源总量/件	评估年度内公共文化机构保存的实体馆藏的总量，为图书、小册子、报刊、缩微制品、视听资料、书画资料、文物等实体馆藏的总和
			（非数字化）图书数量/册	评估年度内公共文化机构保存的图书实体馆藏的总册数
			接受（非数字化）文献捐赠总量/件	评估年度内公共文化机构接受社会捐赠实体文献的总量
			资源主题分类及数量/种	评估年度内公共文化机构的资源按照资源主题进行分类并统计，按发展中心分类法一级类目分，类术馆实体资源按照四部四项分类法一级类目分类
			数字资源总量/TB、数量	评估年度内公共文化机构保存的以数字形式存储的带有特定内容的信息单元总量
			自建电子图书资源数量/TB、册	评估年度内公共文化机构保存的电子图书资源的数量
			数字形式存储的音频资源总容量/TB	评估年度内公共文化机构保存的数字形式存储的音频资源总容量

续表

一级指标	二级指标	指标描述	三级指标	指标说明
公共文化资源	文献资源	公共文化机构保存的各类文献和非文献资料，包括图书、手稿、缩微、地图、乐谱、视听资料、图片、专利、其他成套材料、电子书、其他数字资料、数据库、现刊、免费网络资源等	数字形式存储的音频资源时长/小时	评估年度内公共文化机构保存的数字形式存储的音频资源时长
			数字形式存储的视频资源总容量/TB	评估年度内公共文化机构保存的数字形式存储的视频资源总容量
			数字形式存储的视频资源时长/小时	评估年度内公共文化机构保存的数字形式存储的音频资源时长
			本馆数字化的数字资源总数量/TB	评估年度内公共文化机构数字化的数字资源总数量
			本馆当年数字化的数字资源总数量/TB	评估年度内由公共文化机构当年完成数字化的数字资源的总数量
			新发布数字资源数量/TB	评估年度内公共文化机构新对外发布的数字资源数量
			地方主题数字资源数量/TB	评估年度内公共文化机构保存的地方主题数字资源的数量
			红色数字资源数量/TB	评估年度内公共文化机构保存的红色数字资源的数量
			少数民族语言数字资源数量/TB	评估年度内公共文化机构保存的少数民族语言数字资源的数量

续表

一级指标	二级指标	指标描述	三级指标	指标说明
公共文化资源	设施设备	分配给公共文化机构用以行使其职权的所有空间区域和公共文化机构进行公共文化服务工作所必须的设备	建筑总面积/平方米	评估年度内公共文化机构实际使用的房屋建筑面积(不含职工宿舍和正在扩建尚未竣工的建筑面积)
			室内用户服务用房面积/平方米	评估年度内公共文化机构可为用户提供服务的室内用房总面积
			室内文化活动场地面积/平方米	评估年度内公共文化机构可为用户提供服务的文化活动场地面积
			室内多功能厅空间面积/平方米	评估年度内公共文化机构可为用户提供服务的多功能厅面积
			室外用户服务空间面积/平方米	评估年度内公共文化机构配建的室外活动场地使用面积
			线下活动支撑设备数量/台/套	评估年度内公共文化机构拥有的、用于广场文艺演出必备的灯光、音响设备;艺术展览设备;服装、道具、乐器等的总数
			用户服务用计算机数量/个	评估年度内公共文化机构拥有的、供用户直接使用的计算机设备

续表

一级指标	二级指标	指标描述	三级指标	指标说明
公共文化资源	设施设备	分配给公共文化机构用以行使其职权的所有空间区域和公共文化机构进行公共文化服务工作所必须的设备	活动室数/个	评估公共文化机构对社会提供的活动室数量
			提供数字服务用的服务器数量/个	评估年度内公共文化机构用于直接提供用户数字服务的各种服务器数量
			网络设备数量/个	评估年度内公共文化机构拥有的用于提供数字化服务的网络设备,含中继器、网桥、路由器、网关、防火墙、交换机等
			网络宽带/Mbps	评估年度内公共文化机构接入的因特网宽带速率
			资源采集加工设备/台/套	评估年度内文化馆配备非线编系统、数码广播级摄录像机、数码照相机、移动硬盘、便携式计算机等设备,具备数字资源创建、编辑、复制、输出等基本的数字化加工能力

续表

一级指标	二级指标	指标描述	三级指标	指标说明
公共文化资源	设施设备	分配给公共文化机构用以行使其职权的所有空间区域和公共文化机构进行公共文化服务工作所必须的设备	资源展示设备/台/套	评估年度内文化馆配备中央控制台、投影机、投影幕、VGA输入切换器、有源音箱、电视机、触摸屏、终端计算机、平板电脑等设备,具备艺术教育培训、电子阅览等数字服务能力
			流动服务点数量/个	评估年度内各种流动文化服务点的数量,含流动舞台、流动展厅等非固定服务点
			基层文化点数量/个	评估年度内各种基层文化服务中心的数量,含社区文化服务中心、村文化服务中心等
	人力资源	公共文化机构人员数量,包括员工和志愿者	员工总数量/人数	评估年度内公共文化机构中有编制的工作人员的总数量
			人事代理、劳务派遣人员总数量/人数	评估年度内公共文化机构由劳务派遣机构与派遣劳工订立劳动合同,把劳动者派向公共文化机构,再由公共文化机构向派遣机构支付一笔服务费用的用工形式的人员数量

续表

一级指标	二级指标	指标描述	三级指标	指标说明
公共文化资源	人力资源	公共文化机构人员数量，包括员工和志愿者	高级职称员工数量/人数	评估年度内公共文化机构按职称统计的高级职称员工数量
			中级职称员工数量/人数	评估年度内公共文化机构按职称统计的中级职称员工数量
			初级职称员工数量/人数	评估年度内公共文化机构按职称统计的初级职称员工数量
			研究生及以上学历员工数量/人数	评估年度内公共文化机构按学历统计的含硕士和博士的研究生及以上学历的员工数量
			本科学历员工数量/人数	评估年度内公共文化机构按学历统计的本科学历的员工数量
			专科学历员工数量/人数	评估年度内公共文化机构按学历统计的专科学历的员工数量
			高中及以下学历员工数量/人数	评估年度内公共文化机构按学历统计的高中学历的员工数量
			文化馆馆办团队数量/个	评估年度内文化馆创办、辅导并根据需要经常参与本馆组织活动的群众文化团队(指导、挂靠性质的社会文化团队除外)数量

续表

一级指标	二级指标	指标描述	三级指标	指标说明
公共文化资源	人力资源	公共文化机构人员数量,包括员工和志愿者	文化馆指导团队数量/个	评估年度内文化馆指导的群众文化团队数量
			志愿者数量(人数)	评估年度内公共文化机构登记在册的志愿者数量
			志愿者服务时长(小时)	评估年度内公共文化机构登记在册的志愿者的服务总时长
公共文化资源服务	服务方式	公共文化机构通过线上、线下多种方式提供服务。其中: 1. 传统服务包括各种阅览服务、外借服务、各种活动等 2. 数字服务包括各种网站、应用平台、移动App、新媒体服务等	传统服务种数及名称/种	评估年度内公共文化机构开展的传统服务种类数量及名称,文化馆包括开展群众文化活动、实施辅导与培训、组织群众文艺创作、组建群众文化队伍、民族民间(非物质)文化遗产保护与传承等;文化站包括举办展览与讲座、组织文体活动、文献借阅、民族民间(非物质)文化遗产保护与传承等

续表

一级指标	二级指标	指标描述	三级指标	指标说明
公共文化资源服务	服务方式	公共文化机构通过线上、线下多种方式提供服务。其中： 1. 传统服务包括各种阅览服务、外借服务、各种活动等 2. 数字服务包括各种网站、应用平台、移动App、新媒体服务等	数字服务种数及名称/种	评估年度内公共文化机构开展的数字服务种类数量及名称。包括信息服务(文化信息检索、文化信息报道与发布、文化信息咨询及反馈)、活动预约、场馆预定、网络培训、网上活动、实体数字空间、网络直播等
			服务平台个数(网站)/个	评估年度内公共文化机构为用户提供文化服务的系统平台、网站、应用等的数量
			新媒体服务种数/种	评估年度内公共文化机构为用户提供服务的新媒体服务平台的数量，含数字电视、手机客户端、微博、微信等
			移动服务平台个数/个	评估年度内公共文化机构为用户提供移动服务的平台数量
	资源利用	公共文化机构资源的使用情况	独立用户访问数量/次	评估年度内公共文化机构的各种网页、应用、App的独立用户总访问数量
			数字形式存储的音频资源完播量/次	评估年度内公共文化机构保存的数字形式存储的音频资源的总完播量

续表

一级指标	二级指标	指标描述	三级指标	指标说明
公共文化资源服务	资源利用	公共文化机构资源的使用情况	数字形式存储的音频资源浏览总时长/小时	评估年度内公共文化机构保存的数字形式存储的音频资源的浏览时长
			数字形式存储的视频资源完播量/次	评估年度内公共文化机构保存的数字形式存储的视频资源的总完播量
			数字形式存储的视频资源浏览总时长/小时	评估年度内公共文化机构保存的数字形式存储的视频资源的浏览时长
			地方主题数字资源使用量/次	评估年度内公共文化机构保存的地方主题数字资源的页面点击量
			红色数字资源使用量/次	评估年度内公共文化机构保存的红色数字资源的页面点击量
			少数民族语言数字资源使用量/次	评估年度内公共文化机构保存的少数民族语言数字资源的页面点击量
			线上举办活动场次/场	评估年度内公共文化机构举办线上公共文化活动的总次数
			和社会组织合作举办线上活动场次/场	评估年度内公共文化机构和社会组织合作举办线上公共文化活动的总次数
			线上举办直播活动/场	评估年度内公共文化机构开展直播活动总次数

续表

一级指标	二级指标	指标描述	三级指标	指标说明
公共文化资源服务	资源利用	公共文化机构资源的使用情况	和社会组织合作举办直播场次/场	评估年度内公共文化机构和社会组织合作举办直播活动的总次数
			线上举办培训次数/场	评估年度内公共文化机构举办线上培训的总次数
			和社会组织合作举办线上培训场次/场	评估年度内公共文化机构和社会组织合作举办线上培训的总次数
			线上举办展览次数/场	评估年度内公共文化机构举办线上展览的总次数
			和社会组织合作举办线上展览场次/场	评估年度内公共文化机构和社会组织合作举办线上展览的总次数
			物理访问次数/次	评估年度内用户到访公共文化机构所属的各类场馆、服务点、流动服务点、配建广场以获得公共文化机构提供的某项服务的总次数
			(周)开放时长/小时	评估年度内公共文化机构每周面向用户开放的总时长
			线下举办活动场次/场	评估年度内公共文化机构举办线下公共文化活动的总次数,包含自办艺术团体演出的数量

续表

一级指标	二级指标	指标描述	三级指标	指标说明
公共文化资源服务	资源利用	公共文化机构资源的使用情况	和社会组织合作举办线下活动场次/场	评估年度内公共文化机构和社会组织合作举办线下公共文化活动的总次数
			线下举办培训次数/场	评估年度内公共文化机构举办线下培训讲座的总次数
			和社会组织合作举办线下培训场次/场	评估年度内公共文化机构和社会组织合作举办线下培训的总次数
			线下举办展览次数/场	评估年度内公共文化机构举办线下展览的总次数
			和社会组织合作举办线下展览场次/场	评估年度内公共文化机构和社会组织合作举办线下展览的总次数
	服务人数/人次	公共文化机构服务的主要目标人群的总人数或总人次	0—16岁服务人口数/人数	评估年度内公共文化机构0—16岁年龄段的服务人口总数
			17—39岁服务人口数/人数	评估年度内公共文化机构17—39岁年龄段的服务人口总数
			40—59岁服务人口数/人数	评估年度内公共文化机构40—59岁年龄段的服务人口总数
			60岁及以上服务人口数/人数	评估年度内公共文化机构60岁及以上年龄段的服务人口总数

续表

一级指标	二级指标	指标描述	三级指标	指标说明
公共文化资源服务	服务人数/人次	公共文化机构服务的主要目标人群的总人数或总人次	省外服务人口数/人数	评估年度内公共文化机构省外的服务人口总数
			男性服务人口数/人数	评估年度内公共文化机构的男性服务人口总数
			女性服务人口数/人数	评估年度内公共文化机构的女性服务人口总数
			服务空间服务人次/人次	评估年度内公共文化机构各种活动空间接待用户的人次,有条件的情况可记录用户使用的时长
			馆藏资源外借人次/人次	评估年度内公共文化机构书刊文献等资源的外借总人次(含所属各级固定场所、流动服务点等)
			线下活动的预约人次/人次	评估年度内公共文化机构举办的线下活动的总预约人次
			线下培训的预约人次/人次	评估年度内公共文化机构举办的线下培训的总预约人次
			线下展览的预约人次/人次	评估年度内公共文化机构举办的线下展览的总预约人次
			参与线下活动人次/人次	评估年度内参与公共文化机构举办的线下活动的总人次

续表

一级指标	二级指标	指标描述	三级指标	指标说明
公共文化资源服务	服务人数/人次	公共文化机构服务的主要目标人群的总人数或总人次	参与线下培训人次/人次	评估年度内参与公共文化机构举办的线下培训讲座等课程的总人次
			参与线下展览人次/人次	评估年度内参与公共文化机构举办的线下展览的总人次
			与社会组织合作举办的线下活动的预约人次/人次	评估年度内公共文化机构与社会组织合作举办的线下活动的总预约人次
			与社会组织合作举办的线下培训的预约人次/人次	评估年度内公共文化机构与社会组织合作举办的线下培训的总预约人次
			与社会组织合作举办的线下展览的预约人次/人次	评估年度内公共文化机构与社会组织合作举办的线下展览的总预约人次
			与社会组织合作举办的线下活动参与人次/人次	评估年度内参与公共文化机构与社会组织合作举办的线下活动的总人次
			与社会组织合作举办的线下培训参与人次/人次	评估年度内参与公共文化机构与社会组织合作举办的线下培训讲座等课程的总人次

续表

一级指标	二级指标	指标描述	三级指标	指标说明
公共文化资源服务	服务人数/人次	公共文化机构服务的主要目标人群的总人数或总人次	与社会组织合作举办的线下展览参与人次/人次	评估年度内参与公共文化机构与社会组织合作举办的线下展览的总人次
			年到访用户数量/人次	评估年度内用户到访公共文化机构以使用其资源、设施或服务的用户总人次
			文化活动场地年接待人次/人次	评估年度内公共文化机构文化活动场地接待的用户总人次
			活动室预约次数	评估年度内公共文化机构活动室预约次数
			多功能厅年接待人次/人次	评估年度内公共文化机构多功能厅接待的用户总人次
			馆办艺术团体演出观众人次/人次	评估年度内观看文化馆办艺术团体演出的观众总人次
			指导的各类艺术团体人数/人数	评估年度内文化馆指导的各类艺术团体的团队的总人数
			年网站(含数字服务平台)平均访问数/人次	评估年度内访问公共文化机构网站的各网页的独立访客数量总和/网站数

续表

一级指标	二级指标	指标描述	三级指标	指标说明
公共文化资源服务	服务人数/人次	公共文化机构服务的主要目标人群的总人数或总人次	数字形式存储的音频资源浏览人次/人次	评估年度内公共文化机构保存的数字形式存储的音频资源的总浏览人次
			数字形式存储的视频资源浏览人次/人次	评估年度内公共文化机构保存的数字形式存储的视频资源的总浏览人次
			地方主题数字资源使用人次/人次	评估年度内公共文化机构保存的地方主题数字资源的使用人次
			红色数字资源使用人次/人次	评估年度内公共文化机构保存的红色数字资源页面使用人次
			少数民族语言数字资源使用人次/人次	评估年度内公共文化机构保存的少数民族语言数字资源的页面使用人次
			年网站独立IP访问数/IP数	评估年度内访问公共文化机构网站的各网页的独立IP数量总和
			线上活动年网站访问数/人次	评估年度内访问公共文化机构举办的线上公共文化活动的各网页的独立访客数量总和

续表

一级指标	二级指标	指标描述	三级指标	指标说明
公共文化资源服务	服务人数/人次	公共文化机构服务的主要目标人群的总人数或总人次	线上活动年网站独立IP访问数/IP数	评估年度内访问公共文化机构举办的线上公共文化活动的各网页的独立IP数量总和
			线上培训年网站访问数/人次	评估年度内访问公共文化机构举办的线上培训的各网页的独立访客数量总和
			线上培训年网站独立IP访问数/IP数	评估年度内访问公共文化机构举办的线上培训的各网页的独立IP数量总和
			线上展览年网站访问数/人次	评估年度内访问公共文化机构举办的线上展览的各网页的独立访客数量总和
			线上展览年网站独立IP访问数/IP数	评估年度内访问公共文化机构举办的线上展览的各网页的独立IP数量总和
			与社会组织共同举办的线上活动年网站访问数/人次	评估年度内访问公共文化机构与社会组织共同举办的线上公共文化活动的各网页的独立访客数量总和

续表

一级指标	二级指标	指标描述	三级指标	指标说明
公共文化资源服务	服务人数/人次	公共文化机构服务的主要目标人群的总人数或总人次	与社会组织共同举办的线上活动年网站独立IP访问数/IP数	评估年度内访问公共文化机构与社会组织共同举办的线上公共文化活动的各网页的独立IP数量总和
			与社会组织共同举办的线上培训年网站访问数/人次	评估年度内访问公共文化机构与社会组织共同举办的线上培训的各网页的独立访客数量总和
			与社会组织共同举办的线上培训年网站独立IP访问数/IP数	评估年度内访问公共文化机构与社会组织共同举办的线上培训的各网页的独立IP数量总和
			与社会组织共同举办的线上展览年网站访问数/人次	评估年度内访问公共文化机构与社会组织共同举办的线上展览的各网页的独立访客数量总和
			与社会组织共同举办的线上展览年网站独立IP访问数/IP数	评估年度内访问公共文化机构与社会组织共同举办的线上展览的各网页的独立IP数量总和
	向社会力量购买服务	公共文化机构向社会组织、公司等购买公共文化服务情况	向社会组织购买服务项数/种	评估年度内公共文化机构向社会组织购买的服务种类总和
			向社会组织购买服务资金量/万元	评估年度内公共文化机构向社会组织购买的服务所花费的资金总和

续表

一级指标	二级指标	指标描述	三级指标	指标说明
公共文化资源服务	向社会力量购买服务	公共文化机构向社会组织、公司等购买公共文化服务情况	服务承接方举办活动次数/场	评估公共文化机构购买服务的承接方年度内举办公共文化活动的总次数
			服务承接方举办培训次数/场	评估公共文化机构购买服务的承接方年度内举办培训活动的总次数
			服务承接方举办展览次数/场	评估公共文化机构购买服务的承接方年度内举办展览活动的总次数
			服务承接方举办活动参与人数/人次	评估公共文化机构购买服务的承接方年度内举办公共文化活动的总参与人次
			服务承接方举办活动参与人数/人次	评估公共文化机构购买服务的承接方年度内举办公共文化活动的总参与人次
			服务承接方举办活动参与人数/人次	评估公共文化机构购买服务的承接方年度内举办公共文化活动的总参与人次

续表

一级指标	二级指标	指标描述	三级指标	指标说明
公共文化机构管理	制度管理	公共文化机构制定的各项规章制度、管理制度和章程等内容	管理规范与制定完善情况	评估年度内公共文化机构的管理制度与规范，有一项得一分，包括： a 建立业务发展规划和年度计划制度 b 建立覆盖主要业务工作及业务环节的监督检查与考核评价制度 c 建立业务协调、指导与培训工作制度 d 建立业务调查研究工作制度 e 建立业务统计与档案管理工作制度
	业务管理	公共文化机构对其开展的业务进行有效管理	业务数据统计与发布情况	评估年度内公共文化机构业务数据统计与发布情况，有一项得一分，包括： a 建立馆内业务工作数据报送制度 b 馆内各业务部门指定专人进行业务工作数据的统计和汇总 c 主要业务统计数据定期收集和分析，作为馆内业务工作评估的重要依据

续表

一级指标	二级指标	指标描述	三级指标	指标说明
公共文化机构管理	业务管理	公共文化机构对其开展的业务进行有效管理	业务数据统计与发布情况	d 通过自动化、手工等形式对馆内主要业务工作数据进行搜集、汇总、整理、统计和分析 e 参照相关要求,及时向社会公布整理统计后的业务数据
	人员培训	公共文化机构工作人员参与各类培训情况	员工年培训场次/场次	评估年度内公共文化机构开展员工培训的总场次;评估年度内公共文化机构对在编员工开展培训的总场次
			员工年培训时长/小时	评估年度内公共文化机构开展员工培训的总时长;评估年度内公共文化机构对在编员工开展培训的总时长
			员工年培训人次/人次	评估年度内参与公共文化机构员工培训的总人次;评估年度参与内公共文化机构对在编员工开展的培训的总人次
			志愿者培训时长/小时	评估年度内公共文化机构为其登记在册的志愿者提供的培训总时长

续表

一级指标	二级指标	指标描述	三级指标	指标说明
公共文化资源服务效率	服务效率	单位量纲的服务能力	年开放时长机构平均接待人次/人次/小时	评估年度内公共文化机构每周在开放时间内平均接待的用户人次,计算公式:公共文化机构年接待注册用户数/总开放时长
			年开放时长文化活动场地平均接待人次/人次/小时	评估年度内公共文化机构文化活动场地每周在开放时间内平均接待的用户人次,计算公式:文化活动场地年接待注册用户数/总开放时长
			年开放时长多功能厅平均接待人次/人次/小时	评估年度内公共文化机构多功能厅每周在开放时间内平均接待的用户人次,计算公式:多功能厅年接待注册用户数/总开放时长
			活动平均参与人次/人次/场	评估年度内公共文化机构举办的活动的平均每场参与人次,计算公式:公共文化机构各种线上线下各类活动参与的总人次/活动总场次
			网站日均访问量/次/天	评估年度内公共文化机构各类网站的平均每天访问量、点击量

续表

一级指标	二级指标	指标描述	三级指标	指标说明
公共文化资源服务效率	服务效率	单位量纲的服务能力	移动端日均使用量/小时/天	评估年度内公共文化机构移动端各种应用平均每天的使用量或使用时长
			数字资源平均点击量（非音视频类）/次	评估年度内公共文化机构非音视频类数字资源的平均点击量,计算公式:当年发布的数字资源（非音视频类）总点击量/当年发布的数字资源（非音视频类）总数量
			数字资源平均播放时长（音视频类）/时长	评估年度内公共文化机构音视频类数字资源的平均播放时长,计算公式:当年发布的数字资源（音视频类）播放总时长/当年发布的数字资源（音视频类）总数量
			线上人均访问量（非移动端）/次/人	评估年度内公共文化机构网站或系统应用的现实访问量（非移动端）/服务范围人口数
			移动端人均访问量/次/人	评估年度内公共文化机构网站或系统的移动端访问总量/服务范围人口数

续表

一级指标	二级指标	指标描述	三级指标	指标说明
公共文化资源服务效率	经济效率	单位资金投入所产生的服务能力	资金平均服务人次（线下）/人次/元	评估年度内公共文化机构传统服务总人次/传统服务投入资金量
			资金平均服务人次（线上）/人次/元	评估年度内公共文化机构数字服务总人次/数字服务投入资金量
			馆员人均服务能力/人次/人	评估年度内公共文化机构服务人次/馆员数量
	利用效率	某一种资源、服务方式或服务手段的利用率	数字资源利用率/%	评估年度内公共文化机构发布的数字资源的页面浏览总量/发布的数字资源总数量×100%
			年文化活动场地利用率/%	评估年度内公共文化机构文化活动场地的利用率,计算公式:文化活动场地年接待用户总人次/文化活动场地面积×100%
			年多功能厅利用率/%	评估年度内公共文化机构多功能厅的利用率,计算公式:多功能厅年接待用户总人次/多功能厅面积×100%

续表

一级指标	二级指标	指标描述	三级指标	指标说明
公共文化资源服务效率	利用效率	某一种资源、服务方式或服务手段的利用率	基层服务中心利用率/%	评估年度内公共文化机构基层服务中心的利用率,有两种计算方式,第一种为每个基层服务中心服务人次(基层服务中心年服务总人次/基层服务中心总数量),第二种为单位面积基层服务中心服务人次(基层服务中心年服务总人次/基层服务中心总面积)
			人均到馆率/%	评估年度内公共文化机构总物理到馆人次/服务范围人口数
			服务用计算机平均使用时长/小时/台	评估年度内公共文化机构供服务使用计算机的年使用时长/服务用计算机数量
公共文化资源服务质量	服务稳定性	公共文化机构提供的公众服务或直接服务于公众的设施设备的稳定程度	传统服务设备故障时长/小时	评估年度内公共文化机构用户可通过物理访问直接使用的设备处于故障期的平均时长,计算公式:设备故障期总时长/维修设备数

续表

一级指标	二级指标	指标描述	三级指标	指标说明
公共文化资源服务质量	服务稳定性	公共文化机构提供的公众服务或直接服务于公众的设施设备的稳定程度	传统服务设备故障率/%	评估年度内公共文化机构用户可通过物理访问直接使用的设备发生故障的概率,计算公式:发生故障设备数/设备总数
			品牌活动的数量/个	评估年度内公共文化机构品牌活动的数量(品牌活动是指连续开展三年以上,覆盖全辖区、产生较广泛影响、群众喜爱、参与面广的活动或项目。需附上相关材料)
			服务器访问被拒率/%	评估年度内公共文化机构主页服务器访问被拒绝次数/当年度服务访问总次数

续表

一级指标	二级指标	指标描述	三级指标	指标说明
公共文化资源服务质量	服务稳定性	公共文化机构提供的公众服务或直接服务于公众的设施设备的稳定程度	信息化基础设施保障能力/分	评估年度内公共文化机构购置或租用的服务器、存储、网络及安全、互联网接入等设备，具备支撑网站、资源建设与管理、办公自动化等业务正常运转的保障能力，其中，有无线WIFI接入互联网加一分；磁盘阵列可用容量以5TB为基准得一分，每多5TB多加一分
			专职用户服务工作人员投入用户服务的平均时长/小时/人	评估年度内公共文化机构专职用户服务工作人员投入用户服务的总时长/专职用户服务的工作人员数量。其中，对文化馆而言，用户服务包括群众文化活动、辅导培训、文艺创作、民间民族（非物质）文化遗产推广

续表

一级指标	二级指标	指标描述	三级指标	指标说明
公共文化资源服务质量	服务便捷性	公共文化机构是否为用户提供快捷、便利的服务	主页平均响应速度/s	评估年度内公共文化机构主页的访问响应时间
			上门服务或下基层服务总人次/人次	评估年度内公共文化机构提供的上门服务或者下基层服务的总服务人次
	服务人性化	公共文化机构在提供服务的过程中是否人性化	残障设施覆盖率/%	评估年度内用户通过使用公共文化机构场馆范围内的残障设施可以到达场馆范围的覆盖率,计算公式:通过残障设施可到达的场馆面积/场馆总面积×100%
			无障碍服务阅览座位比率/%	评估年度内公共文化机构设置的可供无障碍服务的阅览座位比率,计算公式:可供无障碍服务的阅览座位数量/公共座位总数量×100%
			被投诉情况/次	评估年度内用户通过意见箱或网上意见反馈栏、公开监督电话、公众座谈会对公共文化机构各种资源、设备、服务等提出的投诉的总数量

续表

一级指标	二级指标	指标描述	三级指标	指标说明
公共文化资源服务质量	服务人性化	公共文化机构在提供服务的过程中是否人性化	被表扬情况/次	评估年度内用户通过意见箱或网上意见反馈栏、公开监督电话、公众座谈会对公共文化机构各种资源、设备、服务等提出的表扬的总数量
			标识设置情况	评估年度内公共文化机构各种方位指引和标识的设置情况,即各服务空间、路口的覆盖率 评估年度内公共文化机构各种标识是否符合以下质量要求,有一项加一分: a 合规性,符合法律法规,标识中语言文字及标点符号的使用符合国家相关法律法规和标准的要求 b 美观性,体现本馆特色,设计美观,风格统一 c 便捷性,设置醒目,易于辨识,方便读者理解和使用

续表

一级指标	二级指标	指标描述	三级指标	指标说明
公共文化资源服务质量	用户满意度	公众对公共文化机构资源、服务等的满意程度服务	建立群众需求和反馈机制	评估年度内公共文化机构建立群众需求和反馈机制的情况，有一项加一分： a 在网站设立意见反馈栏 b 设立意见箱 c 公开监督电话 d 建立馆长接待日 e 定期召开公众座谈会 f 建立公众意见反馈机制
			对馆藏资源的满意度/%	评估年度内由公共文化机构主管部门组织第三方考评，进行一次馆藏资源的公众满意度调查（调查表发放数量不少于300份，回收率不低于80%）
			对设施设备的满意度/%	评估年度内由公共文化机构主管部门组织第三方考评，进行一次设施设备的公众满意度调查（调查表发放数量不少于300份，回收率不低于80%）

续表

一级指标	二级指标	指标描述	三级指标	指标说明
公共文化资源服务质量	用户满意度	公众对公共文化机构资源、服务等的满意程度服务	对服务内容的满意度/%	评估年度内由公共文化机构主管部门组织第三方考评,进行一次服务内容的公众满意度调查(调查表发放数量不少于300份,回收率不低于80%)
			对服务方式的满意度/%	评估年度内由公共文化机构主管部门组织第三方考评,进行一次服务方式的公众满意度调查(调查表发放数量不少于300份,回收率不低于80%)
			对员工素质的满意度/%	评估年度内由公共文化机构主管部门组织第三方考评,进行一次员工素质的公众满意度调查(调查表发放数量不少于300份,回收率不低于80%)
			用户再次使用文化馆服务的意愿/%	评估年度内由公共文化机构主管部门组织第三方考评,进行一次用户再次使用文化馆意愿的调查(调查表发放数量不少于300份,回收率不低于80%)

续表

一级指标	二级指标	指标描述	三级指标	指标说明
公共文化资源服务影响力	社会教育功能	公共文化机构面向社会群体开展社会教育的情况	开办或指导老年大学数量/所	评估年度内公共文化机构自设或主要指导的老年大学的数量
			年社会教育总场次/场次	评估年度内公共文化机构举办的各种社会教育活动的总场次（涵盖线上线下举办的用户培训或辅导活动、志愿者培训活动、讲座活动和展览活动的总次数）
			人均社会教育活动参与量/次/人	评估年度内公共文化机构平均每位用户参与公共文化机构举办的活动的情况,计算公式:评估年度内活动参与总量/持证用户总数量（涵盖线上线下举办的用户培训或辅导活动、志愿者培训活动、讲座活动和展览活动的总次数）
			人均培训参与量/次/人	评估年度内公共文化机构平均每位用户参与公共文化机构举办的培训的情况,计算公式:评估年度内培训参与总量/持证用户总数量

续表

一级指标	二级指标	指标描述	三级指标	指标说明
公共文化资源服务影响力	社会教育功能	公共文化机构面向社会群体开展社会教育的情况	人均展览参与量/次/人	评估年度内公共文化机构平均每位用户参与公共文化机构举办的展览的情况,计算公式:评估年度内展览参与总量/持证用户总数量
			面向老年人举办的社会教育活动次数/次	评估年度内公共文化机构面向老年群体开展的社会教育活动的总次数(涵盖老年用户培训或辅导、老年志愿者培训、专门面向老年人群体开展的讲座和展览活动次数)
			面向老年人举办的社会教育活动参与人次/人次	评估年度内公共文化机构面向老年群体开展的社会教育活动的参与总人次
			面向农民工群体举办的社会教育活动次数/次	评估年度内公共文化机构面向农民工群体开展的社会教育活动的总次数(涵盖农民工用户培训或辅导、农民工志愿者培训、专门面向农民工群体开展的讲座和展览活动次数)

续表

一级指标	二级指标	指标描述	三级指标	指标说明
公共文化资源服务影响力	社会教育功能	公共文化机构面向社会群体开展社会教育的情况	面向农民工群体举办的社会教育活动参与人次/人次	评估年度内公共文化机构面向农民工群体开展的社会教育活动的参与总人次
			面向未成年人举办的社会教育活动次数/次	评估年度内公共文化机构面向未成年人开展的社会教育活动的总次数（涵盖未成年人用户培训或辅导、未成年人志愿者培训、专门面向未成年人群体开展的讲座和展览活动次数）
			面向未成年人举办的社会教育活动参与人次/人次	评估年度内公共文化机构面向未成年人开展的社会教育活动的参与总人次
			面向残疾人举办的社会教育活动次数/次	评估年度内公共文化机构面向残疾人群体开展的社会教育活动的总次数（涵盖残疾人用户培训或辅导、残疾人志愿者培训、专门面向残疾人群体开展的讲座和展览活动次数）

续表

一级指标	二级指标	指标描述	三级指标	指标说明
公共文化资源服务影响力	社会教育功能	公共文化机构面向社会群体开展社会教育的情况	面向残疾人举办的社会教育活动参与人次/人次	评估年度内公共文化机构面向残疾人群体开展的社会教育活动的参与总人次
	机构知名度	公共文化机构在所服务人口中的知名度	展览借用量/册次	评估年度内其他公共文化机构借用用于展览的本馆馆藏数量
			服务覆盖率增长情况/%	评估年度内公共文化机构服务人口覆盖度较上一年度变化,计算公式:当年服务人次/当年公共文化机构所在地常住人口数×100% − 上一年度服务人次/上一年度公共文化机构所在地常住人口数×100%
			机构知晓率/%	评估年度内,在公共文化机构所在地开展社会调查时(发放问卷数量不少于300份,回收率不低于80%),公众对该公共文化机构的知晓程度

续表

一级指标	二级指标	指标描述	三级指标	指标说明
公共文化资源服务影响力	机构知名度	公共文化机构在所服务人口中的知名度	机构认可率/%	评估年度内,在公共文化机构所在地开展社会调查时(发放问卷数量不少于300份,回收率不低于80%),公众对该公共文化机构的认可程度
	宣传功能	公共文化机构弘扬社会主义核心价值观,坚定和增强文化自信的职能	参与国家、国际信息网络项目情况/个	评估年度内,公共文化机构在国家和国际基础上从事信息网络事务,与图书馆和博物馆及档案馆等其他文化机构进行国内和国际合作的项目总次数
			媒体报道总数量/次	评估年度内,县级和县级以上宣传部门直接负责的传统媒体或网络媒体对公共文化机构及其服务的报道总数量
			获得上级部门授予的荣誉称号情况	评估年度内公共文化机构及其工作人员被上级党委、政府授予的集体或个人荣誉和称号的名称及数量

续表

一级指标	二级指标	指标描述	三级指标	指标说明
公共文化资源服务影响力	宣传功能	公共文化机构弘扬社会主义核心价值观,坚定和增强文化自信的职能	受文化和旅游部命名、表彰情况	评估年度内公共文化机构及其工作人员获得全国文化系统先进集体(个人)、文化部"群星奖"(含作品类、项目类和群文之星)等命名、表彰和文化馆榜样人物等奖项的名称及数量
	文化传承与保护功能	公共文化机构传承人类文明、传承和保护中华民族优秀传统文化的职能	年红色实体资源流通率/%	评估年度内公共文化机构保存的红色实体资源的流通率,计算公式:红色实体资源借阅总册次/红色实体资源总数量×100%
			年红色数字资源平均点击量/次	评估年度内公共文化机构发布的红色数字资源的网页点击总次数/红色数字资源总量
			年红色服务总人次/人次	评估年度内公共文化机构举办的红色资源和活动服务的总服务人次
			文化保护与传承活动次数/次	评估年度内公共文化机构举办的文化保护与传承相关主题活动的总数量

续表

一级指标	二级指标	指标描述	三级指标	指标说明
公共文化资源服务影响力	文化传承与保护功能	公共文化机构传承人类文明、传承和保护中华民族优秀传统文化的职能	文化保护与传承活动参与人次（人次）	评估年度内公共文化机构举办的文化保护与传承相关主题活动的总参与人次
			文化遗产保护	评估年度内公共文化机构保存的优秀文化的种类和数量
			文化遗产数字化资源/TB	评估年度内公共文化机构保存的各类数字化的优秀文化资源的总数量